陇上学人文存

LONGSHANG XUEREN WENCUN

陇上学人文存

孙晓文　卷

孙晓文 著　张　帆　马大晋 编选

甘肃人民出版社

甘肃·兰州

图书在版编目（CIP）数据

陇上学人文存. 孙晓文卷 / 李兴文总主编；孙晓文
著；张帆，马大晋编选. -- 兰州 : 甘肃人民出版社，
2024. 9. -- ISBN 978-7-226-06147-3

Ⅰ. C53

中国国家版本馆CIP数据核字第2024F4W392号

责任编辑：肖林霞

封面设计：王林强

陇上学人文存·孙晓文卷

LONGSHANG XUEREN WENCUN SUN XIAOWEN JUAN

李兴文　总主编

董积生　景志锋　副总主编

孙晓文　著　张帆　马大晋　编选

甘肃人民出版社出版发行

（730030　兰州市读者大道 568 号）

兰州新华印刷厂印刷

开本 890 毫米 × 1240 毫米　1/32　印张 13　　插页 7　字数 330 千
2024 年 9 月第 1 版　　2024 年 9 月第 1 次印刷
印数：1~1000

ISBN 978-7-226-06147-3　定价 :60.00 元

（图书若有破损、缺页可随时与印厂联系）

总　序

　　陇者甘肃，历史悠久，文化醇厚。陇上学人，或生于斯长于斯的本地学者，或外来而其学术成就多产于甘肃者。学人是学术活动的主体，就《陇上学人文存》（以下简称《文存》）的选编范围而言，我们这里所说的学术主要指人文社会科学研究。《文存》精选中华人民共和国成立以来，甘肃人文社会科学领域成就卓著的专家学者的代表性著作，每人辑为一卷，或标时代之识，或为学问之精，或开风气之先，或补学科之白，均编者以为足以存当代而传后世之作。《文存》力求以此丛集荟萃的方式，全面立体地展示新中国为甘肃学术文化发展提供的良好环境和陇上学人不负新时代期望而为我国人文社会科学事业做出的新贡献，也力求呈现陇上学人所接续的先秦以来颇具地域特色的学根文脉。

　　陇原乃中华文明发祥地之一，人文学脉悠远隆盛，纯朴百姓崇文达理，文化氛围日渐浓厚，学术土壤积久而沃，在科学文化特别是人文学术领域的探索可远溯至伏羲时代，大地湾文化遗存、举世无双的甘肃彩陶、陇东早期周文化对农耕文明的贡献、秦先祖扫六合以统一中国，奠定了甘肃在中国文化史上始源性和奠基性的重要地位；汉唐盛世，甘肃作为中西交通的要道，内承中华主体文化熏陶，外接经中亚而来的异域文明，风云际会，相摩相荡，得天独厚而人才辈出，学术思想繁荣发达，为中华文明做出了重要贡献。

　　近代以来，甘肃相对于逐渐开放的东南沿海而言成为偏远之地，反而少受战乱影响，学术得以继续繁荣。抗日战争期间作为大后方，接纳了不少内地著名学府和学者，使陇上学术空前活跃。新中国成立之后，人文社会科学领域的专家学者更是为国家民族的新生而欢欣鼓舞，全力投入到祖国新的学术事业之中，取得了一大批重要的研究成果，涌现出众多知名专家，在历史、文献、文学、民族、考古、美学、宗教等领域的研究均居全国前列，影响广泛而深远。新中国成立之后，人文社会科学几次对当代学术具有重大影响的争鸣，不仅都有甘肃学者的声音，而且在美学三大学派（客观派、主观派、关系派）、史学"五朵金花"（史学在新中国成立之后重点研究的历史分期、土地制度史、农民战争史等五个方面的重点问题）等领域，陇上学人成为十分引人注目的代表性人物。改革开放以来，甘肃学者更是如鱼得水，继承并发扬了关陇学人既注重学理求索又崇尚经世致用的优良传统，形成了甘肃学者新的风范。宋代西北学者张载有言："为天地立心，为生民立命，为往圣继绝学，为万世开太平"，此乃中华学人贯通古今、一脉相承的文化使命，其本质正是发源于陇原的《易》之生生不已的刚健精神，《文存》乃此一精神在现代陇上得到了大力弘扬与传承的最佳证明。

《文存》启动于中华人民共和国成立六十周年之际，在选择入编对象时，我们首先注重了两个代表性：一是代表性的学者，二是代表性的成果，欲以此构成一部个案式的甘肃当代学术史，亦以此传先贤学术命脉，为后进立治学标杆。此议为我甘肃省社会科学院首倡，随之得到政界主要领导、学界精英与社会各界广泛认同与政府大力支持，此宏愿因此而得以付诸实施。

为保证选编的权威性，编委会专门成立了由十几位省内人文社会科学领域著名学者组成的专家指导委员会，并通过召开专题会议研讨、发放推荐表格和学术机构、个人举荐等多种方式确定入选者。为使读者对作者的学术成就、治学特色和重要贡献有比较准确和全面的了解，在出版社选配业务精良的责任编辑的同时，编委会为每一卷配备了一位学术编辑，负责选编并撰写前言。由于我院已经完成《甘肃省志·社会科学志》（古代至 1990 年卷，1990 至 2000 年卷）的编辑出版工作，为《文存》的选编提供了坚实的基础和基本依据，加之同行专家对这一时期甘肃人文社会科学发展的研究，使《文存》能够比较充分地反映同期内甘肃人文社会科学的基本状况。

《文存》自 2009 年启动，截至 2023 年，用 15 年时间编辑出版 10 辑共 100 卷，圆满完成了《文存》启动时制定的宏伟计划。如此长卷宏图实为中华人民共和国成立七十周年以来甘肃人文社会科学全部成果的一个缩影，亦为此期间甘肃人文社会科学学术业绩的一次全面检阅，堪作后辈学者学习先贤之范本，是陇上学人献给祖国母亲的一份厚礼。百卷巨著蔚为大观，《文存》和它所承载的学术精神必可存于当代，传之后世，陇上学人和学术亦可因此而无愧于我们所处的伟大时代，并有所报于生养我们的淳厚故土。有鉴于此，我们赓续前贤雅范，接续选编《文存》第十一辑，将《文存》编选工作延续下去，将陇上学人精神传承下去。

因我们眼界和学术水平的局限，选编过程中必定会出现未曾意料的问题，我们衷心期望读者能够及时教正，以使《文存》的后续选编工作日臻完善。

是为序。

李兴文

2024 年 9 月 19 日

目　录

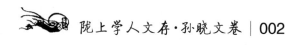

第二部分　经济与经济改革

第三部分　区域经济与发展规划

编选前言

　　作为此卷编选者，有机会了解作者孙晓文的学习研究经历并编选其成果以奉献给读者，我们感到高兴与荣幸。从孙晓文的学习研究经历中，我们看到，由于工作岗位几次变动，他在新的领域不断拓展学习研究范围，增加了本卷内容编选的多样性，也使本卷具有跨学科的特点。多年来我们习惯称他孙主任，这次编选前言中，他说直呼本名，添加别的称谓都很不合适。我们觉得直呼其名，少了应有的熟识、亲近和尊敬，却只好这么落笔。如此啰嗦的开篇，从侧面反映了他多样的人生经历和学习研究活动。

　　1953 年 11 月 8 日孙晓文生于沈阳市，籍贯吉林省舒兰县（现为县级市），是山东莱阳人"闯关东"的后代。1969 年底冶金部"三线建设"项目招工，入沈阳冶金机校培训。1970 年秋来甘肃，到冶金部陇西机修厂当工人。1976 年调甘肃省冶金局工作 3 年（期间参加会宁县路线教育 1 年）。参加工作的头几年，也是他年轻时自学的开端，他努力补习找来的初中高中教材和技术工等有关读本。曾参加 1973 年"高考"并取得好成绩，因发生"白卷风潮"而分数作废；响应号召学习马列著作和毛泽东选集，选读当时的哲学与政治经济学教材和逐步放开的中外文学作品等。1978 年甘肃省社会科学院恢复设立，他以学习《资本论》和哲学理论的两篇文章——《〈资本论〉与社会主义商品生产》（2.4 万字）、《学哲学三则——精神、政治、革命》（1.2 万字），呈甘肃省委宣传部审议同意调入。在甘肃省社科院的 10 年，他着重于哲学以及经济学和甘肃发展问题的学习研究,1987年评聘中级职称助理研究员。1988年底,调入甘肃省政府经济体制改革办公室(省经济体制改革委员会),2004年并入省发展改革委员会,曾任省体改委综合处处长和纪检组长、省发展改革委副主任、甘肃省西部地区开发领导小组办公室主任(正厅级)。2014年任甘肃省政协经济委副主任,兼任省委改革办副主任,2017年初退休。尽管在岗和退休后的身份多次变动,但他始终坚持学习研究,撰写发表了许多有见地的研究文章,形成了实际工作与学习研究相互促进的风格特点。他曾兼任甘肃省经济体制改革研究会会长、省宏观经济学会会长、省"十三五""十四五"规划专家组副组长等,曾获1987年甘肃省社会科学科研成果三等奖,主持和参加的研究成果获2007年、2012年的甘肃省科学技术进步二等奖和三等奖(2项)。

我们依据了解掌握的情况和材料,基本按时间脉络,将编选文章分做哲学及方法论、经济与经济改革、区域经济与发展规划这三类,向读者介绍他学习研究的主要成果。

一、哲学及方法论的学习探讨

在哲学的学习研究方面,孙晓文最初是当时哲学书籍的兴趣读者。到省社科院哲学所一年多后,1980年秋他去武汉大学哲学系进修西方哲学史,同时认真聆听了当时哲学系主要课程包括研究生的多项专题课。他始终记得指导老师陈修斋先生"谈哲学"的知识传授和睿智教诲,先生课堂上那习惯的轻声慢语、娓娓道来和"雅俗共赏",简短的哲学诘问、不时地淡淡微笑、偶尔闪动的眸光,门下交谈中的亲切关怀、答疑和点拨;记得杨祖陶、肖萐父、陶德麟、谭臻和唐明帮等老师展现的学识底蕴,孟宪鸿、朱传启、王荫庭、刘纲纪、林先发、雍涛、陈祖华、李鸿烈、李砚田等老师各自的课堂风采,西哲史教研室与研究生的学术讨论及论文答辩……都深深地印在他的脑海中。他一直保存着西哲史、中哲史、马哲史、哲学原理、辩证逻辑、美学、心理学、毛泽东哲学思想、研究生多项专题课等各种笔记,保留着对武大珞珈山—东湖、校园风貌和当时校园歌声的开心记忆。近两年的武大进修和持续自学,奠定了他重要的学科知识基础。多年后的 1996 年,他有机会去武大,巧遇陈修斋先生门生段德智教授,段教授题赠给他的《陈修斋哲学与哲学史论文集》,至今珍藏并不时拿来阅读,也与我们交流分享。

孙晓文对哲学的爱好"浓烈",自感受益颇深。在省社科院哲学所时,他重点探讨哲学方法论与哲学形态问题,表现出现实引导的选择性学习研究特点。当时,现代科学技术和科学方法论不断创新突破,发达国家和新兴国家(地区)经济快速发展,我国改革开放起步推进,社会主义现代化建设步伐加快。持续深入地学习马克思主义哲学和哲学史,使他感到哲学应当体现社会实践的时代特征,加强对哲学方法论的研究应用,探索思考哲学形态学问题。他与欧阳康(时为中国人民大学哲学博士)合作的《马克思主义哲学的发展及现代科学方法论》(1986 年)一文中提出:坚持和发展马克思主义哲学是我们哲学工作者的历史任务,这个任务必然涉及若干层次的研究对象。"坚持",就要搞清楚马克思主义哲学与以往一切哲学理论的根本区别,把握它的鲜明特点——实践性、革命性、统一性以及主体性和目的性;"发展",就要在自觉坚持的基础上,结合现时代人类实践和知识发展的新成果,提出研究哲学形态学的任务,探索体现"时代精神"的现代哲学理论,实现坚持和发展的统一。孙晓文对哲学方法论和哲学形态学的思考探索,贯穿着他的认识与理解,这方面我们编选了 10 多篇论文。

(一)关于哲学方法论问题

哲学被定义为世界观和方法论,马克思却说"哲学家们只是用不

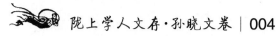

同的方式解释世界，而问题在于改变世界"①。如何"解释世界"的"知"，与怎样"改变世界"的"行"，两者有重大区别，即"世界观"与"方法论"内在关联一致地有所区别，这非常重要。哲学要投入并且实现"改变世界"，就必须将哲学理论转变为指导认识和行动的方法，成为现实社会主体的哲学武器，在社会实践中发挥出方法论功能。恩格斯就是这样评价和要求的，他指出："马克思的整个世界观……是方法，它提供的……是进一步研究的出发点和供这种研究使用的方法。"②表明马克思、恩格斯在创立学说的时候，特别强调了其方法意义。列宁认为，"马克思主义者从马克思的理论中，无疑的只是借用了……宝贵的方法"③。这启迪我们，从现实人的实践的角度看，不论对待先贤理论的态度，还是理论指导实践并回归实践活动，一切理论包括哲学理论最后都应当被作为实践和认识活动意义上的方法，或者说发挥其方法论功能。

方法论是关于人们认识和改造世界的方法理论，哲学方法论就是哲学关于方法的理论。在他看来：就方法论功能来说，哲学从人的实际生活中来，通过哲学思想劳动逐步形成哲学理论，再以方法论形式回到人的实践和认识活动中去。方法论是其中有着特定功能的一个重要环节，借用马克思对商品生产通过市场交换实现其价值的提法，哲学历经思维活动的理论演化，以哲学方法作为其最后的"出演"形式，是它回归实践、回归现实、回归社会、回归人本身的"惊险一跳"，通过方法论形式回到源头的社会实践中。最终在人的活动中，与

---

①《关于费尔巴哈的提纲》，《马克思恩格斯选集》第 1 卷第 19 页，人民出版社，1972 年。

②《马克思恩格斯全集》第 39 卷第 406 页，人民出版社，1974 年。

③《列宁选集》第 1 卷第 60 页，人民出版社，1972 年。

其他知识、方法和中介工具一道，共同融合在人类实践成果——人化自然、人本社会和人的幸福之中，在那里潜藏着哲学智慧的"微笑"，进而实现其特定的社会功能与理论价值。这是哲学思维活动的完整路程和必经之路，是哲学理论转换和转化为哲学方法的必要性和必然性，也是它被现实人活动所接受并得以实现的真正理由。

为了深入讨论哲学的方法论功能以及哲学方法论形态的可能性，孙晓文专门研究撰写了《哲学发展的自身背景和知识背景》（1987年）一文。在《方法在人的活动中的规定与界说》（1988年）一文中，他深入探讨了"方法"的概念与规定。他认为，"方法"是人们在活动中按照客观对象的规律建立起来的、认识和改变世界的规则与手段，包括外在形式——中介性直接规定、内在形式——主体性属人规定、根本内容——对象性内在规定等共同组成的总体规定。真正的科学方法，不是"手段和技巧"的庸俗理解。在人的活动中，一切知识理论都蕴涵着成为方法的可能，方法则必须包含相应的知识理论。这就涉及如何看待知识理论的形态变化以及哲学形态问题的讨论。

（二）关于哲学形态学的探讨

1986年，在中国辩证唯物主义研究会年会暨马克思主义哲学与"三论"学术讨论会上，孙晓文和欧阳康从坚持和发展马克思主义哲学的角度，作了"关于哲学形态学及主体与方法论形态的思考"的联合发言（参见会议简报和有关综述），并发表《关于哲学形态学的思考》等文章（1986—1987年）。在他们看来，哲学是社会意识形态的重要组成部分，是与科学、艺术、宗教等相区别的完整的理论系统。哲学形态乃至社会意识形态的特定内容，表现为多样具体的不同意识与观念、学说和理论，需要专门加以解说。广义哲学形态的简要定义，就是哲学内容和形式的统一，是所有哲学的总和。由于哲学各种理论的具体内容和表现形式不同，存在着多种角度、线索和尺度下的狭义哲学形态。如,哲学史线索中因时代背景、思考对象、思维主题和表现方式等明显区别,出现本体论、认识论、方法论等不同形态;某种哲学流派随着时代发展变化,表现为不同阶段上的特定形态,像朴素的、机械的和辩证的唯物主义三种形态的重大区别;某一哲学基本论题的讨论,像认识论的唯理论与经验论等不同哲学派别;不同国家、民族和文化环境中产生的哲学,有着相互区别的形态特点,像中国哲学与西方哲学。又如,传统农业社会、近现代工业社会与当代信息社会,原始社会、封建社会、资本主义社会与社会主义社会等不同社会形态下,主流哲学形态的演变、确立和区分。再如,从哲学思考和哲学意识到哲学概念,再到哲学理论、哲学体系及其逻辑以及哲学方法、哲学观念和哲学理念,甚至不同文本样式的哲学著作、哲学教材和通俗读本等,也都存在着内容和形式统一的形态变化。如此,哲学形态的多样性或多种哲学形态是普遍存在的。对于多样哲学形态的各自特点、相互关联、蕴含包含、扬弃演化、继承发展等,都需要给予关注和深入研究。

哲学形态学是关于不同哲学形态的发生发展、现实构成和理论特点的学问,它立足社会实践、知识进步、时代精神与哲学源流的交汇,通过哲学的自我总结和反思,确认不同哲学形态相区别的理论内容及表现形式,并揭示它们的相互关系和趋势走向。它总体上属于哲学理论,是关于哲学自身存在和发展问题的一个重要哲学分支,与所有哲学理论密切关联,可以静态地分辨分类哲学理论,动态地考量并促进哲学发展。从哲学史的学习中,孙晓文特别赞同既厘清哲学思想脉络渊源,又强调不同社会条件和时代背景的观点及研究方式,赞同任何哲学都是社会的、时代的哲学,社会时代变革必然带来哲学问题、哲学理论、哲学内容及表现形式的变化。马克思的哲学革命确立了实践的辩证唯物主义和唯物史观,强调哲学是无产阶级的思想武器,开创了哲学理论革命的新形态,与以往一切旧的哲学理论根本区别开来。现实的挑战是,现代科学技术和科学方法论、当代社会生产和生活方式等加快变革发展,全球化和人本关怀等问题更加突出。那么现代哲学研究要如何应对和确立,哲学形态是否演变和如何演变?哲学理论中对于本体论、认识论、方法论的区分,应当是哲学史上从本体论到认识论、方法论的形态演变与现状凝结,它们既相区别和联系,又相包含(包涵)和演进。哲学形态的不断扬弃与包容式发展,不是相互割裂、各自独立、彼此拒绝。这样,哲学形态的变化就具有现实性,哲学的方法论形态也是可能的,哲学形态学的研究也非常必要。马克思主义整个世界观的方法论意义,现代科学方法论的发展,社会实践中知识转换为方法的需要和倾向,都要求并且促进着对哲学方法论形态的研究探索。我们这次编选论文时,他还说:对哲学本体论形态到认识论形态的转换,哲学家们普遍肯定并且追从;对方法论形态的转换却有不少疑惑和不赞成,其中原因值得深入研究讨论。

(三)方法论思路的相关研究

基于哲学方法论和哲学形态学的理解,孙晓文还探索了相关的方法问题研究。

(1)毛泽东工作方法研究。他认为,毛泽东把马克思主义与中国革命和建设的具体实际相结合,形成以《实践论》《矛盾论》为标志的毛泽东哲学思想,其中以中国革命实践为基础和导向的毛泽东工作方法更具代表性,在马克思主义哲学发展及方法论研究中有着重要地位。他用两年多时间专门研究写作《毛泽东工作方法研究》(书稿),发表的《关于毛泽东工作方法论的几个问题》(1983年),讨论了毛泽东工作方法的范畴规定、历史产生、基本内容、哲学基础和在新时期的指导意义。《学习毛泽东同志的调查研究理论和方法》(1984年)则是一篇专题论文。

（2）思维方式方法的学习研究。在他看来,学习研究哲学史(中哲、西哲和马哲"三史"),有其学科的特殊要求,是哲学基本理论的主要由来和必要支撑,很大程度上又是思维方式方法的学习训练。在这方面的学习研究中,他曾撰写《培根的物质结构观和经验科学方法》(1982年)、《霍布斯的"偶性说"》(1982年)、《一个法国哲学家对"理"的理解——试析马勒伯朗士关于中国哲学的基本观点》(1990年)。1986年省内学者集体编写《甘肃历代著名哲学家》,他承担唐代《李翱》的写作。他通过大量的资料收集和精细研究,理清了李翱的生平活动和社会背景,阐述了其性命之道代表作《复性书》等哲学思想以及认识方法特点,说明其在中国哲学史上由唐代新儒学转向宋明理学中承前启后的重要地位,呈现了一位鲜活而细密的唐中后期哲学思想家。

孙晓文认为,学习系统论、信息论、控制论和耗散结构论等现代科学方法论,是提高方法论研究水平和创新思维方式方法的一个现实途径。他撰写了《信息系统与信息控制》《信息本性的本体论解释》(1985—1986年)。借鉴现代科学方法成果的思考,他发表的《简论现代思维空间的拓广》(1985年)一文,从思维空间拓广的角度,分析表述系统思维、全方位综合思维、时空一体思维、多维相空间思维等,探讨思维方式方法的创新,响应时代的思想解放和观念转变,被《新华文摘》(1986年第1期)转载。

（3）方法论在现实中的学习运用。结合我国改革实践的社会辩证法研究,他的《"中国特色"的内在差别、必然发展及其认识方法》(1983年)入选全国社会主义社会辩证法问题学术讨论会论文集(《社会主义社会辩证法研究》,广东人民出版社)。1985年在全国第二次社会主义社会辩证法讨论会上,他作了《社会基本矛盾观和系统观的方法论统一与改革》为题的大会发言,论文入选会议文集(《社会主义社会的矛盾与改革》,陕西人民出版社)。《我国社会主义改革的主体性与对象性》(1987年)一文,从"社会的二重化:一种新的实践结构;改革的方法中介与改革的主体原则;我国社会的自我改革与外部环境输入"等方面,探讨了我国改革的实践框架和方法问题。1988年甘肃省委宣传部和甘肃人民出版社策划的甘肃省中青年学者合集《哲学与现实》(1987年以前发表的论文),将他的上述两篇文章收入。

针对甘肃经济优势的选择发展问题,他探索运用层次系统方法研究写作了《决策省区经济优势的层次系统方法——立足甘肃地方的考虑》(1984年),提出从世界超大系统、全国大系统、西北子系统、甘肃分支系统四个层次,"筛选"不同层次的甘肃优势,总体把握甘肃的优势梯度,辩证地看待优势劣势,动态创新发展甘肃优势。

1986年,他参加省社科院哲学所《系统决策方法》课题组的文稿合作编写,经甘肃人民广播电台《决策科学广播讲座》播出(获中央人民广播电台全国理论广播优秀节目一等奖)。《现代决策入门》一书由中国广播电视出版社出版。

他强调理论研究与实际工作结合的方式方法,在省社科联座谈会上提出《对强化理论研究和实际工作相结合的社会机制的建议》(1987年),就理论研究部门的社会地位及特点、实现甘肃省理论研究系统的合理配置和分工协作、健全理论研究部门与实际工作部门的联系渠道、建设有利于学术理论发展的良好社会环境、领导干部加强理论学习等提出建议。

二、经济体制改革的理论探索

1988年底孙晓文调入省政府经济体制改革办公室后,结合经济改革实践和工作需要,学习研究经济体制问题,撰写了许多经济改革方面的研究文章和调研报告。我们选编10多篇,大体分为下面三类。

（一）经济体制问题的思考

（1）所有制及产权制度问题。鉴于所有制理论在经济体制改革实践中的极端重要性，1991年他重读马克思和恩格斯的《德意志意识形态》，撰写了《在社会生产总体中把握所有制——学习〈德意志意识形态〉笔记》，认为要以马克思主义理论为指导，从生产工具（生产力）、分工、劳动组织形式等社会生产总体及其构成上，具体判断并把握现实所有制形式以及所有制结构的合理性，处理好国家意志及法律与所有制的关系，继续深入探讨"联合的个人占有"这种新的占有方式；结合新的实践，探索所有制在产权视野下的细化，深化对社会主义产权制度的认识，增强所有制改革的科学性与自觉性。

在经济改革实践中，他深深感受到产权制度问题的现实性和重要性，发表了《当前产权制度改革中一些问题的探讨》（1998年）、《现实生活呼唤着产权制度》（1999年）等文章，认为产权是人们对财产的权利（所有权和经营权），是对人们财产关系的法律认定。随着经济社会的长期全面发展，古老、单一、简单的所有权（占有权），已经发展为包括所有权、占有权、使用权、收益权、投资权、处置权、管理监督权等多种权利的现代产权。产权成为经济学的一个重要概念和范畴，产权的市场化、社会化是一种普遍趋势。产权制度作为关于产权的一整套成文规定，是现代市场经济的核心和基础。建立社会主义市场经济体制的改革必须抓住这个关键，一方面改革过去缺位的、虚置的、混乱的"产权状态"；另一方面要建立适应市场经济和社会化大生产的明确而科学的现代产权制度，建立起关于产权界定、管理、运作、变更、终止等一整套制度规范。

产权制度改革的目的和内容十分明确，与私有化根本不是一回事，没有清晰而有效的产权制度是现实经济生活中许多问题存在的深层原因。在《关于产权制度理解的十点认识》（2004年）一文中，他专门就产权与所有制、产权与财产权、产权与所有权、产权与所有权的运用、产权与产权主体、企业法人财产权、国有资产的产权、产权与产权市场、产权与产权制度以及实践中关于产权清晰、归属清晰、产权结构调整、产权多元化、产权改革等提法及含义作了分析,以支持现实的经济改革工作。

（2）现代企业制度问题。企业改革经过 20 世纪 80 年代以来的扩权、利改税、承包制、转换机制等阶段,90 年代中期明确了建立现代企业制度的方向任务。他针对实际工作中不了解、不理解、不重视的疑惑,归纳有关认识问题,撰写了《关于现代企业制度的 10 个认识问题》(1994 年),通俗地加以讨论回答。他认为:现代企业制度是一种适应社会化大生产和市场经济要求的、企业真正成为法人实体和市场竞争主体的微观经济体制,其基本制度规范是一种制度安排体系,涉及企业内部机制和外部环境两大方面,需要在改革中分步推进、逐步配套和走向成熟。

（3）国有资产监管体制问题。20 世纪末,国有资产监管体制问题越来越引起各方面重视,被推到改革前沿并成为重要任务。1999 年,按照甘肃省政府要求,他协调省体改办和当时的省国资局,经调查研究形成《我省国有资产管理、营运、监督体制改革的意见》(内部讨论稿)。2002 年牵头完成《建立省级国有资产管理、营运、监督新体制的探讨》的课题。他撰写的《积极推进国有资产监管的探索》(2004 年),全面讨论了"监管对象——国有资产的范围与分类;监管权设置——统一与分级;监管机构——国资委的监管范围与其他机构;建立健全国有资产监管体制及体系的未尽探索",提出了有关的原则和操作建议。

(二)经济改革的阶段性任务探讨

在改革进程的阶段性时点上，他重视宏观地加以总结并探讨新阶段的改革任务。20 世纪 90 年代以来，他参加并具体组织了甘肃省"八五"以来各个五年中期经济改革构想的研究写作（见本卷附录目录）。

党的十四大提出建立社会主义市场经济体制的改革目标后，1993 年他研究撰写《共同营造市场——甘肃省改革新阶段的重大任务》一文，结合甘肃实际阐述要营造市场；营造市场是甘肃发展与改革的共同要求；政府和企业共同营造市场以及当前营造市场的要点与操作建议。1998 年具体组织完成《我省经济体制改革二十年回顾与展望》课题报告，从所有制、企业制度等九个方面概括甘肃的经济体制变化，认为要继续重点搞好国有企业改革、深化农村改革、用市场机制调整经济结构、配套改革营造环境。在"2008·改革 30 年回顾与展望"甘肃经贸论坛上，他作了《关于甘肃经济体制改革的几点认识》的重点发言，认为甘肃要实现又好又快发展，必须继续推进改革开放，围绕发展市场经济、转变发展方式、提供公共服务、转变政府职能来推进改革创新，建立适应科学发展的体制机制。

2019 年，他组织完成省经济研究院课题《甘肃经济改革四十年回顾与展望》，主编《甘肃经济改革 40 年研究报告汇编》（兰州大学出版社），收编省内相关部门总结和展望的纪念文章、21 世纪以来的改革阶段报告与专题调研报告，梳理汇集了甘肃省研究经济改革的新成果。

（三）推进改革的方式方法问题

（1）基于发展探索改革。针对甘肃经济发展相对落后的问题，他与王素军合作研究写作《用改革办法解决发展中的突出问题——从甘肃发展差距谈起》（1996 年），强调甘肃差距拉大的现实与我们应采取的态度，就基础设施建设、农业水利和扶贫开发、培植优势企业和增强地方财力、资金筹集、开放和开发区、企业家队伍、科技兴省等方面的突出问题,提出进行改革探索的思考建议。2008年庆祝改革开放30周年,在中国(海南)改革发展研究院"中国改革的下一步:变化与选择"主题国际研讨会上,他的《基于发展进程的改革探索》(载《中国改革下一步》,中国经济出版社,2008年)一文认为,我国基于发展要求的体制机制改革创新探索,发展与改革的"双螺旋"黏合及其时空展开和相互解释,是认识改革的过去、现在和未来的基本线索;基于科学发展要求的继续改革创新是要为之努力的。

(2)重视制度分析与应用。结合经济改革实际,他认为可以借鉴新制度经济学关于制度作用的观点和方法,2002年发表《新制度经济学的制度观及其对发展的意义》,提出重视制度的正面和负面双重影响,在深化改革、促进发展的制度性调整中,继续深入解决体制中的障碍性问题。要加强制度成本(交易费用)比较分析,在改革探索中提高制度变更的确定性和可预见性;重视制度结构,理顺制度关系,加强改革的协调配套;建立健全高效率的产权制度仍然是深化改革的重大任务;立足社会主义现代化建设的整体性,同时探索推进政治体制改革和文化体制改革;研究解决制度的制定机制和实施机制问题,提高制度的科学性、严肃性和有效性。

(3)重点改革与配套改革。改革实践中的推进方式很重要。他在1994年省社科联座谈会的发言《突出重点 综合配套地推进改革》(被红旗出版社等选入中国"八五"科学技术成果),认为推进建立现代企业制度,要突出重点,抓住关键;分类指导,一企一策;综合配套,分步实施;狠抓落实,注重规范。针对政府职能转变的改革,他在《围绕职能转变搞改革 增强政府的宏观调控能力》(1994年)一文中提出,根据市场经济要求,确认政府职能,强化宏观调控、国资监管和服务职能;配套搞好计划、财税、金融、投资等宏观部门体制改革;加强宏观调控制度建设,不断改进调控方式;促进企业改革,加强社会保险制度建设。

(4)对改革方式方法的多种探讨。省政府研究中心曾组织关于分类指导国有经济的讨论,约他撰写《国有经济的行业选择及其管理》(1996年)。文中认为,主动进行国有经济的行业选择和布局,考虑增强综合国力、跃居世界高科技领先地位和我国跨世纪发展,应加大新兴领域的国有资本投入,提高国有经济的技术先进性和国际竞争力;考虑国家的经济和政治利益,对涉及国家安全、稀有资源开发项目,可由国有资本垄断经营;考虑国计民生的基本需要,基础行业应保证国有资本的主体地位和控股及参股;对一般加工业、传统服务业放开,国有资本可以参股也可以产权转让退出;对某些公用服务型及非经营性项目,实行政府财税扶持和多种经济成分进入。调整改变国有经济不分主次轻重、遍布各行业的状况,国有经济仍在国民经济中处于主体地位并具有主导作用,同时不同省区的实际情况会有不同特点。区分国民经济与国有经济的不同行业管理方式,前者应是政府指导下的同行业企业的自主式管理,后者应当探索国资监管下的国资经营公司兼有行业职能的方式。

企业家个人特质是改革进程中一个值得关注的问题,也涉及改革方式的选择。他曾发表《首要因素将是管理者的个人特质——重读〈有效的经理〉札记》(1999年),讨论介绍有关看法。原书作者指出"好的经理有12项个人特质",问题是20世纪90年代被视为工商管理发生革命的时代,促使企业发生巨大的、艰难痛苦的历史性转变。今后一个时期,管理者最重要的素质将不是营销才能、信息技术或其他任何专业知识,而是个人特性——愿意甚至渴望采取重大而又痛苦的决策。不愿意改变自己的,会陷入一种非理性的"痛苦规避模式"。企业将为所采取的措施付出代价,这也是许多企业像许多个人和民族一样,非到生死存亡的紧要关头,才不得不进行扭转乾坤但令人不愉快的变革的原因。敢于采取必要痛苦措施的企业管理者将会存活下来,而那些具有根据自己独到的判断作出令人不快决策的、有勇气的管理者将占据主导地位,据说其成功率很高。

树立创造观念与创新观念,是我国改革开放和现代化建设的需要,也是推进改革的一个重要方式。他结合甘肃实际,发表了关于创造观念、创新观念和推进解放思想、转变观念的一些文章(见本卷附录目录)。在《幸福就在于创造新的生活——创新观念》(1987年,载《改革与观念创新》,甘肃人民出版社)一文中,他以"创新观念在改革中苏醒""不满是向上的车轮""提出问题更重要""在地狱的入口处""塑造创新的社会环境"为若干小题目,理论联系实际地进行讨论,解说了创新观念的观念结构。

在省内有关单位联合举办的庆祝改革开放40周年研讨会上,他在发言中认为:"基于发展,推进改革;市场取向,渐进改革;扩大开放,倒逼改革;积极实践,勇于改革;科技创新,促进改革;相互协同,配套改革;完善方式,落实改革……这些重要经验是今后全面深化改革的启迪借鉴和宝贵财富。"(《甘肃日报》2018年11月16日第9版)在他看来,"摸着石头过河"、试点试验先行、摸索比较成熟的可推广可复制的经验、先立后破等做法,反映改革进程不同阶段的情况变化和特点,是改革推进方式的不断调整和充实,要适应新的发展和改革需要逐步完善。

三、区域经济及发展规划的学习研究

区域经济及发展规划问题,是孙晓文学习研究的一个重要方面。这次编选中,我们看到他在省社科院时参与甘肃发展问题的有关研究,在省体改委时重视甘肃改革与发展结合的思考。2004年后在省发展改革委后,以甘肃发展为重点,主要从事经济综合、改革综合、规划、外资、西部开发和灾后重建,广泛参与全省中长期规划编制、年度工作安排、有关重大项目前期筹划、有关政策制定与实施等宏观经济工作。在工作中形成的许多文稿文本,他说大量的是"公共产品"。我们选编了区域经济及发展规划方面的 10 多篇文章,反映他在这方面的学习研究成果。

(一)区域经济的研究思考

2003 年他完成了甘肃省委组织部和兰州大学举办的区域经济学专业研究生课程进修班的学习,进一步加强对区域经济问题的研究,撰写了一些有针对性有观点有特点的论文。在《西北经济区的地缘文化影响及其走向》(2003 年)一文中,他分析西北经济区地缘的历史与现实,认为"西北地区成为当地多民族多文化关系的表现舞台、中央政权及其他地区与之关系的表现舞台、中国与西北边邻各国关系的表现舞台";西北的国内地缘是中央政权及其他地区的支撑,具有固边、强边、安边和西北通道、西北腹地、纵深基地、更大市场、生态源头区等多重战略地位与作用,西北开发对双方有着极其深刻而深远的影响;西北的国家地缘是重振古丝绸之路的梦想,欧亚大陆桥的畅通和兴盛是完全可能的。他强调,西北地缘关系在市场经济条件下的走向及选择,经济关系更根本,双方将在竞争与合作中实现发展;落后状态的西北能否有效地开放利用现实地缘关系,在于观念、体制、环境、结构的创新,在于技术、经济和信息的实力,在于市场经济走向的力度和成熟程度。我们要"在东向国内地缘关系、西向国家地缘关系的开拓上,在区域内经济的跨地方整合上,努力创造出新的局面,有效地利用地缘关系来促进西北经济区的更快发展"。

他在《新区域经济的意义和特点——经济全球化与传统区域经济的改革创新》(2004 年)一文中提出,我国的传统区域经济逐步发生变化,以珠江三角洲、长江三角洲、环渤海经济带等为代表,符合市场经济规则的新区域经济正在形成并越来越发挥出更大作用。新区域经济的特征，对传统区域经济转变有着重要启示：从过去的行政划界、行政联接和行政指令为基础，转变为经济关联、市场经济运行和自主协商决策为主，要求逐步突破既有的行政界限，对传统区域经济进行根本改造；从原行政区拓展为跨行政区的更大经济区域，从全国经济区划和生产力布局的实现形式，转变为参与经济全球化和世界经济发展的重要实现形式；从原来的中央和地方政府两个角色为主，转变为当地企业、外来资本、地方和中央政府四个角色担纲为主；应对经济全球化中资源短缺的影响和约束，是新区域经济发展与决策必须解决的前提性问题；未来发展优势是坚持改革创新，不断创造适应经济全球化需要的核心竞争力和综合环境优势。

在《不发达地区发展研究的前提、比较方法和文本成果》（2004年）一文中，他认为不发达地区发展研究作为区域经济范围的特殊题目，经济发展的非均衡性、经济增长的趋同性、经济发展中的政府干预，是三个重要的逻辑前提。在此前提下的不发达地区研究有着自己的任务，回答为何不发达和如何实现发达的基本问题。他提出：规律比较、模式比较、要素比较是不发达问题研究中常见的三种方法，同时要综合运用其他多种方法；研究的文本成果，其更大价值在于社会效用，要向社会实践转化和"转化为现实生产力"，这需要地区性"决策人和行为人"与"成果持有人"共同努力，"有理有力的决策和坚持不懈的实践"，将实现文本成果的"良性转化"和走向发达的"实践成就"。

关于区域经济发展"高地""洼地""极地"与"园区经济"的研究探讨，是《新的区域经济竞争发展及其对甘肃的启示——高地、洼地、极地与园区经济》（2005年《兰州大学学报〈社会科学版〉》）的主要内容。该文以我国改革开放和经济全球化中的区域经济地位提升为背景，研究分析了新的区域经济竞争发展的四种途径和形式，提出高新技术和人才领先为代表的"高地"是核心,环境综合成本比较低的"洼地"是条件,资源和产品等个性优势经济是"特色","园区经济"则是特定地域内的区域优势要素组合。甘肃要借鉴新经验,重视加大这些方式的探索力度,实行倾斜式发展和"园区经济"带动,由"点"逐步到"线"、逐渐形成"面",积极探索甘肃区域经济发展的新途径。

(二)甘肃经济发展问题的研究探讨

孙晓文对甘肃经济发展的研究重点,主要是工业经济和宏观经济。

(1)工业经济发展方面。《甘肃重型产业结构的历史使命及合理调整》(2002年)一文认为,50年建设造就甘肃省重型产业结构,轻型化不是重型产业结构调整的出路, 合理调整的走向是效益型及高加工度化及技术密集化。他提出:加强技术创新,用高新技术改造重工业(采掘、原材料和制造业);延伸产业链,提高原材料产品的深加工能力;加快发展制造业,改善重工业内部结构;依据市场需求,合理发展采掘业和能源原材料工业;开发以农副土特药(材)为原材料的加工业,促进农业产业化和轻工业发展;推进产业结构的信息化,带动经济跳跃式发展;以市场为先导,实行"产品—企业—行业—产业"的结构调整序列;体制创新和管理创新,营造开放引资促调整的好环境等建议。

他发表的《甘肃省工业化进程面临的三大任务》(2004年)一文,在甘肃工业化现状构成与问题分析的基础上, 提出现有工业改造提升壮大、传统农业改造转型分流、信息化引导并发展信息经济是三大任务以及推进甘肃工业化的综合措施建议。

2018年在国家科技评估中心举办的全国科技评估研讨会上,他作《甘肃工业成长的主要阶段及今后走向——产业形态演进及其评价的启示》主题发言,从百年蒙昧萌芽期、新中国成立后的现代工业奠基期、20世纪六七十年代的配套成型期、八九十年代的改革调整期、21世纪西部大开发以来的发展转型期等主要阶段,阐述了甘肃工业成长、调整和发展的进程,认为应当在这个过程及阶段的不同背景下进行产业形态评价。产业或产业形态分析涉及产业组织形态,产业链、供应链和价值链形态,产业活动和产业构成形态,产业技术和产业结构"覆盖式演进"路径,企业引领的产业创新发展方式等,如此分析甘肃工业是一个很大的课题。借助产业分析的概念和方法,对甘肃工业的基本判断如下:甘肃工业的主体形态是资源开发型;结构特征是重化工业为主、大型企业为主、国资为主的资金技术密集型;产业形态处于产业经济的结构演进过程,工业的产业转型创新还存在明显差距。深入探讨其走势,要从两种资源配置方式、区域区位及资源环境、要素供给和产业链及产业生态的作用、市场范围和全球化的深远影响、营商环境及综合成本的选择性影响等多方面进行分析。改革开放和转型创新,是甘肃工业发展的必然选择,必须坚定转型创新发展的基本思路,必须坚持保护企业发展的积极性,必须实行技术创新引领,必须推进产业结构的高端化,必须突出产业集聚和聚集式发展,必须营造良好的营商环境,必须不断提高学习创新能力。

2023年应甘肃省政府参事室之约,他撰写《产业链:甘肃工业发展路径的重要转变——推进甘肃工业产业链发展的几点思考》,认为发展产业链,是甘肃工业发展路径从横向扩张为主到纵向延伸为主的重要转变,是推进转型创新和高质量发展的现实选择。从转型发展壮大特色重化优势产业链、加快打造新能源新材料等特色优势新兴产业链、大力发展特色食品和特色医药工业全产业链、政企协同推进产业链发展等四个方面,提出了具体操作建议。

(2)全省宏观经济发展方面。进入21世纪,中央作出西部大开发的战略部署,我国东西部关系发生新变化。他在《甘肃应对新时期东西部关系的选择》(2003年)一文中，阐述了东西部关系变化的阶段性，分析新阶段西部大开发和市场经济条件下东西部协调发展的新特点，提出"开放促开发、互补求双赢"是甘肃的选择及相关建议。

2010年国务院出台《关于进一步支持甘肃经济社会发展的若干意见》，他在全省县(市、区)委书记培训班上作《认真学习贯彻〈若干意见〉推动甘肃经济社会又好又快发展》专题讲座(2010年)，全面解读《若干意见》及其重要意义，提出实施建议。在"西部大开发十周年回顾与展望·甘肃经贸论坛"上，他作《深入实施西部大开发战略 积极推进甘肃经济社会发展》(2010年)主题发言，认为这是甘肃省发展最快最好的十年，同时现状差距拉大、发展任务艰巨，要以贯彻中央《关于深入实施西部大开发战略的若干意见》和国务院支持甘肃发展的《若干意见》为契机，坚持科学发展、转变发展方式，以富民强省为出发点和落脚点，具体制定好实施方案，力争在某些方面实现突破和跨越式发展。

2016年，在兰州城市学院承办的全省干部培训班上，他作《建设生态安全屏障 推进绿色协调发展——甘肃建设国家生态安全屏障试验区的探索》讲座，全面介绍国务院同意国家发改委下发的《甘肃省加快转型发展 建设国家生态安全屏障综合试验区总体方案》(2014年)的出台及实施情况。结合学习习近平总书记关于"绿水青山就是金山银山"的"两山论"以及国家生态文明建设的新举措，他谈到几点体会：生态与环境是人类生存发展的基础，保护与建设是一项硬任务；生态与环境是重要的资源和资本，是宝贵的社会财富；生态文明是人类社会文明发展的重要标志，表明社会发展正在进入一个新时代；生态文明理念是人类文明进步的重要内容，贯穿并体现在每个人的行为中；高度重视生态文明建设，协调推进生态与经济社会协调发展。

2020年在第十五届全国技术预见学术研讨会上,围绕"技术评价·技术预见与区域绿色崛起"的会议主题和"黄河流域生态经济发展评价及预测"的议题,他作《黄河流域战略与甘肃的战略发展》的重点发言,认为贯彻黄河流域生态保护和高质量发展的国家重大战略,生态保护——甘肃要建设好国家生态安全屏障,高质量发展——甘肃要建设好国家战略安全屏障。要实行发展思路、发展指标、发展模式、发展动力的转换,加大科技对生态保护和高质量发展的支撑,弘扬传承创新发展黄河文化。立足国家大局和甘肃特点,全面长远地认识甘肃作为"国家战略安全屏障"的多重地位作用,首先是以水资源保护为重点的生态安全屏障,还有国土安全、粮食安全、能源和重要矿产资源安全、基础产业安全和统一大市场建设、"一带一路"和向西开放战略通道安全等,积极融入内循环为主的"双循环"国家发展格局。这些也是甘肃高质量发展的特殊要求和现实机遇。

2021年在省发改委系统专题培训班上,他作了《立足新阶段 贯彻新理念 推进甘肃西部大开发形成新格局》讲座,全面说明西部大开发20年来两个十年的任务与政策举措,新阶段新理念下构建西部大开发新格局的重大任务和政策保障。结合甘肃的继续探索,他进一步讨论了西部大开发的突破点及甘肃的战略选择,西部大开发与全国区域发展格局及甘肃的区域增长极,西部大开发的成效评价及评价方式,以西部大开发促进甘肃的持续创新发展等问题。

(三)编制地方发展规划的多种探索

"十一五""十二五"期间,孙晓文主持、参与和协调甘肃多种规划的编制工作,包括国民经济和社会发展规划纲要及主要领域专项规划等五年规划,探索编制兰白、酒嘉、金武等省内区域发展规划;首次研究编制甘肃省主体功能区规划、汶川地震甘肃灾区和舟曲特大泥石流灾区重建规划、甘肃建设国家生态安全屏障试验区总体方案、

"一带一路"及甘肃段规划、兰州新区方案、兰白承接产业转移示范区规划等；参与国家的关中—天水经济区规划、兰州—西宁经济区规划前期、国家支持甘肃加快发展意见及实施方案、陕甘宁革命老区振兴规划、华夏文明传承创新区策划申报等。从《亲历西部大开发·甘肃卷》(全国政协文史委编，人民出版社，2016年)一书中，我们看到一些介绍有关规划方案形成过程的文章，其中讲到他参与工作的情况。

2019年，按甘肃省政府要求和省发改委安排，为促进甘肃扩大南向开放，依据国家和甘肃省相关文件，他协调组织有关院校专家完成《陇南天水两市对接融入成渝经济区总体方案研究》，为甘肃省"南向开放"和参与"南向通道"建设提供前期研究支持。

2020年省发改委举办规划专题培训班，他作《关于地方中长期规划编制的一些认识——以"十四五"为例》专题讲座。从我国的现状规划体制、规划主体与规划体系、编制工作过程，高度重视国家的方向指引、当地发展需求和实际问题导向等方面，首次总结阐述地方规划体制、编制工作程序和地方规划特点。针对"十四五"规划编制，他强调分析形势背景，讨论甘肃发展的基础、阶段、区位特点和优劣势以及面临的机遇等基本省情；简要说明规划编制过程和阶段及不同文本形式，就《规划纲要》一般框架提出参考意见。结合多年工作体会，他建议：紧盯国家导向动向；做好纵向、横向和周边的规划衔接；加强项目谋划；完善投资和资金机制；优化空间布局；坚持市场机制；扩大对外开放；突出特色优势；做好发改部门工作与各方面配合。

四、学习研究活动的主要特点

本卷的编选工作，是我们与孙晓文共同商议完成的。期间多次进行讨论交流，就有关情况及问题听取他的说明和意见。当我们赞许他的学习研究成果，为一些未尽研究感到遗憾时，他说以往研究中可能存在不足,但时过境迁,难免缺憾,尊重历史吧。回想这次编选过程,使我们对他更加熟知和理解,更深入地认识到他的学习研究特点。

（一）理论与实际结合的导向

他的工作和学习研究历程,明显地表现出"由实际到理论、由理论到实际""干中学、学中干"的双向追求结合与相互促进的特点。他认为,哲学、经济学、现代科学等多知识的广泛学习积累,帮助实际工作有更好的观察视角和理解深度,能增强政策水平和工作能力;大量的实际工作和经历经验,会促进理论知识的现实应用、具体把握和走势感知。谈起多年政府部门工作的体会,他深深感到从实际出发和调查研究是最基本的工作方法。这次编选中,我们看到他1984年发表的调查报告《科学技术是促进农业发展的动力——平凉地区17户专业户的调查》,本卷附录目录记载着后来工作中的许多调研报告,其中还有日本和新加坡企业体制、美国小城镇体制、法国意大利中小企业扶持措施、沿海发达省区经验等考察报告。他说调查研究是沟通连接理论与实际的桥梁纽带,把两方面联系起来并且相互完善,其重要性怎么强调也不过分。政府部门工作特别是改革、规划、重点项目、重要政策和重大举措等,一定要先认真进行调查研究和多方面的前期研究讨论。实际工作与学习研究相结合,努力贯通理论与实际,使两方面相互促进、相得益彰,是他在实际工作中进行学习研究的主要特点。

（二）立足现实的干事

从他学习研究的题目及成果中可以感受到强烈的现实感,热爱现实生活,关注社会实践和重大问题的探讨。他认为,"实事求是"是毛主席和中国共产党制胜的思想法宝。"实事"有世界的事、中国的事和甘肃的事等,他说身处甘肃,就要想着立足甘肃、热爱甘肃、建设甘肃、贡献甘肃,抓机遇"多干实事"。最初进机关的职位是干事,部门中的许多职务其实都是大小干事，干事就要干事，要想干事、能干事、会干事、干成事，当好党委、政府的参谋助手和大众干事。"求是"，去学习研究现实问题，也是一种特殊的干事，应当努力从实际出发，有针对、有内容、有见解、有实招，"文以载道"。他赞同并宣扬这种观点：对深奥和复杂的理论，在搞懂弄通的基础上，尽可能用通俗易懂的简单语言表达出来，使之"雅俗共赏"。以"讲清楚"为原则，可以"怎么想就怎么说、怎么做就怎么写"，有时不妨用大白话大实话，四六句、八股文、空话连篇的花样文章和表面学问误人误事。他的许多学习研究成果反映着世界潮流变化、国家大局走向和甘肃省情实际，很有针对性、现实性和谋实事、干实事的特点。

（三）兴趣广泛的求知

伴随几十年来的经历，孙晓文学习研究涉及的领域多跨度大，求知兴趣盎然。由于种种原因，他的履历中没有完整连续的院校阶梯和学历文凭，几次机缘巧合的集中学习时段：1969年底沈阳冶金机械学校（后合并为沈阳大学）培训约一年，1980年秋武汉大学哲学系进修近两年，1986年用一年多时间通过甘肃省政治理论自学大专考试，1989年中国文化书院中外比较文化研究班两年（大学后函授教育），1992年中央党校本科经济管理专业函授两年，2003年兰州大学区域经济学专业研究生班两年。他更多时间在自学，认为要有求知的欲望和激情，想知道为什么、怎么样和怎么办，唯有"学而知之"。学习机会到处都有，"留心处处皆学问"，向老师、向书本、向实际经验、向所有可问可学之人"求学好问"。"学问学问、贵在一问"，要善于发现问题、提出问题，养成"提问"和"问到底"的好习惯。"好问"还要"会听"，善听、兼听、听懂。他认为"求知求智"要重底蕴、有新意，重视基本理论、学科史和读点原著，关注社会实践发展和理论探索的前沿问题，多领域求索，多知识融通，不断增强知识积累、研究素养和创新能力。人生有涯,知无涯,学也无涯,保持广泛的知识兴趣和学问习惯,终会有所收获。

（四）以人为本的信念

通过长期的学习和实践，他认为马克思主义世界观是科学也是信仰,包括实践的辩证唯物主义和唯物史观、政治经济学和社会政治理想,坚持以人的自由全面发展为根本目的,关注现实人状况的改善,要形成理论自觉。他坚定地认为,毛主席确立的"为人民服务"的根本宗旨,是中国共产党的立足根本,也是人民富足和国家富强的政治保障。要重视现实人的生活福祉,推进科技和经济发展,打造并不断完善社会公共品,提高人的思想文化素质,努力实现社会公平正义。当代社会,科技、经济和社会生活快速发展变化,社会意识和人文环境深刻变迁,人与科技新成果的关系、人们自己的相处之道、人与生态自然乃至宇宙演化的协调等,都是关乎人类未来的重大问题和严峻挑战。要抱有人类命运共同体的理想追求,"以人为本"地思考和解决当代问题。这种关心和重视人的信念,隐隐贯穿在他的学习研究成果中并不时表现出来。

（五）认真严谨的作风

工作和学习研究,想做成一点事必须认真,不认真不如不做,这是他一贯的态度和作风。认真,就要有事业心和责任心,要勤劳,要严谨细致,尽量周密。他对分工范围内的事情包括重要文字材料,许多都是共同商议、反复讨论、不断完善。他说鲁迅先生讲"文章写完后至少看两遍",人言"文无第一""山外有山",要自觉自警,不辞辛劳,争取更好。几十年来,他不仅在办公桌和书桌前忙碌,而且跑遍了全省各市县、多数工业企业和科研单位。灾后重建常去现场,他和同行者都难忘"风雪高楼山"和"风雨甘南路"等情景。认真严谨、深入实际了解多方面情况,获得第一手材料和真实感受,给他的学习研究提供了有力支撑。

(六)合作共进的方式

他认为,理论和实践中遇到的问题,多数是大家的共同问题或"公共问题",个人独立研究为基础很必要,合作共同研究更是一种有效方式。尤其属于"公共品"的社会性题目和政府类课题,更适合采取合作方式。当今社会的生活新、领域新、知识新,需求多、问题多、变化多,"天下之大,独木难支",有合作共进的广博空间和相互需要,合作共进的智慧多、力量大、成效好。要"以诚待人",有合作共进的眼界和胸怀,有"独乐乐不如众乐乐"和"丛中笑"的包容格局,以自己的积极工作和努力贡献打好合作基础。我们看到,他的不少学习研究成果是合作完成的。他说,我省发展改革的重要规划和方案意见等都是集体完成的"社会公共产品"。一些同事不时提起,共同在大投屏下讨论修改文稿的场景。他至今记得身边同事的共同辛劳,难忘国家发改委有关领导和司局院所的支持帮助,不忘以往各界各方面的支持者和合作者,那是一种事业上的缘分和情分,许多人由合作而成为同道同仁和好朋友。

本卷编辑结束之时,掩卷静思,感慨良多,我们觉得他或许在努力沟通"学与做、知与行",践行理论与实际相结合的学习研究之路。传统农业社会的"耕读人家"和"耕读生活","耕读"也是"学人"的一种样式。学界和党政部门的一些同事说他是"学者型领导",有亲和力,愿意听取他的意见建议。有的说他不像领导、像专家,他自嘲大概像理论研究与实务工作间的"联系人"、不同领域的"协调人"和学科的"杂家",一个多方面的"跨界者"。

人生的学习,学习的人生,乃最大乐趣。他退休后继续笔耕不辍,据说还在做点学习研究、写点喜欢的文章,有时被邀去参加一些讨论和讲座。他认为,持续人生学习,做向生活和实践学习的人,更像一个

"在路上"努力前行的"行路人"。学习研究和工作也是"取法乎上,仅得其中",其成果未必尽如人意。"路漫漫,其修远兮……"最后,他想通过我们在这里表达:感谢所有的关注者、理解者、合作者和热心读者,感恩所有给予关心、帮助和支持的人。

张　帆　马大晋

2023 年 12 月 28 日

第一部分
哲学及方法论

关于"实践标准"的辨析

"实践是检验真理的唯一标准",我们往往简称为真理的"实践标准"。但是,由于实践过程是一个含有多种因素的动态系统,所以对"实践标准"也就有着不同的理解。这需要我们以辩证唯物主义思想为指导,进一步研究"实践标准"的本来意义。本文试图做点这方面的工作,期望得到同志们的指教。

实践和实践标准

实践是人们有意识地改造世界的活动。在本初的意义上,它不过是人类自身的自然力的使用,是一种物质的活动。它"首先是人和自然之间的过程,是人以自身的活动来引起、调整和控制人和自然之间的物质变换的过程。人自身作为一种自然力与自然物质相对立。为了在对自身生活有用的形式上占有自然物质,人就使他身上的自然力——臂和腿、头和手运动起来"①,制造并使用工具,从而改造自然物质,以谋取物质生活资料。在生产活动的基础上,人们又进行着其他的实践活动。

但是,实践却不是自然界的风力、水力、电力、兽力那样的自然力活动。它的特点在于,是有意识的,或者说是合目的性的实践活动。人

————————

① 《资本论》第一卷,人民出版社,1975年,第202页。

们在自然界和社会中生活,产生了对周围世界的需求,也就产生了对周围世界的思想、观点、看法、主张。这些思想、观点、看法、主张又以目的性的形式回到实践中来,指导着人们的实践活动。最后,主观目的通过实践在客观世界中得到实现。实践是在精神活动指导下的物质活动,这正是实践活动与其他物质活动的根本区别。

当我们把实践引入认识论的时候,又把实践活动和认识活动联系起来考察,研究"认识和实践的关系——知和行的关系",提出了认识论范畴的"实践论"。认识真理性的"实践标准"问题,也就自然而然地提出来了。

可是,实践活动本身并不等于"实践标准",因为真理标准必须具备两个条件。

第一,真理标准必须是客观的东西,只有客观的东西才能成为检验主观认识的标准。实践则是具有两重性的:一方面是物质的活动,是人们的自然力对周围世界的改造;另一方面是有意识的,受着一定的思想认识的指导。所以,实践活动在主观认识的指导下改造客观现实的时候,也就把主观认识带到实践过程中接受检验。马克思主义哲学的经典作家们,常常在这个意义上指出,思维的客观真理性问题,是个实践的问题。我们也常常说,实践是检验真理的根本的途径、场所或方式方法。我认为,这是通过实践去检验真理,却不是检验真理的"实践标准"。因为,实践活动包含有主观的成分,而含有主观成分的东西不能作为检验主观认识的客观标准,在这个意义上,实践活动不是检验真理的客观标准。

第二,真理标准必须是主观见之于客观的产物,只有主观见之于客观的产物,才能成为检验主观和客观是否一致的标准。在真理标准上提出的主观见之于客观,是通过实践活动见之于客观事物,"变主观为客观的东西,即在实践中得到预想的结果"。①实践活动则是主观认识指导的客观的物质活动, 不是真理标准意义上的主观见之于客观。因此,把实践活动本身作为检验主观认识真理性的标准,和把实践活动的产物作为检验主观认识真理性的标准,是有区别的。实践活动不是主观见之于客观的产物,而是一种中介,也就不能成为检验主观和客观是否一致的根本标准。

实践过程和实践标准

实践本身不过是一种力的表现,当它具备了手段、对象等相应的条件的时候,已经是实践过程了。实践过程是一个含有多种因素的动态系统,它的简单要素是:有目的的活动即实践本身,实践的手段,实践的对象,以及实践的结果。除此之外,参与实践过程的还有意志、情感、计划、方式和方法等因素。

人们的有目的活动是实践过程的主体和前提。目的是一种观念性的东西,却不是观念的产物,"事实上,人的目的是客观世界所产生的,是以它为前提的"②。人们按照一定的目的去改变世界,从而实现自己的目的,"这就是说,世界不会满足人,人决心以自己的行动来改变世界"③。合理的目的总是历史地、科学地产生的,是人类占有自然物质的规律,与自然物质本身规律的辩证统一。任何成功的实践,都是以合理的目的为出发点的。手段是实践过程的中介,是介于有目的活动和对象之间的中间环节。它是物质的, 其中包含着物化了的理性,闪烁着智慧的光辉。制造和使用必要的手段,是实践过程中的理想的飞跃,是实践过程的第一个物质行动。因为,工具的制造是人类

①《毛泽东选集》第一卷,人民出版社,1966 年,第 271 页。
②③列宁《哲学笔记》,人民出版社,1974 年,第 201 页、229 页。

离开动物界的物质标志,"劳动是从制造工具开始的"①。现实生活经常再现着这一点。人们只能在前人创造的既定手段的条件下,通过制造新的手段,实现手段和目的的一致,来从事创造性的实践活动。

对象是实践过程的客体。我们周围的物质世界,不论是天然的,还是已被改造过的,都可以是实践的对象。对象必然是物质客体,物质客体却不一定是对象。就是说,物质客体和对象客体是有区别的,物质客体只有在被实践所实际改造的时候,才成为实践对象的。对象的选择,应当是与目的、手段相一致的;对象的改造,应当是合于对象自身的规律性。

结果是实践过程的终点。结果(效果)的产生,是实践过程结束的物质标志。实践过程结束时,过程消失在结果中;有目的活动已经物化了;手段一方面转移了,一方面又保存下来;对象则被改造了。结果(效果)已经不是过程,而是过程的终点。但是,没有过程就没有结果,结果总是过程的终点。没有终点的过程是不能产生结果的,过程总是在一定的范围内结束,并产生一定的结果。结果一方面是真实的物质客体,一方面是实践过程的物质结晶体。既然它是实践过程的产物,也就检验着整个实践过程:目的是否成为现实,手段是否合适,对象是否被合目的地改造了,等等。

以上,我们按照实践过程的几个要素环节,粗略地叙述了实践过程的链条。在认识论的角度看来,实践过程不仅仅是改造世界、实现目的的过程,而且是一个产生真理、检验真理的过程。实践是一个过程;对象被改造为结果是一个过程;主观目的取得外部现实性是一个过程。"真理是过程。人从主观的观念,经过'实践'(和技术),走向客

----

①《马克思恩格斯选集》第三卷,人民出版社,1972 年,第 513 页。

观真理。"①这是从不同角度说的同一个过程。

既然我们指出,真理是在实践过程中被检验的,是否意味着实践过程等于"实践标准"呢? 不是的。主要原因在于:实践过程是一个多种因素的总体,其中有着主观的因素,如思想认识对整个过程的指导,以及意志、情感等等。这里有一个整体和部分的关系:如果说主观因素不能成为"标准",那么包含主观因素的实践过程也不能成为"标准";如果说实践过程是"标准",那就是承认"标准"是一种带有主观色彩的二元论标准;如果说实践过程是"标准",又把主观因素排除在外,那么实践过程又不是一个完整的过程了,这无疑是说实践过程中的某种客观因素是"标准";如果说实践过程是不同要素构成的总体,而又坚持"标准"的客观性,那么含有主观因素的实践过程就不是客观的真理标准。

实践过程作为一个动态系统,是不同要素之间的互相作用,或者说是一种互相作用的"正在进行时"。在这样的状态下(这里是说一个具体有限的实践过程),过程没有产生结果,哪怕是初步的结果也没有产生,我们就难以稳定地相对静止地把握这个过程,也就难以在"标准"的意义上,检验指导这个过程的思想认识。

因此,真理通过什么东西或者在什么东西中被检验,与用什么东西作为检验的标准,是既相联系又相区别的两个问题。这似乎是个两难问题:真理是在实践过程中被检验的,实践过程又不是检验真理的标准。那么,是什么东西在实践过程检验真理的时候,成为"实践标准"的呢?

---

①列宁《哲学笔记》,人民出版社,1974 年,第 215 页。

实践的结果是检验真理的根本标准

实践的结果（效果）是被实践活动所改造了的实践的对象。结果和对象不同的部分，正是实践活动通过手段、作用于其上的物质表现。对象被改造为结果是一个过程，其中也有过程和阶段的关系，质变和量变的关系。人们根据对象在某一阶段、某种量上的变化，或者说是初步的结果，来调整改变实践过程，是常有的事。这时，相应的思想认识已经得到某种修正。过程结束了，对象质变为结果（效果），它作为过程的产物，检验着这个过程；也就作为根本标准，检验着指导这个过程的认识的真理性。

我们知道，赤裸裸的目的参与实践过程，赤裸裸的认识在实践过程中被检验，总是有些不可思议。目的和认识就是人的目的和认识，它们融合在人的物质活动中，参与人的实践过程，并且在这一过程中接受检验。从实践的结果来看，这是实践过程内部不同要素相作用的物质关系。"同名称相加减"。认识的真理性，就是依赖着实践中不同要素相作用的物质关系，而被实践结果所检验的。

实践结果首先检验着有目的的活动，是否达到了预期目的，也就检验着预期目的与客观结果是否相一致。因为，结果是目的的现实化和物质化，有目的的活动是目的的物质承担者，实践结果通过检验有目的的活动，检验着主观目的和客观结果是否大体一致，为何不一致，也就证明了主观认识是否合于客观实际。

实践结果又检验着手段的制造和使用是否成功，也就检验着关于实践手段中介的制造和使用的理解是否正确。因为，手段既是物质的手段，又是主体的手段，是主体改造客体的物质中介。结果是否实现了主观和客观的一致，不但检验着目的本身，也检验着手段的制造和使用是否合于客观规律，检验着手段是否与目的、对象相一致，等等。

实践结果还检验着对象是否被合目的地改造了，也就检验着人（主体）关于对象的选择和改造是否正确。因为，对象总是客观世界的一部分。为什么这一部分成了实践的对象，那一部分没有成为实践的对象？实践改造对象是否成功？都表现着人（主体）关于对象的规律性和效用性的理解。实践结果通过这种关系，检验着人（主体）对于对象的规律性和效用性的理解是否合于客观实际。

总之，"行动的结果是对主观认识的检验和真实存在的客观性的标准"。①一般说来，实践结果（效果）证明着主观和客观近似地相一致，就是正确的，是真理；不相一致的就是错误的，不是真理。由于实践的结果总是以时间、地点、条件为转移，并且在继续实践汇成的历史长河中检验着认识的真理性，所以每个实践结果作为真理标准，都是确定的，是动态确定的，又会在条件的动态变化中并不那么完全确定。同时，实践结果只能是社会实践的结果，是长期实践的结果；判明实践的结果，也需要逻辑证明的方法。这都是我们在把握"实践标准"时，要加以注意的。

实践的结果之所以能够成为检验真理的根本标准，与它的特点有关：结果是客观的东西，能够检验主观认识，这是其一；结果是主观见之于客观的产物，能够检验预期目的是否成为现实，检验主观与客观是否一致，这是其二；其三，结果作为检验真理的根本标准，同真理的意义是相一致的，即真理是对客观事物及其规律的正确反映，是主观和客观的（近似地）一致。

---

①列宁《哲学笔记》，人民出版社，1974年，第235页。

实践标准的其他理解

根据马克思主义哲学的基本观点,把实践结果(效果)作为检验真理(认识的真理性)的根本标准,是非常必要的。因为,"实践标准"不仅仅是马克思主义哲学的主张,如果不能对此有个科学的、清晰的认识,那么就有可能混同于某些错误的哲学思想。

实用主义认为,"实践是唯一的标准"。①但是他们认为,实践证明"方便""有用""效果"是真理。事实上,真理必然有用,但有用的却不一定是真理。实用主义在真理标准上的主要错误是,把功利问题当作真理范畴的问题,在实践标准和功利标准之间画了等号,根本不顾主、客观是否一致这个真理观上的根本要求。如果今天有用就是真理,明天没用就不是真理,对我有用的就是真理,对我没用的就不是真理,那就失去了任何客观的真理标准。"实践标准"成了有用标准的代名词,成了主观唯心主义的标准。

我们有些同志也认为,"实践是检验真理的唯一标准"。但是,他们不是从实践结果证明主观客观是否一致的意义去理解的,而是理解为主观认识能否成为一种客观的活动,把能否成为一种客观活动作为检验认识真理性的标准。其实,这是两回事。这种理解比起实用主义观点来,也是某种退步。因为,它可以不讲实践的结果,片面地追求活动本身,只讲认识是为了"干","干"就是标准,不管"干"的结果怎么样、是否主观客观相一致。甚至,不惜用"干"的标准来检验实践的结果,这是一种盲目的"实践标准"观。列宁在《唯物主义和经验批判主义》的脚注中说,"('实用主义'来自希腊文 Pragma——行为、行

---

①参见《列宁选集》第二卷,人民出版社,1972 年,第 349 页注。

动,即行动哲学)。……它宣扬经验而且仅仅宣扬经验;……极其顺利地从这一切中推演出上帝,这是为了实践的目的,而且仅仅为了实践。"①也许,"干"的标准和实用主义的"用"的标准是两极相通的,一遇条件,"实干"和"实用"也是真假难分的。

有的同志认为,既然真理标准是客观的,那么客观事物就是真理标准。但是殊不知,客观事物只有作为实践对象,才在实践过程中被人们所认识和改造的,真理也是在实践过程中被检验的。离开了实践过程,人们无法同客观事物打交道,也就无法认识和改造客观事物,更谈不上用客观事物作为检验认识真理性的标准。客观事物同实践结果,既有联系又有重要区别,两者是不同的两种东西。实践结果是实践过程的产物,物化着整个实践过程,所以能够成为检验指导这个过程的认识真理性的标准。未被实践改造过的客观事物,不是实践活动的结果,也就不能成为检验指导实践过程的认识真理性的标准。

总之,对于"实践标准"的理解是认识论范畴的事情,还需要我们继续深入地进行研究。

（本文署名晓闻　发表于《甘肃社会科学》1980 年第 4 期,中国人民大学报刊资料复印）

---

①《列宁选集》第二卷,人民出版社,1972 年,第 349 页注。

简论现代思维空间的拓广

思维空间是思维方式的一个重要组成部分。植根于不同时代的思维方式有着不同形式的思维空间。

古代思维与近代思维的不同，其原因之一在于思维空间的差异。而探讨现代思维方式的特点，一个重要任务是研究现代思维空间的性质。本文仅从现代思维空间拓广的角度，对现代思维方式的特点作一初步探讨。

现代思维方式是建立在现代科学进步的基础之上的。如果说 19 世纪自然科学的三大发现（细胞学说、能量守恒定律、生物进化论）和其他进步，使传统的机械论观点和方法发生了危机；那么，19 世纪末 20 世纪初相对论和量子力学的创立及化学、生物学、天文学和自然科学的其他成就则证明了，自然界是联系的、统一的、发展着的整体。整体性的世界，要用整体性的思维方式来认识。整体性的世界是无限多样、变化发展的，又需要用无限多样、变化发展的整体思维方式来认识。世界的无限丰富性，只有用思想的无限丰富性才能把握。现代科学给思维着的精神插上了双翼，使它可以在新的思维空间自由飞翔。而新的思维空间的一个显著特点，是其范围的拓广，可以初步表述为如下几种形式。

（一）系统思维

它是把对象作为系统加以考察的一种思维方法。系统思维方式是人们在自然科学的进步中，发现了自然界的统一的多样化联系（多要素、多结构、多机制、多功能、多过程、多因果、多信息等），和自然科学知识网络化、一体化的产物。现代系统论为它确立了基本的方法论原则。在思维方式上，系统思维继承并发展了辩证思维。辩证思维中的矛盾方法，要求在事物的普遍联系中揭示两极矛盾关系和多极矛盾关系。这符合系统的基本规定，即系统是两个以上要素相互联系的整体。

系统思维的主要特点是，整体性、层次性和相关性，即把事物看作一个由相互联系的多要素构成的、具有一定空间结构的整体，而不是仅仅看作一个点、一条线、一个侧面。现代科学揭示了物体的系统结构的无限多样性，从而证明了系统思维方式的正确性。如卢瑟福原子模型、银河系结构模型的提出，就是人们运用系统思维对微观领域和宇观领域进行认识的典型例子。现在，人们在处理一些复杂系统所采用的系统工程，其理论思维方式即系统思维。美国制造第一颗原子弹的"曼哈顿"工程，登月飞行计划、航天飞行计划等，其组织者和指挥者，如果缺乏系统思维，是不堪想象的。至于对诸如生态系统、国民经济系统这类巨大系统的认识和处理，更体现了现代系统思维的巨大作用。

在自然科学元理论和系统论研究中，物体的系统结构被做了典型化处理。如理论化学中的六方最密堆积和系统论中的最大限度联系网络。现代系统论广泛采用了数学手段（方程、集合、矩阵等），使系统的结构联系和其他联系得到了精确的计量和表达。

(二)全方位综合思维

这是从各个侧面、各个角度全面考察对象及其与外部的联系的一种思维方式。它的根据在于事物具有多侧面，事物间的联系是多角度的。因而，只有全方位的综合思维，才能得出对事物的全面性的完整认识。它也可以当作是系统思维的一种形式。系统思维着重于系统内部联系的综合考察，全方位综合思维更着重于系统外部联系的综合考察，二者可以相互补充。

在全方位综合思维中，单纯方位词（上、下、前、后、左、右、东、西、南、北、里、外、中、内、间、旁等），以及单纯方位词构成的合成方位词（上边、下面、以上、以下、左边、里头、外面等等），可以表现全方位综合思维的多样性和复杂性。然而，这只是一种形象说明。它的基本规定是，对事物进行多视角、多侧面、多方位的全面综合考察。

全方位综合思维中的主体是变动不居的。首先，循序站在不同的角度，巡视对象的各个侧面及其与周围诸事物的联系。然后，站在对象的基点上，环视对象与周围各个方位（角度、方位角）上的事物的联系。

全方位综合思维在科学发现中有着重要作用。非欧几何学的创始人之一亚·鲍耶在研究欧氏几何第五公设时，毅然放弃前人的证明方法，改用归谬法，从而开辟了非欧几何的新天地。X 射线、青霉素、糖尿病的发现，都有类似的情况。科技史上的这些事例都证明，变换新的思维角度是科学创新的一个重要因素。如果我们将其上升为多视角的全方位综合思维，那它的用处就更大了。爱因斯坦说："提出新的问题、新的可能性，从新的角度去看旧的问题，都需要有创造性的想象力，而且标志着科学的真正进步"。[①]19 世纪末的物理学家洛仑兹已经走到了新物理学的边缘，但是他局限于牛顿绝对时空的角度，无法迈出决定性的一步。爱因斯坦勇敢地开拓了相对时空观的新角度，从而成为相对论的真正创始人。

---

①爱因斯坦与英费尔德合著《物理学的进化》，周肇威译，上海科学技术出版社，1962 年，第 66 页。

(三)时空一体思维

它是把物体运动的时间形式和空间形式统一起来考察的一种思维方式。牛顿的绝对时空观给我们的思维留下了不好的习惯,一是把时空形式与物体运动分割开来,二是把物体运动的时间形式与空间形式割裂开来。因此在考察和说明物体的运动时,不很注意它的时间形式和空间形式,或者相反;在考察和说明物体运动的时间形式时,又不很注意空间形式,或者相反。

自从爱因斯坦创立相对论以来,把物体运动、时间、空间统一起来去思考,已经成为现代思维的一个重要方式。德国数学家和物理学家闵可夫斯基首先把时间和空间统一起来,提出了四维空间的概念(亦称四度空间、四度时空、四维宇宙、时空连续区等)。它是由通常的三维空间和一维时间组成的总体,因此要确定任何物理事件,必须同时使用空间的三个坐标和时间的一个坐标。这四个坐标组成的"超空间"就称为"四维空间"。爱因斯坦更深刻地思考了物体运动与时空的统一问题,在同时性、相对性等概念的基础上,创立了狭义相对论。他的广义相对论又说明,物质质量的分布和运动以及引力场作用,决定着时空结构,会引起时空弯曲。

因此,全面考察物质运动及其时空形式的时候,就不能单纯从三维或一维去看,而要从四维去看,要有统一的思考。例如,研究事物运动的空间位置、结构,要考虑运动的时间关系;研究事物运动变化的时间关系,要考虑它的空间位置、结构。因此,认为辩证法只研究发展,系统论只研究结构,都是片面的。玻尔在解释量子力学中的"测不准关系"时,认为既然同时精确地测定粒子的位置和速度是不可能的,那么仪器应该分为测定位置和测定速度的两类,把这两类仪器测定的结果"互补"起来,就能得到对微观粒子的完全认识。这个互补原理(亦称"并协原理")就是时空一体思维的具体应用,它证明了时空一体思维的有效性。

(四)多维相空间思维

这是把复杂事物的运动，放在多维相空间中加以考察的一种思维方式。多维相空间与直观的三维空间是明显不同的。协同学创始人哈肯在研究复杂系统有序结构的形成时，提出了多维相空间理论。他认为，复杂系统的变数在瞬间状态可以成千上万，用一个坐标标出一个变换的值，系统的瞬间状态就可以用许许多多的坐标轴所形成的多维空间中的一个点来表示。这个多维空间，在统计力学中称相空间。系统随时间的变化，就是代表系统状态的点在相空间随时间的转移。代表系统有序结构的点是系统的目标，不管从空间的那一点开始，终归要走到这个代表有序结构的点。

多维相空间理论为认识和描述复杂系统的瞬间状态提供了新的思维方式。如果一个坐标看成一个空间，可以表示系统的一个值，那么 n 个值就可以用 n 个坐标空间中的 n 个点来表示。n 个坐标空间和 n 个点统一为多维相空间中的一个点，就可以表示复杂系统的瞬间状态。因而，在直观上难以把握的真实空间中的复杂系统，通过思维在多维相空间中可以得到精确的理解和描述。

多维相空间理论还为认识和描述复杂系统从无序态走向有序态提供了有效的思维方式。系统从无序态走向有序态要经过许多的相态空间，而一个相态只能用一个坐标空间来表示。假设 n 个相态用 n 个坐标来表示，那么 n 个坐标空间统一为多维相空间，系统的 n 个相态的运动变化就可以表示为多维相空间中的一条线。或者说，复杂系统在维持足够外流(材料、能量、信息等)的情况下，子系统的相互作用将使系统整体从无序态空间(无序结构)走向有序态空间(有序结构)。

多维相空间理论为我们开辟了更广阔的思维空间，提供了新的思维途径和思维方式。它启示我们，观察、分析问题不要局限于一个空间，而要从多空间、多空间的统一来思考。这不完全是思想对空间的自由创造，它是以真实空间的分、合、渗透、交叉、转化关系为客观根据的。譬如，现存的自然空间、经济空间、社会空间、区域空间、国家空间等。又如，事物运动变化的过去、现在、未来的不同空间等等。它们为思维提供了绚丽多彩的多空间。而这些不同的多空间，又可以在多维相空间中得到统一的理解和描述。

上述几种思维方式既各放异彩，交相辉映，又重叠渗透、水乳交融，展示了现代化思维空间的丰富性。系统思维着重于事物的内部空间，全方位综合思维着重于事物的外部空间，时空一体思维着重于时间空间的统一，多维相空间思维着重于多空间的变幻统一。尽管它们远不是现代思维方式的全部，却也可以证明现代科学为思维着的精神开辟了新的、多样的活动空间。而且可以断言：现代科学的进一步发展，必将开拓更新、更加多样的思维空间。尽管这里不是对思维方式的逻辑说明，但它也可以告诉我们：新的思维方式使我们在新的思维空间中有了新的思想自由。

但问题在于：主体在素质、知识、方式方法、目的等方面有了多大的自由度来发挥自身的能动性，从而实现主客体的统一呢？我们的一个回答是：思想不要做既定空间的"套中人"（《套中人》是俄国作家契科夫的短篇小说），而要靠科学打破"种族假相""洞穴假相""市场假相""剧场假相"（参见英国哲学家培根提出的"四假相说"），靠科学飞向更广阔的思维空间。你可以问：山外有山吗？天外有天吗？人外有人吗？空间从来就是这样的吗？

（原文署名晓闻，载《现代哲学》1985 年第 1 期（创刊号）；《新华文摘》1986 年 1 月号转载）

社会基本矛盾观和系统观的方法论统一与改革

我国的改革是一项巨大的社会系统工程。从社会整体上就改革进行宏观思考、宏观控制,需要社会基本矛盾观的指导,也需要系统观的指导。然而,统一地运用社会基本矛盾观和系统观指导改革,首先有一个二者的方法论统一问题。解决这一问题, 对于用"社会矛盾—社会系统"相统一的方法认识和指导改革是十分有意义的。

社会基本矛盾观和系统观的初步比较

社会基本矛盾观是马克思、恩格斯在 19 世纪 40 年代创立的唯物史观的重要内容。它通过社会基本矛盾的分析,阐明了社会的性质、发展动力、发展规律和社会革命等问题,为我们正确地研究社会历史问题确立了根本的方法论原则。一般系统论则是贝塔朗菲在 20 世纪 20 年代以后逐步创立的一门逻辑和数学领域的科学,50 年代以后迅速渗透到社会科学领域, 产生了运用系统观研究社会历史问题的系统方法。探讨二者的方法论统一,就要对二者进行比较研究,以寻找二者的结合点。

1. 关于社会系统规律的学说与关于研究社会系统的方法的差别。

社会基本矛盾观首先是关于社会系统规律的学说。它直接阐述了社会系统的多种规定(生产力和生产关系、经济基础和上层建筑等),以及社会基本矛盾的前提和展开的一系列规定,如社会有机体、社会生产方式、社会形态、社会性质、社会动力、社会规律、社会革命等），科学揭示了从原始社会到社会诸形态依次发展的一般过程，特别是揭示了资本主义社会系统。

系统观运用于社会领域，要求我们把社会及其历史发展看作系统，通过系统、要素、结构、功能，机制等范畴（方法）去分析社会。所以它首先是一种方法知识，本身不直接提供诸实际社会系统（如资本主义社会系统）的具体规定，不能告诉我们什么是雇佣劳动、剩余价值等等。

但是，关于对象的学说亦能作为研究对象的方法。社会基本矛盾观的运用也是一种方法，马克思主义就是这样教导我们的。关于对象研究方法的学说亦能在运用中得到对象的规定，一般系统方法运用于社会系统分析，通过理论再创造得出具体社会系统的实际规定。例如金观涛、刘青峰对中国封建社会超稳定结构的系统分析。这样，二者的差别又有同一性：从社会系统的规律规定到研究方法，从研究方法到社会系统的规定，它们通过人们的创造性活动相互转化。

2. 关于社会系统质的规定的定性分析和关于社会系统量的规定分析的差别。

社会基本矛盾观通过分析社会总体的基本矛盾，揭示了社会生产方式、社会形态、社会规律等多种质的规定，为我们定性地研究社会系统提供了根本的方法指导。系统观关于系统的整体和部分、结构和功能、有序与无序、负反馈与正馈、同构转换与同态转换、等级原则和开放原则、最佳目标和最优控制等一系列范畴规定，揭示了系统的多种量的规定性，为定量地研究和控制社会系统提供了有价值的方法。

二者在社会系统的定性研究和定量研究上的差别，可以从社会历史及其理论发展中得到深刻的说明。简而言之，社会基本矛盾观产生于 19 世纪 40 年代世界性社会革命和社会历史理论革命的时代，顺应了定性分析和描述人类社会及其发展趋势的需要，为无产阶级的社会革命提供了思想武器。系统论运用于社会历史领域，则是第二次世界大战以后世界历史相对和平发展时期的事情。它适应了在维持社会系统质的稳定性的前提下，从量上研究和控制社会系统的需要，而且首先在当时没有激烈的社会革命的国家(如美国)发展起来，又先后被多数国家所接受却不分国度的差别。

这并不表明社会基本矛盾方法不涉及社会系统的量，也不表明系统方法不涉及社会系统的质，只是表明两种方法的侧重点不同。社会系统的完整研究与控制，需要定性，也需要定量。统一的、深入的社会系统研究，要求定性方法和定量方法的相互过渡、相互转化，从社会系统质的规定的定性研究到量的规定的定量研究，从社会系统量的规定的定量研究到质的规定的定性研究。

3. 关于社会系统的过程研究和关于社会系统的结构研究的差别。

社会基本矛盾观揭示了社会系统的基本矛盾结构，不是立足于社会结构的静态分析描述，而是立足于社会历史的辩证运动过程。其价值在于，指出了社会变化发展的内部原因。在人类社会历史辩证否定式发展的前提下，它具体说明了社会形态诸阶段如何从肯定走向否定、再走向否定之否定的过程。而且，社会结构是在社会过程中历史地形成和发展的。它对社会基本矛盾运动的阐述，深刻地说明了一种社会形态如何演变为另一种社会形态，人类社会如何作为过程向前发展。例如，马克思的《资本论》向我们展示了资本主义生产方式的系统矛盾结构，更重要的是科学地指出这个系统矛盾结构形成、发展、灭亡的过程和必然性。

依据系统论原理研究社会系统，人们更加重视社会的结构。系统论认为,系统结构很大程度上决定着系统的性质,并且主要地决定着系统的功能。系统方法往往通过整体诸要素及其关系的集合研究和相关分析来确定系统结构,由此寻求系统形态和系统功能的一般原因。为了判明系统性质和最大限度地发挥系统功能,人们更着力于研究和改进系统结构。用系统方法研究控制社会,要重视社会系统的基本矛盾结构、生产力结构、经济结构、政治结构等社会结构问题。

但是,社会基本矛盾观毕竟揭示了社会的一般结构,系统理论通过"普利高津的耗散结构理论""哈肯的协同学"等研究了系统变化发展的过程。因此我们只能相对地说,前者更重视系统过程,后者更重视系统结构。对于全面深入的社会系统研究来说,系统过程研究和系统结构研究都是不可偏废的。研究社会系统,应当从系统过程到系统结构,从系统结构到系统过程。

以上的初步说明,不是社会基本矛盾观和系统观的差别的全部。此外,在系统内部相互关联的研究上,社会基本矛盾观更重视两极矛盾和多种两极矛盾关系,系统观更重视多种网络关系和整体关系;在系统结构的研究上,社会基本矛盾观更重视生产力和生产关系的深层结构与经济基础和上层建筑的表层结构的关系,系统观更重视整体结构,等等。

社会基本矛盾观和系统观相比较,还有一些共同点。这里暂且指出以下四点。

1. 社会整体是共同的研究对象。社会基本矛盾观以社会整体为研究对象揭示社会系统的多种规定性,反映了18—19世纪生产社会化引起的社会社会化的客观趋势,要求人们把社会及其历史发展作为整体对待。马克思所使用的方法,就是从社会生活的各种领域中划分出经济领域,从一切社会关系中划分出生产关系,划分的前提就是社会整体本身。他关于社会主义社会和共产主义社会的描述,为我们展示了社会社会化的广阔前景。

系统观也是以系统整体为研究对象的。尽管系统思想在古代就发生了,作为一种理论,它却是 19 世纪以来人们发现了自然界多因果联系和自然科学整体化的产物。系统论在生物有机体思想的直接影响下产生,反过来又大大推动了自然科学的整体化。系统方法进一步推广到社会领域,得益于生产社会化和社会社会化的发展趋势,以及社会有机体思想的广泛传播。所以,把社会整体作为研究对象,是社会基本矛盾观和系统观的方法论统一的前提条件。

2. 对社会整体的要素分析。社会基本矛盾观所包含的理论范畴(如生产力、生产关系),以客观的社会系统为原型,反映的是社会整体的要素及关系。当时,马克思分析了人们的物质关系和思想关系、经济关系和政治关系,把生产力和生产关系、经济基础和上层建筑确立为社会系统构成的基本要素,为我们科学地认识社会系统的多要素提供了指针。系统观从整体出发研究事物,也经历系统分析,揭示系统构成的要素。它认为,要素是构成系统的基本单元,系统必须由两个以上的要素结合而成。研究社会系统同样需要揭示其构成要素。这是社会系统研究的一个基本环节。

3. 对社会整体的层次结构分析。社会基本矛盾观指出了生产力、生产关系和上层建筑构成的"三层楼式"社会层次结构。后来普列汉诺夫概括为,生产力、经济关系、政治制度、社会心理、思想体系构成的"五层楼式"的社会层次结构。马克思等人还深入分析了每一社会层次的内部结构,例如他们指出:生产力由劳动资料、劳动对象和劳动(者)这三个简单要素构成。系统观十分重视系统的结构分析,却不能直接指出什么是社会结构。依据系统论原理分析社会结构,要具体确定社会诸要素的组织方式。我们已经知道马克思等人指出了社会系统的一般结构,所以,系统方法的运用将促进社会结构分析的多样化、定量化。

4. 强调社会整体的相互联系和相互作用。社会基本矛盾观指出，社会存在决定社会意识、生产力决定生产关系、经济基础决定上层建筑，同时它们之间又有反作用以及其他形式的相互作用（如社会意识诸形式之间的相互作用）。这个原理是与唯物辩证法的普遍联系总特征相一致的。系统论认为，相互联系是系统的一个重要原则。系统的研究，要在整体联系中考察要素，在整体的内部联系和外部联系的相互联结中考察系统的性质和功能。在社会系统研究上，社会基本矛盾观已经揭示了社会相互联系的基本形式，运用系统方法将更加深入地、精确地揭示社会系统的普遍联系。

初步的比较分析表明：社会基本矛盾观和系统观在社会系统研究上各有特点。如果社会基本矛盾观能够吸取系统观的合理成分，社会系统研究能够接受社会基本矛盾观的指导，从而形成统一的、较为完善的"社会矛盾—社会系统"方法，那么，我们对社会系统的研究就将提高到新的水平。

用"矛盾—系统"方法认识并指导改革

社会基本矛盾观与系统观的方法论统一，最深刻的根据在于客观社会系统自身的统一性。例如，社会系统的质的规定和量的规定、过程规定和结构规定的差别与同一，它们统一于社会系统本身。人们不能一劳永逸地揭示社会系统的全部规定，社会系统本身也有一个发生发展的过程，所以只能历史地通过不同的学说逐步揭示社会系统的规定。在社会系统及其历史过程自身统一的基础上，社会历史研究的不同方法都有各自的特定角度和价值，它们相互区别又相互统一。

依据社会基本矛盾观和系统观各自的方法原理，统一的"社会矛盾—社会系统"方法主要由下述范畴构成:(1)社会系统和外界环境;(2)社会要素;(3)社会层次结构;(4)社会基本矛盾与社会性质;(5)社会系统的适态与非适态(有序态与无序态);(6)社会系统的机制;(7)社会系统功能;(8)社会系统的内在动力;(9)社会系统的崩溃与重建;(10)社会系统的过程与规律;(11)社会系统的层级原则;(12)社会系统的开放原则;(13)社会系统的多样化原则;(14)社会系统的反馈机制;(15)社会系统的最佳目标;(16)社会系统的优化控制。这些范畴(方法)有待于进一步的研究和阐述。

应当承认,"社会矛盾—社会系统"方法作为认识和控制社会系统的方法,本身不能直接说明实际的社会系统。它的具体运用,将得出每一社会系统的实际规定,在我国社会系统的改革上就是这样。用社会基本矛盾观认识我国的社会改革,我们已经在改革的原因、性质、方向等基本问题上得出了基本看法。"社会矛盾—社会系统"方法的应用,使我们对改革产生了以下一些认识。

第一,我国改革是社会主义社会系统的自组织、自我修复和自我完善。

我国社会是一个大系统。多层次的社会生产力和社会主义生产关系、上层建筑,是它的三个子系统。建立在生产力一定发展阶段上的我国社会的基本矛盾结构,决定了社会系统处于基本适应状态,并趋向有序化运动。我国社会的社会主义经济制度和社会主义政治制度,就是这种情况的标志。但是社会系统中某些不相适应的环节和侧面的存在,如生产关系的单一化和社会管理的低效率等等,又造成了一定范围、一定阶段的无序现象,由此产生了改革的需要和进程。所以,改革不是根本改变我国社会系统的基本结构和社会性质,而是社会主义前提下的量的结构完善和部分质的规定的修复。

我国社会系统是一个自组织系统。改革是系统能动地利用外部和内部信息,进行自身组织结构调整的一种自组织行为。通过改革进行自组织,主要包括:社会主义社会的内在矛盾推动着改革,社会主义和现代化相统一的最佳目标, 通过负反馈机制使系统在有序状态下趋向最佳目标。这是改革要遵循的重要规定。

第二,我国改革是整体性改革。

从社会系统的整体上考虑改革所要解决的问题, 必须在经济基础和上层建筑领域改革与生产力发展不相适应的一系列相互联系的环节和方面。诚然,社会生产力的发展首先冲击到生产关系诸方面,推动着二者关系的先行变化, 因而有必要把经济体制改革作为社会改革的重心。近几年的改革实践已经证明:经济体制改革受到各种旧习惯、旧传统、旧观念的束缚。没有思想方式的变化、生活方式的变化、道德观念的变化、法的关系的变化、领导和管理体制的变化……没有各方面的相应变化,那么经济体制改革很难顺利进行。所以,经济体制改革的深入,必将触及社会生活的各方面,要求在社会生活各方面进行相应改革。

我国的改革又要建立起一系列适应生产力发展需要的新东西,实现社会整体的最佳功能和最佳效益。这只有社会各个环节、各个局部的全面协同作用才能达到。因此,整体性改革需要有全社会的统一筹划和指导,有社会各层次各方面的共同努力。反映在改革的目标上,要有经济的规定,还要有政治、法律、思想文化、社会组织管理等方面的规定;要有现实状态的规定,还要有发展状况的规定,才能形成一个由主目标和子目标构成的改革的最佳目标体系。只有把改革作为一项复杂的社会系统工程,才能实现整体性的改革。

第三,我国改革是结构性改革。

我国的社会主义根本制度是适应社会发展要求的。但是,实现社会基本矛盾结构的量的合理化, 充分发挥社会主义的现实优势和潜在优势,还是社会主义实践中的重大课题。这就要把社会主义社会系统的基本矛盾结构的量,看作是可变化、可选择的。

其一,坚持社会主义社会系统基本矛盾结构的一般原则,同时寻求社会系统的多结构,以实现基本矛盾结构和多结构的统一。社会系统的质,无疑是由社会系统的基本矛盾结构所决定的。一个具有确定质的社会系统的最佳状态,却是由系统的基本矛盾结构和多结构相统一的最佳社会结构所决定的。社会系统的多结构:如科学技术结构、生产力结构、所有制结构、国民经济结构、社会政治结构、社会心理结构、社会文化结构、社会意识结构、社会管理结构,等等。要把基本矛盾结构同多结构统一起来去认识。

其二,坚持社会主义社会制度的一般原则,同时寻求它的多模式多途径,以建立一般原则与具体模式和途径相统一的社会主义优益系统。近七十年的社会主义实践证明,社会主义社会不是只有一种模式,也不是只有一条实现途径,而是具有多模式多途径。这个问题上的教训是,将丰富的社会主义有机体理解为若干抽象的原则,甚至片面地归结为单一要素(社会主义的或生产关系的)、单一结构(单一性质的社会结构或社会结构的单一模式)。从这些简单抽象的原则出发,酿成了社会系统少选择、多僵化,滑向无序状态的危机。改革就应当把建设社会主义的出发点从原则出发变为从社会系统整体的实际情况出发,即从我国社会的实际情况出发,摸索和创造我国社会主义的最佳社会结构、最佳模式和最佳途径。

可见,改革社会系统结构必须有多样性观念。在社会主义社会一般原则前提下,使社会系统具有多要素、多结构、多组织、多途径、多状态、多机制、多功能、多信息选择和多行为选择,由建立最佳社会结构达到社会系统的最佳状态。

第四,我国改革是内部机制的改革。

社会系统的内部机制依赖于系统内部多要素、多渠道、多结构，系统外部的多环境、多信息。这是系统内部相互联系、相互作用和相互转化的机制。由于历史和现实的多种原因，我国社会系统的机制缺少活力。如社会内部的诸要素多处于游离状态，各单位相互封闭、自成一体，社会内部联系的渠道少、效率低，多为刻板的行政联系，其他联系渠道萎缩或受到抑制；社会组织结构过于单一，单一的生产关系结构不适应多样性的生产力发展的需要。在"左"的偏见中，人们的广泛社会交往甚至被认为有碍于社会集中和稳定，使得系统内部机制恶化，造成了系统功能的衰退。

在改革中修复并强化系统的内部机制，一个重要的指标是使系统具有活力。譬如，积极按照社会需要组织科研，科研成果迅速转移到生产过程中，引起生产力的变化；生产力的变化既创造新财富，又引起生产组织管理和生产过程中相互关系的变化，继之引起生产关系诸方面的变化，进一步引起上层建筑诸方面的变化；社会的科学文化水平提高，又推出新的科研成果，如此等等。这种富有活力的系统转换机制，能够推进系统的有序运动，加快系统进化的速率。为强化我国社会系统的内部转换机制，应当开拓多种联系渠道，加强横向联系和多向联系，实行多种形式的立体交叉复合联结；以经济手段、法律手段、行政手段等多种手段促进系统内外的信息反馈，提高系统诸要素相互转化的节奏和速率，力求以最少的时间、最小的代价获得最大的整体效益。

第五，我国改革是信息环境的改革。

社会系统是自组织系统。它在与环境的开放式联结中获得信息，实现系统的自组织，从而趋向有序运动。信息环境即是它所在环境中的信息条件。近代中国社会"闭关锁国"，割裂系统与环境的联系，是中国社会系统趋向无序乃至崩溃的一个重要原因。前些年，我国社会处于多种因素下的封闭状态,信息环境被人为地限制在狭小范围内,外界信息量小,信息的语义常被误解。因而难以实现系统的正常信息交换,陷入恶性循环。党的十一届三中全会以来制定的我国对外开放政策,标志着社会信息环境的根本改变,表明我国社会系统将生存在一个新的信息环境之中。

改革信息环境,一项重要内容是改变系统与环境相联系和比较的方法,从注重简单的纵向比较变为注重现实的横向比较。简单的纵向联系比较,或者以自身历史为"信息环境"片面看待现实和发展;或者以预想模式为"信息环境",片面提出发展要求,都很容易脱离生机勃勃发展着的现实。注重现实的横向联系与比较,为社会系统确立了广阔的真实信息环境。现实的横向信息环境与历史的纵向信息环境的统一,开拓了我国社会系统的多样信息源,增大系统多信息选择的自由度,可以促进系统的有序运动。

改革我国的信息环境,需要采用先进的信息手段。如发展我国与外国的计算机网络系统,保证我国社会系统与外界环境的多渠道、多环境、高效率的信息联系。这是我国社会系统及时获得并有效利用外界信息,进行自组织自我完善的重要保证。

第六,我国改革是系统控制方式的改革。

我国社会系统控制中的缺陷,制约着系统功能的发挥。较为突出的问题是,人为地畸形发展整体中的某个环节、某个部分,酿成系统整体的不协调,难以实现整体的最佳状态;集中控制方式畸形发展,使整个社会过分高度集中,带来一些不良后果。在复杂而庞大的现代社会系统,畸形的集中控制实际上鞭长莫及,容易滋生官僚主义的推诿、扯皮和不负责任,使社会活动陷于低效率运转状态;使社会的多阶控制层次缺少主动负责精神,处于"依附""低能"状态,许多地方形同虚设。因此,有必要按照系统优化控制原理改革我国社会的系统控制方式。

社会系统的优化控制,是它在最佳目标引导下,动态地调整系统与环境的关系,使子系统的子目标和子功能服从整体的最佳目标,以达到系统整体最佳的行为。它是当作客体活动来看的系统本身和自组织行为,更是当作主体活动来看的人们能动地调节社会系统的行为。控制者的优化和控制行为的优化是达到最优控制效果的前提。从主体活动上理解社会系统控制,把社会系统看作客体—受控系统,把控制者看作主体—施控系统,通过它们的矛盾统一去实现优化控制。

实现社会系统的优化控制,关键要从定性描述和控制转入定性与定量相统一的描述和控制。如果说社会基本矛盾观为定性调节控制社会系统提供了有效方法,那么系统方法(包括信息方法、控制论方法)对于社会系统定量控制是非常有意义的。在社会系统的定量控制方面,我们还有很大的必然王国,需要大胆地去研究探索。

综上所述,"社会矛盾—社会系统"方法充实和拓展了我们对改革的认识。表明二者的方法论统一,对于认识和指导改革是有价值的。哲学应当继续这方面的努力,以革新的方法论武器贡献于改革的时代。

(原文为 1985 年全国社会主义社会辩证法学术讨论会论文,载《社会主义社会的矛盾与改革——社会主义社会辩证法学术讨论会论文集》陕西人民出版社,1987 年;《哲学与现实》甘肃人民出版社,1988 年)

关于哲学形态学的思考

问题的提出

自然科学与人文社会科学在当代所获得的巨大成就，为马克思主义哲学的发展提出了紧迫的要求，也提供了某种客观的可能。要将这种需要与可能通过哲学工作者的自觉能动活动转化为现实，需要我们深入地思考两个方面的问题。一是把当代科学成果纳入人类科学认识的历史发展过程中来加以考察，对其在人类理性思维演化进程中所占据的实际地位作出客观的、科学的估价。这是从目前人类优秀思想成果中作出正确的哲学概括和哲学抽象、丰富和发展人类哲学思维的重要前提之一。二是冷静地回顾马克思主义哲学的研究历史，清醒地评估其研究现状，对马克思主义的性质、对象、任务、内容和形式等相关方面作出总体性的思考，以对其发展的未来形态做出科学的预测和展望，从而据此确定我们的研究重点和基本方向。这是马克思主义哲学沿着"自己构成自己的道路"不断自我完善、自我发展的重要条件，也是当代马克思主义哲学工作者依据马克思主义哲学的发展规律来合理吸收当代科学思想成果的重要前提之一。很明显，这样提出和研究问题，就使得我们的眼界和视线大大地超出了研究个别范畴、个别问题和个别规律的层次和范围，而是上升到一个更高的层次，进入了一个更大的范围——借助于当代人类社会实践和人类知识结构动态演化的宏观背景，对马克思主义哲学的发展进行整体性的思考,作出统一的理解和把握。

从方法论上看,这种整体性的思考,要求我们把马克思主义哲学当成特定内容与具体形式内在统一的有机整体,作为一种由时代所塑造从而具有时代特点、体现时代精神的哲学形态来把握其内在结构和现实根据;要求我们把作为整体的马克思主义哲学放到人类哲学思维发展的历史进程中,作为哲学形态演化更迭过程中的一种历史形式,来把握其历史渊源和发展趋向;要求我们把马克思主义哲学放到当代社会哲学理论和哲学流派多样化发展的客观背景中,作为当代社会多种哲学形态中的一种现实形态,来把握其本质特征和独特地位。这是一种全方位的开放式研究。它必然涉及众多的研究对象:马克思主义哲学的现有成果、哲学的历史(外国的和中国的)、现代哲学(包括各种派别、观点)、现代科学(包括自然科学、社会科学以及思维科学)、现代艺术、当代社会心理、当代社会实践及社会发展的未来等。只是在对这各方面各层次所做的多视角多测度的综合性研究和系统性把握中,马克思主义哲学的发展趋向和科学形态才能真正被揭示出来,我们当前的哲学改革才能有更加明晰和正确的方向。

恩格斯曾经指出:“每一时代的理论思维,从而我们时代的理论思维,都是一种历史的产物,在不同的时代具有非常不同的形式,并因而具有非常不同的内容。”①特定哲学之内容和形式的有机统一,构成了特定的哲学形态。对任何具体哲学形态的科学把握,都只有借助于其他哲学形态为参照系才是可能的。这就使得对于哲学形态的专门研究成为必要和可能。目前我们的哲学改革,目的在于促使马克思主义哲学获得内容与形式相统一的革命性发展。但它同时又要求我们的研究工作有更新的视角和更高的眼界,这就是沿着逻辑与历史、

①《马克思恩格斯选集》第3卷,人民出版社,1972年,第465页。

形式与内容相统一的基本线索,在过去、现在和未来的整体发展中,全面考察哲学形态的历史更迭、现实结构和发展趋向,从中求得对马克思主义哲学进一步发展之可能形态的整体把握,为哲学研究工作提供科学的指导——这既是开展哲学形态学研究的现实依据,也是它在目前所肩负的主要历史使命。

哲学形态学的初步界说

顾名思义,哲学形态学就是研究哲学形态问题的学问。哲学形态是哲学的形式和内容在社会实践基础上的具体的、历史的统一。哲学形态就其外延方面看具有多方面性和多层次性,大体包括以下方面:

作为社会系统之内在要素的哲学形态。按照马克思的社会有机系统思想,哲学以一定的社会生产力为最终根源,是与政治思想、道德观念、法律思想、宗教意识等相联系又相区别的一种社会意识形态。它高度集中地体现着时代精神,并且历史地提供着时代的世界观和方法论。这种界说,对于哲学,从而对于马克思主义哲学自身的社会地位也作出了科学的说明。

哲学历史发展过程中的不同哲学形态。如本体论形态、认识论形态等。这些哲学形态的联系和区别,在于社会实践和哲学自身的发展,推出了不同历史时期哲学的时代性主题,从而导致特定时期哲学在形式和内容上的时代性特点,并使哲学在自身发展中显现出历史形态的演化和更迭。在特定的历史时期,某一哲学形态体现着当时的时代性哲学主题,并统摄着人们对于其他哲学问题的思考。例如哲学的本体论形态,存在于人类哲学思维的早期阶段;随着科学的独立性发展,认识论问题逐步成为近代哲学的时代性主题,这时,关于世界本原问题的哲学思索逐步地失去了时代意义。但是,它又作为一种基本的范畴和研究方式积淀下来,成为尔后的哲学理论体系中的一个

"构件"和一种可能的哲学思维方式,并要求人们依据新的科学成果和认识水准作出新的哲学界说。

某种哲学流派的不同历史形态。如唯物主义哲学的朴素形态、形而上学形态和辩证形态等。这是由于科学和社会的进步,引起的某种哲学流派在其历史发展进程中从形式到内容的某些改变。这正如恩格斯曾指出的,"唯物主义也经历了一系列的发展阶段。甚至随着自然科学领域中每一个划时代的发现,唯物主义也必然要改变自己的形式。"①

某一历史时期的不同哲学派别的不同形态。如近代西方哲学中的唯理论与经验论。它们是在同一社会历史条件下,围绕认识论问题这一共同的哲学主题所展开的不同哲学思路。或者说,它们是由于具体条件不同,从不同角度、不同侧面和途径,对同一哲学主题进行探索的不同形式和不同派别。

上述及其相关的哲学形态问题,构成了哲学形态学的研究对象。研究有关哲学形态问题的哲学学说,就是哲学形态学,我们把它理解为,哲学反思自身形态的内在发生、外在条件、历史发展和现实结构的理论。

哲学形态学作为哲学工作者反思哲学自身的专门学科,总体上属于哲学学的研究领域。它与哲学发生学、哲学分类学和哲学人才学等一起构成哲学学中不可缺少的分支学科。而且,由于哲学形态学注重于从逻辑与历史、历史与现实、内容与形式的内在统一中把握哲学形态本身的整体结构、动态发展和历史演化,因而相对于哲学学中的其他分支学科而言,具有更浓的理论色彩。

哲学形态学由于其独特的研究对象、研究任务和研究方式而区

---

①《马克思恩格斯选集》第4卷,人民出版社,1972年,第224页。

别于目前哲学研究体系中关于哲学自身的理论阐述。过去,由于缺少关于哲学形态问题的专门研究,人们对于哲学形态所及的问题是分散到有关方面的理论中去分别考察的。由于哲学的内容和形式被做了分离处理,丰富的哲学内容和生动的哲学历史便凝结为静态的哲学形式,使我们无法科学把握抽象统一的哲学形式背后所隐含着的丰富哲学内容和静态的哲学形式背后所隐藏的生动的哲学历史,从而使得我们对任何具体哲学形态的科学把握都成为非常困难甚至不可能。哲学形态学的研究,要求我们把哲学的形式和内容、历史与现实统一起来,展现出哲学形态的丰富内容、内在区别和相互联系。

哲学形态学与哲学史的研究既有联系,又有区别。由于各种哲学形态都是在哲学历史中产生、形成和发展的,因此,研究哲学形态学也不能不研究哲学史。但是,它主要凭借哲学史研究的成果,并且运用发生学和形态学的方法,以对特定哲学形态的整体把握为基点,将各种哲学形态纳入历史的时间链条和相关的空间格局中考察其内容和形式的具体的历史的统一,求得对其内部结构的总体把握,并进而预示哲学形态的演化发展,为哲学家的科学研究活动指明方向。这里尤为显著的区别是,哲学形态学把历史的材料与现实的材料结合起来,通过一定社会条件下的哲学反思,重新塑造并再现哲学本身。

哲学形态学的研究方法

哲学形态学研究方法,是由哲学的科学本性所规定并在哲学的历史发展中形成的。而且,我们所理解的哲学形态学研究方法,正是由马克思所开始的哲学变革所奠定的。

基于社会实践的实践逻辑研究法。按照这种方法,"哲学不是世界之外的遐想"(马克思语)反而总是根源于社会实践,不论一种哲学理论多么博大精深或者看起来多么荒谬,我们都能够从当时的社会条件中揭示出它的原因。马克思主义哲学作为当代社会实践的哲学表现，它的内在结构应是按照实践逻辑所展开的当代社会实践结构的哲学抽象。实践逻辑研究法，规定了哲学形态学研究以及哲学发展战略研究的基线和着眼点。

基于社会系统整体性的社会系统研究法。马克思的唯物史观揭示了社会系统的基本矛盾的结构，也就从根本上指明了哲学在社会系统中的产生、地位和作用。按照这个原理和方法，我们才能够依据社会系统的变化，对哲学形态的存在、变化和发展作出科学的详细说明。

基于哲学历史延续性的历史研究法。哲学形态的更迭和演化，是自身逻辑的历史性展开。不论哲学的各种形态区别如何明显，继起的形态总是蕴涵于先在的形态之中，在先的形态总是包含着发展为新形态的可能性。循着哲学历史的发展，可以使我们站在前人的肩上进行哲学思维，去探寻新的哲学世界，达到一个新的高度。

基于哲学理论系统性的整体研究法。哲学就其内在统一性而言，是自我包含的。每种形态的哲学，总是以特定方式包含着哲学的一般内容（如本体论、认识论、方法论）。各种不同形态的哲学理论之间，也总是存在着相互联系的侧面。即使在我们目前所处的哲学多样化发展时期，情况也不例外。在我们今天所见的多学科（科学哲学、管理哲学、价值哲学等）、多层次（基础理论哲学、应用哲学、部门哲学等）和多流派发展状况中，彼此间都有着不可忽视的内在联系。在某种哲学理论的不同组成部分之间，内在联系就更多更紧密。因而，从整体的联系和联系的整体中理解哲学，是把握哲学形态内在统一性和外在相关性的重要方法。

基于哲学思维特性的辩证研究法。辩证思维是当代哲学思维的一个基本特性，即研究主体基于客观辩证法所采取的辩证态度和辩证方法。哲学形态的产生、存在和发展,既在根本上服从于客观世界的辩证运动规律,又有着自己的特殊过程和特殊规律。要从一般与个别、普遍与特殊的联结中揭示哲学形态演化发展的运动规律,只有借助于科学的辩证方法才能办到。因此,辩证研究方法不能不是哲学形态学之研究对象的辩证本性的内在要求。

基于现实、指向未来的哲学发展研究法。在现实中,哲学的发生、发展根源于社会实践,并通过各种思想材料(包括未来发展的前馈信息)的输入和哲学思维的加工才实现的。因此,特定哲学形态之作为特定哲学内容与形式的逻辑统一,只能是相对、暂时的。哲学形态的演化和更迭,依赖于哲学内部的信息输入、输出和加工机制。正是这种机制使得人类的哲学思维好比是流动在实践河床上有着多种源泉的流动之河。它不断地设置(再现)自身,又不断地超越(发展)自身。对哲学发展趋向的科学预见,对哲学发展途径的正确抉择和对哲学研究手段的合理选用,对于哲学家的活动成效具有至关重要的意义。

我们认为,只有在至少包括上述多种方法的综合运用,才能避免由于哲学的形式和内容、历史和现实、理论和实际的分离而带来的片面性。它们的综合运用,将不是导致哲学历史的简单重复,也不是导致割断哲学历史的标新立异,而是使我们的认识由抽象上升到具体,去把握当代哲学发展的可能形态。

当代哲学发展之可能形态的初步构想

目前的全部哲学研究都服从于发展马克思主义哲学这个基本宗旨。哲学形态学研究在其中的特殊使命,则是通过对哲学形态及相关问题的全部把握,科学地揭示当代哲学发展的可能形态,为马克思主义哲学的研究工作指出基本的方向。

构想当代哲学发展的可能形态,就是从内容与形式的统一中揭示马克思主义哲学区别于其他各种非马克思主义哲学形态的本质特征和总体规定。这必须借助于多种参照系,在与历史上的和现代社会中的各种哲学形态的比较研究和对照分析中才能实现。而更为重要的,则是把握当代社会实践的基本潮流和本质特征,从中领悟现代社会的时代性哲学主题。马克思主义创始人曾经多次把自己的哲学直接地规定为"实践的唯物主义",认为它"不仅从内部即就其内容来说,而且从外部即就其表现来说,都要和自己时代的现实世界接触并相互作用"。①正是基于对马克思主义哲学本性的这种理解,我们在前面已初步把它的理论结构表述为"按照实践逻辑所展开的当代社会实践结构的哲学抽象"。与之相应马克思主义哲学形态的总体特征,也应该并只可能在对当代社会实践的本质特征的正确把握中得到科学的阐释和说明。

对于当代社会实践的本质特征,人们正在从不同角度进行概括和分析。在目前众多论者的阐释中,有这样两个特征是为大家所普遍关注的:一是人在社会实践中的主体地位日益突出,二是与主体问题相适应,方法论问题成为当代社会实践中人们所普遍关注的重大理论和实际问题。我们认为,这两大特征从根本上反映着当代社会进步发展统一趋势中知识增长、科学发展和人的自由解放这两个不可分割的基本方面。它们之间既互为条件、相互制约,又互相促进、相辅相成,正在融汇为一个统一的"主体——方法论"问题群,并将成为具有世界历史意义的时代性哲学主题。而这种时代性的哲学主题一旦真正被现时代的哲学家们所认识和把握,则势必对当代哲学的形式和内容及演化趋向发生非常深刻的影响,成为当代哲学发展的可能前景和本质性特征,成为未来哲学发展中的主导形态。

---

①《马克思恩格斯全集》第 1 卷,人民出版社,1956 年,第 121 页。

　　"主体——方法论形态"作为当代哲学发展的可能形态,深刻地反映着当代社会实践的本质特征。这里的"主体"是人,是认识主体与实践主体、社会主体与历史主体的内在统一。主体在社会生产和社会生活中的突出地位和重要作用,是在"人的对象化"和"自然界的人化"这个统一过程中长期积淀而逐步凸现出来的。社会发展到今天,人们所面临的世界,已经成为一个以人为中心的对象世界。人化自然、人类社会、人类思维,都是人的活动和人的创造的产物,并以人为中心和纽带联结在一起。无论从个体、群体还是社会整体来看,人都既是自身的目的——他们的全部活动都服从于和服务于人的解放和自由这个最高宗旨,他们在自己的活动中并通过这种活动来创造、确证和实现自身。同时,人又是实现自身目的的手段——无论是对于外在世界的创造还是对于内在世界的改造,都只有凭借自身的力量才能真正实现。社会进化的过程,是主体的能动性与主体的受动性同步增长的过程。一方面是主体能力的增强,主体活动的自由度增大,另一方面是人越来越受到自己所创造的对象世界和人与人关系的制约。对象的复杂化和自身任务的多样化,突出了主体正确地认识客体和自身、科学地进行抉择和决策,合理地从事实践活动的方法问题。因此,当代社会中主体问题的突出与方法论问题的突出,本质上是一个问题的两个不可分割的方面。它们在人既是目的又是手段的二重规定性中内在地融为一体,代表着当代社会实践的基本特征。

　　"主体——方法论形态"作为未来哲学的主导形态是与历史上的哲学形态相区别的。古代人们侧重研究世界的本质问题的哲学的本体论形态,侧重回答对象世界是什么。近代人们关注科学认识问题的哲学的认识论形态,着重于人如何知道对象是什么,知识怎样才是可能的。现代人们着重于人如何才能改变世界、发展自己,而且,只有在改变世界的实践活动中,才能够更加真实地和深刻地理解本体论和认识论问题。因此,当"主体——方法论"形态成为未来哲学发展的主导形态时,并不意味着本体论和认识论问题在现代哲学中的消失或淹没。它们作为哲学的历史材料在新的哲学理论结构中被赋予了新的含义,即围绕"人的实践及实践方法怎样才是可能的"这样一个时代性哲学主题,本体论研究和认识论研究获得了新的理解和内涵。

"主体——方法论形态"作为现代哲学发展的可能形态,也表现出其对于当代西方哲学的超越性。在现代西方哲学中,哲学以片面的形式发展着。人本主义和科学主义两大哲学派别,各自以扭曲的、片面的形式反映着哲学对于社会的接近,反映了人的解放和科学进步的趋向。纵然它们在各自的角度和范围内含有一定的合理性,但就其总体来说又都是片面的即抽象的片面的人和片面的、无主体的科学。其根源在于它们都不真正了解社会实践的意义。哲学的"主体——方法论形态"则立足于当代社会实践,统一地思考人的解放和科学进步问题,并从哲学方法论的角度促使二者在现实中融汇合一的实际运动,在推进社会进化中发挥自己的积极作用。

研究哲学形态学,不仅意味着展开一个哲学反思它自身的研究领域,而且意味着对哲学发展战略的研究有了一种崭新的综合分析的方法,它具有研究哲学自身发展的方法论意义。第一,哲学形态学研究引起了我们对于哲学发展战略研究的关注。第二,关于当代哲学发展可能形态的构想有助于强化我们对于哲学方法论研究的关注。第三,哲学形态学的研究方法必然会丰富和发展哲学研究法。

(作者孙晓文 欧阳康,发表于《江海学刊(文史哲版)》1987 年第 1 期)

哲学发展的自身背景和知识背景

哲学的发展，是哲学界普遍关注的问题。研究哲学如何发展，要对它的多重背景进行考察和分析。其中最直接的是哲学自身的历史背景和今天的知识背景。

哲学的自身背景

今天的哲学横断面上呈现出多样化态势。但是横断考察必须伴随历史动态考察，哲学自己构成自己的发展道路。当我们把今天的哲学看作世界观（本体论）、认识论和方法论三驾马车的时候，它本身已经是一种历史的结构。在不同的历史时期，哲学正是通过以本体论、认识论和方法论为不同重点的不同形态，历史地具体地实现着自身统一。其中每一形态内部都蕴涵着继续发展的可能，在外部则展示为哲学历史发展的生动画卷。

哲学史上有一个着力于解释世界本体的时期，那就是古代哲学。在原始宗教和古代神话中，人借用神的嘴说"世界是什么"。古代哲学把世界本体说成是某种可感形态的物质，或者说成是数、善恶、存在、理念，其间总是充满了矛盾，不能真的说明一切。今天我们已经能够从科学技术、思维水平、社会历史等许多方面，指出它陷于困境的原因。这里要说的是，设置所谓永恒不变的第一原理的本体，本身就是有问题的。因为它割裂了实体、属性和关系，割裂了个别和一般、有限和无限、运动和静止、绝对和相对，割裂了具体和抽象、感性和理性、实证和思辨等的辩证统一，既不能得出科学结论，又难免走入迷谷。而那个思辨中的唯一的、绝对的、永恒的、从中流出万事万物的本体，不过是塑造中的上帝形象。古希腊哲学的集大成者亚里士多德曾经尖锐地揭露了诸先哲"本体"思想的矛盾，但是他的睿智也不能避免在同一条路上走到"上帝"那里去。他的"纯形式"作为第一推动者就是神或上帝。具有讽刺意味的是，后来的基督教神学正是把亚里士多德学说作为基本原理的。因此，古代本体论哲学的思维方式和思索方向是带有历史片面性的。

古希腊罗马哲学给后来哲学留下了许多宝贵的经验和教训，直接影响到近代西方哲学的是，只研究世界本体而不研究人的认识是不行的。因为不研究人的认识能力，认识的形式、过程和规律，认识的真理性及其检验标准等问题，就无法找到关于世界的不同见解以及如何到达普遍真理的认识原因。近代自然科学和人文科学的兴起，为研究人的认识提供了现实的推动力。所以，近代西方哲学把解释人的认识作为基本方向和主要任务。从培根到黑格尔，就始终贯串着一条认识论线索。我们今天在认识论中所讨论的主要问题他们基本上都提出来了，并且有了不同的回答，构制了经典认识论的基本框架。

但是对认识主体、实践和辩证法等重大问题，他们解决得并不好。对于认识主体，应当说把人抽象为认识者、再抽象为客体的对立物，在认识论上是有道理的。可是这带来了一种危险，即人似乎真的只是认识者，认识者似乎真的只是具有唯一属性——思维，人与对象的关系似乎真的只是思维与存在的关系。夸大这一点，就不可避免地割裂人的完整统一，使思维离开人脑、人体、人的实践和全部社会活动，变成与人相异化的某种"自在体"。于是出现了以思辨方式推演出人类知识体系的奇迹（如黑格尔哲学）。

对于实践，不论将它看作某种生活经验，还是看作道德活动，还是看作"理念"实现(返回)自身的环节,都背离了人类能动改造世界的本意。更为重要的是,它是人类的群体行为,绝不仅是个体行为;应当在人类实践的基础上和过程中来考察认识活动,而绝不是相反。

对于辩证法,如果说康德认识论较为完整地设置了矛盾,黑格尔唯心主义地实现了认识中的矛盾统一的话,那么只有马克思指出的以客观辩证法为基础的主观辩证法和客观辩证法的统一,才科学地解决了认识的辩证法问题。

黑格尔哲学作为旧认识论的最高形态,它的弱点清楚地表明:自我封闭的认识论体系的出现,宣布关于到达真理的绝对真理被想出来了,等于旧认识论形态的终结。

马克思、恩格斯把费尔巴哈同德国古典哲学的终结联系起来,并视他为马克思与黑格尔的中间环节,是非常有道理的。正是他摒弃了唯心主义的怪想,"使唯物主义重新登上王座"(恩格斯语),正是他结束了用思维着的精神淹没一切的道路,使哲学开始转到研究人这个方面来。然而,真正实现哲学划时代转变的是马克思。因为人不是费尔巴哈所理解的抽象的人,不是生物、道德或者宗教意义上的抽象。马克思以社会实践为基础,科学地研究了"现实的人及其历史发展"(恩格斯语);通过唯物史观的伟大发现奠定了哲学在社会历史领域的基础,也就从根本上回答了"现实的人"的问题。因为社会不过是现实人的社会,劳动、生产力、生产关系、经济基础、上层建筑等等则是现实人活动的不同层次的社会规定。而历史不过是人的历史的活动,它们在这里凝结为现实的范畴。人的本质,则在社会生活(主要是劳动)中被证实,在社会历史中得到发展。需要指出的是:唯物史观的确立不仅使社会历史理论开始成为真正的科学,而且使哲学对自然界和思维本身的思索具有科学的意义。正是在哲学和社会实践的关系这个角度,哲学原则上可以验证。对于具有两千多年历史的哲学来说,这意味着:哲学本身也是社会的、历史的。哲学认识自然、认识社会、认识思维乃至认识它自身所能达到的程度,根本上要由人的社会的历史的实践来说明。所以,确立唯物史观不仅是哲学在人的社会历史领域的成功,而且是哲学本身的成功。

那么,这是否意味着今后的哲学将集中全力在社会历史领域胜利进军?要具体分析。唯物史观科学地确立了哲学在社会历史领域的主要原则和根本方法,也就"结束了历史领域的哲学"(恩格斯语)。从此,人类知识在社会历史领域的基本形式将不是思辨,而是实证,进一步发展的将是社会科学。或者说,当哲学聚焦到社会历史领域的时候,社会也准备了足够的条件,使社会问题研究成为科学。哲学和科学在社会历史领域的共同胜利,正是通过马克思的唯物史观、政治经济学和科学共产主义学说的内在的完美结合实现的。诚然,唯物史观所具有的出发点和方法的意义需要进一步研究、阐述、发展。在社会历史领域新知识的探索中,哲学的思辨和方法仍然有作用,可是,这不是哲学的光唯一地照射在这里,它同哲学在研究自然、研究思维中的作用并无实质性区别。

因此,我们的思索必须回到马克思的新世界观上来,看看它在结束历史领域哲学时是否又展示了另一条新的发展途径。我们认为:《神圣家族》《关于费尔巴哈的提纲》和《德意志意识形态》作为包含着新世界观的第一批文献,已经通过"社会实践"这个有着决定性意义的思想和范畴,表明了马克思的新世界观同以往一切世界观的根本区别。按照马克思的思想:人是一切社会关系的总和,而不是孤立的单个抽象物;人不只是感知或思辨的主体,更重要的是社会实践的主体;社会生活在本质上是实践的,而非思辨的、理论的;人类历史过程是社会实践的过程,思维只是这过程中一根跳动着的活跃的精神线索;思维的真理性问题,根本上是一个实践的问题;环境的改变和人的活动的一致,只能被看作是革命的实践,因此问题在于改变世界。这个新世界观的意义是多方面的,至少这里需要指出三点:第一,它通过唯物史观奠定了新世界观的自身基础,第二,它表明了旧哲学的终结;第三,它揭示了哲学新发展的可能途径。这条途径,就是从社会实践——改变世界这个最高任务来看哲学,用社会实践的眼光来看哲学能够做什么。在这条途径上,哲学需要回答的根本问题是"社会实践如何可能",提供实践论意义上的广义方法论知识,从而历史地构成哲学的方法论形态。

到此为止,哲学仍然是历史地逻辑地统一的。当它在本体论形态上统一时,认识论、方法论在其内部发生发展着。当认识论成为哲学统一的形态时,本体论被扬弃了,方法论进一步在其内部发展起来。今天,哲学正通过方法论扬弃本体论和认识论,以展示方法论的丰富内容,实现方法论形态上的新的哲学统一。哲学的方法论形态并不意味着哲学历史的断裂,相反它同样继承着哲学的特点,并将哲学历史化为一种新的理论结构,即以方法论为研究重点,历史地、逻辑地、具体地实现着哲学的本体论、认识论和方法论的统一。问题也不在于哲学是否探讨本体问题和认识问题,而在于它怎样才能够提供方法、提供怎样的方法,从而具有方法论功能。在这里,哲学世界观揭示方法的普遍根据,是方法论意义上的世界观;哲学认识论揭示知识和方法所由产生的一般过程和规则,是方法论意义上的认识论;哲学方法论揭示人类活动的普遍方法,是这个形态的基本内容。所以说,方法论成了今天哲学发展的一个主要倾向。

哲学的知识背景

今天的人类知识总体,最大的特点是自然科学、社会科学甚至思维科学也独立地发展起来,并且开始了分合一体化的进程。在古代,很难离开哲学去谈论知识总体。因为那时的哲学，本身就具有知识总汇的性质，它是智慧的追求和象征。由于缺少社会实践和实证科学的支持，古代哲学和古代知识建立在猜测、幻想、直观之上，尔后又有了以论辩术为规定的辩证法和以三段论为特点的逻辑学。尽管古希腊人已经达到较高的理论思维水平，它不过表明，古代知识更大程度上依靠着哲学思辨建立起来，同哲学交织在一起。所以，一向就有把哲学看作科学母体的观点。科学同哲学的不断分离和独立发展，也被看作人类知识发展的一条线索。

（1）自然科学。最先同哲学相揖别的是自然科学。人类在漫长的认识和改造自然界的过程中，积累了大量的实证知识。这些知识可验证、可重复、可带来效果。从 15 世纪下半叶到 18 世纪，这些知识逐步形成了天文学、力学、数学和物理学、化学、生物学、植物学、地质学等学科组成的自然科学体系。作为科学独立解放标志的是哥白尼日心说，它宣布了自然科学从神学中解放出来，同时也就预示了自然科学即使不依赖哲学，本身就足以构成一种较为完整的、强有力的知识体系。

从这个知识体系的角度和观点来看：第一，哲学对自然界的看法提供了启示，那些得到证实的就不再是启示，而是实证知识，那些得不到证实或尚未证实的仍旧是启示。第二，哲学思辨对于知识的产生不具有唯一的意义，它不过是产生以至构成实证知识的众多方法中的一种（尽管它很重要）。第三，自然科学家自己根据实证知识，就可以得出对自然界的看法，并不必然要由哲学去做结论。而哲学家对自然界的看法，却不得不以自然科学的发现为转移。针对着自然科学的这种进步，恩格斯曾经说：任何使自然哲学复活的企图不仅是多余的，而且是一种退步。

从 18 世纪下半叶到 20 世纪，随着热学、电学、电子学和计算机科学等现代科学的创立、发展与应用，发生了数次科技革命及工业革命。今天，人类已经可以航行太空、畅游深海，可以假手于自动机和微电脑，可以开展生物工程、亲吻试管婴儿……人们正满怀信心地迎接世界新技术革命的到来。它再次证明了，独立的、蓬勃发展着的自然科学有着巨大的潜力和光明的前景。

（2）社会科学。自从马克思创立了唯物史观，社会科学也走上了相对独立发展的道路。如果说社会知识亦曾以理性思辨为建立知识的主要方法，并且同哲学纠缠在一起的话，那么社会科学体系的独立同样是以实证为自己的方向的。因为马克思的唯物史观为社会科学的独立和发展奠定了基础，正如列宁所指出的，它第一次使科学的社会学的出现成为可能。从此，在社会历史领域也不再是要从头脑中想出联系，而是要从事实中发现这种联系。由此可见，哲学同自然科学之间曾经发生过的事情，又在哲学与社会历史科学之间重演了。自然科学家如何对待哲学，社会科学家也如何对待哲学。恩格斯就毫不客气地说，哲学被驱逐了。

这不是说哲学从此与社会科学无缘。哲学方法对社会科学仍然有价值，但它非哲学家所专有。看看经济学、政治学、社会学、历史学、人类学、人口学、教育学、法学、管理学等社会科学各学科的发展，就可以知道，只要发现了一块相对独立的社会知识领域，很快就有一门社会科学在那里发展起来，几乎没有一块哲学可以独自插手的领域。

（3）思维科学。人们曾以为思维领域就是哲学的"罗陀斯"，其实也不是没有疑问。近年来，我国的钱学森教授多次提出建立思维科学。什么是思维科学，它有哪些内容，目前还在探索之中，意见也不相同。有一点比较清楚：思维科学必须不同于思辨的哲学，必须走与自然科学、社会科学相同的道路，即建立在实证的基础上。在这种意义上，生理学、心理学、神经学、脑科学、语言学、文字学、图形学、人工智能等等的交融渗透，是思维科学的切实基础。今天，人们已经用脑科学的观点解释思维机制和某些行为差异。至于思维形式、规律和类型在什么意义上才能成为思维科学的内容,而不是哲学范围的事,那还有待于探讨。简言之,思维知识领域的新动向带给我们一个信息:尽管科学未必能够穷尽思维领域,有关思维的知识还是正在逐步形成一个新的科学体系,也将同哲学分离。

(4)现代知识的分合一体化。现代知识至少区别为哲学、科学、艺术三个门类,顺理成章,它的一体化也至少是这三者的分合一体化。这里仅仅从哲学和科学的一体化来看知识的一体化。

首先是科学的一体化。人们对此看得最多,谈得也最多。科学独立发展到今天,不仅是自然科学、社会科学以至思维科学各自的纵向发展,而且各学科内部、各学科之间横向交叉渗透、分化融合,如雨后春笋般地产生了一大批横断学科和交叉学科。科学越来越成为一个严密的整体,科学一体化乃大势所趋。人们再也无法把自然科学和社会科学看成互不相干的了。科学本身似乎无懈可击,又信心百倍地向一切可能的知识领域挺进,这迫使哲学不得不冷静地思考并选择自己的出路。哲学家们不止一次地惊呼:哲学李尔王!

实际情况不那么简单。如前所述,哲学在新的形态上寻求着自身的统一和发展。另外,哲学和科学之间同样存在着渗透、融合,从而实现知识一体化的趋势。所以,我们并不被这种趋势所惊倒,却在这种趋势中重新认识今天的哲学。通过人类知识对哲学的新需求,确定哲学在人类知识总体中的地位与作用,进一步探讨哲学统一和发展的可能。如果把整个知识王国视为一块大平板,每块小平面上都站着一门科学(或艺术),那的确很难发现哲学的位置。要是把人类知识看作立体大厦,情况就大为不同了。第一,在知识的世界观层次上,不是科学而是哲学提供着这种知识。但它不同于古代本体论,它是知识大厦的一个层次,而非知识大厦;它以广泛的科学实证为基础,而非自成一体;它历史地提供着关于世界的总的观点和方法,而非世界的第一原理(不论是初始的还是终极的)。第二,在自然科学、社会科学和思维科学等知识的元理论探索中,仍然需要哲学的自然观、社会历史观、认识论和各种哲论提供具有方法意义的指导。第三,各门科学都使用着哲学所研究的方法,如观察与思考、猜测与幻想、直觉与灵感、假说与思辨、归纳和演绎、分析和综合、抽象和具体、辩证法与逻辑方法,等等。同时,作为横断学科的科学方法论,在普遍适用性上十分接近于哲学方法论。它们的协作,将更直接、更有力地推进方法论这个知识层次的发展。第四,在开拓新知识领域的过程中,我们已经看到并且还会看到最初以哲学名义称谓的阶段。如,从法哲学到法学、从伦理哲学到伦理学、从未来哲学到未来学、从管理哲学到管理学、从科学哲学到科学学……相对论的创始人、划世纪的大科学家爱因斯坦,就以自诩为哲学家为荣耀。这种情况或许可以看作哲学曾经走过的路子的缩影,它开拓了荒野,留下的是土地和方法。

在人类知识王国中,由于科学的进军,我们不得不承认哲学被自然科学、社会科学甚至思维科学从不同的领域中驱逐出来。另一方面,哲学又继续在这些领域进行着不懈的努力,同各门科学交相作用。这种背反现象使我们困惑不解。但是从分合一体化中的人类知识总体来看哲学的地位和作用,那么背反现象又是可以得到合理解释的。我们不应当、也无法用"两千年一贯制"或"四百年一贯制"的观点来看今天的哲学,因为哲学也是变化发展的。从人类知识的总体上说,人的思辨能力和实证能力总是互补的。哲学在今天的知识价值,正是它的普遍方法意义。而哲学方法论的研究,又是以人为主体、以人的社会实践为基础的,它们互相规定,辩证统一,共同构成了当今哲学研究的主旋律。

(本文署名晓闻,载《哲学与社会》1987年第1、2期合刊,总第8期)

方法在人的活动中的规定与界说

——论科学的方法概念

方法是人们探求真理、变革事物、发展自身不可或缺的工具。人类在几百万年的漫长历史发展中,已经发现、发明、创制、使用并积累起了许许多多的方法。20世纪40年代以来,随着以系统论方法为代表的现代科学方法的迅速崛起,自然科学和人文社会科学各领域加强了方法研究与应用,科学哲学乃至整个哲学也试图强化方法论功能并对此进行深刻反思。这推动了方法、方法学和方法论研究在当代的总体性进展。但是,人们对于方法概念的种种理解相去甚远,足以造成深入探讨的困难和进一步的意见分歧,并成为方法研究的自身障碍。如同一幢拔地而起的大厦总是有其坚固的基石一样,方法研究的普遍展开也应当以科学的方法概念为必要前提。这就要求我们研究方法的规定性与界说。

总观各种方法,它们都是在人的活动中产生、形成、应用和发展的。人的活动是方法存在的必要前提,也是方法研究必须考察的前提。在人的活动中,人、理论与方法、对象,相互之间构成一种场联结。就方法与人和对象的关联而言,其基本的场结构即"人—方法—对象"(关于理论与方法的关系,本文暂不做深入讨论)。方法的基本规定,正是从这种活动场中获得的。由于这个活动场内相互关联、相互作用的多样性和复杂性,单方面的孤立考察可能从不同角度对方法进行界说。全面联系的考察又如同盲人摸象一样,从单一侧面的规定到诸多侧面的规定,从表面的规定到深层的规定,从一种形式的规定到多种形式的规定,逐步达到全面了解和总体把握,从而表现为一个认识过程。下面的叙述,试图以这种认识过程作为方法规定与界说的逻辑行程。

方法的中介性直接规定

方法处在人与对象之间,依据对其中介地位和实际功用的了解,可以给出方法的直接规定。即方法是人把握对象、占有对象(也包括对象化的人和知识)的中介。所谓直接规定有三层含义:一是方法自身的直接性,它仅仅以外在的地位和功用证明,方法就是方法的自身等同,它仿佛是自因的。二是方法对于人和对象的直接性。它既直接与人相联系,又直接与对象相联系,以外在的直接性表现为"通行的"规则或手段,是人和对象之间的给定中介。人要"达到"对象必须经过方法中介。三是人对于方法的认识的直接性。就是说,方法还是人面前的一个直接的对象性中介,人们按照其外部特征判定什么是方法,没有认识到或者暂时不考虑方法与人和对象的深层联系。

这样的规定方式,主要表现在对于方法的初步了解、日常语言描述、语义学解释和尚未展开论述的定义中。"方法"一词起源于希腊语("沿着"或"顺着"的意思和"道路"的意思),字面意思是沿着道路运动。其语义学解释是指关于某些调节原则的说明,那些调节原则是为了达到一定目的必须遵循的。《苏联大百科全书》中说,方法"表示研究或认识的途径、理论或学说",即"从实践上或理论上把握现实的、为解决具体课题而采用的手段或操作的总和"。美国麦克米伦公司的《哲学百科全书》中认为:"方法这个术语涉及按给定程序达到既定结果必须采取的步骤的详述。"我国《辞海》中没有"方法"词条,《辞源》中解释为办法、方术或法术。按照"方"和"法"的词义组构,大意是方向(或道)上的法则、标准、效法、做法。学者们也常常借用日常语言，把方法比作犁、桥、船、规矩、望远镜、显微镜等个别物质手段，或者喻为抽象的工具一般(如亚里士多德的《工具篇》、培根的《新工具》、杜威的"工具主义")。它们表达了人们对于方法的直观了解。

这样来规定和表述方法，可以表现出方法的明确性、决定性和效用性等特性，表明方法在人的活动中具有的特殊地位与功用。但是这种规定，仅仅是方法对于人和对象的单方面的单向规定。在这种规定中，方法对于人的行为有着不容争辩的指令性和规范性。人们必须按照它的要求去思考和行动，然后才能达到事先给定的目的。而对象之所以能够被认识被改造，被认识到什么程度、被改造成什么状态，也都是因为有了它，并由它事前确定好的。这造成了一种假象：方法仿佛外在于对象，对于人似乎是异己的存在。它就像站在人与对象之间的斯芬克斯一样，凡是猜不出谜底的人就被害死，而猜出的人则通过关隘。在方法给定的条件下，它如同横亘在人与对象之间的大山上那唯一的通道。古代中国关于"祖宗之法不可变"的戒条，关于"(三)纲(五)常千万年，磨灭不得"的说教，表现了给定方法僵化起来的极端情形。因此，仅仅从直接规定性上理解"什么是方法"，既是简单的、方便的，又是表面的、片面的。

方法的主体性属人规定

方法由人所发现、发明、创制、使用，是附属于人的。按照方法对于人的这种依赖性，能够给出方法的属人规定。所谓属人规定，是指人们为了达到一定目的能动地建构起方法，并将主观方面的知、情、意和人及其活动的其他特点贯注于其中，从而使方法对于人来说具有可判读、可使用和目的指向的性质。这从一方面看是人给予方法种种规定，在另一方面看则是方法从人即它的创制者和使用者那里获得规定,两个方面指示的内容是相同的,但观察角度和提法走向又不同。在人与对象的主客体两极关系中,方法从属于人还表现在它是主体系统的扩大和延伸,由人的活动赋予能动性。它所具有的客观内容,也是由人的实践和认识实际地确定下来的。因此,方法对于人的活动的直接规定,正是人们对于自己的活动方式、规则和手段的间接规定,人们直接地遵循方法的规定,也就是间接地遵循自己的规定。

近代哲学史上,笛卡尔是这样规定方法的一个代表人物。他在《方法谈》中自称研究了世界这本书,下决心选择"研究我自己"这条应当遵循的途径,把"我思故我在"确立为第一原理,然后借助"普遍的怀疑"建立起公理,由此推演出知识系统。这就是他思想上的"怀疑方法"和"公理演绎法"。文艺复兴时期意大利的马基雅弗利甚至更为极端地主张,为了人的目的,任何手段都是正当的。有的现代学者还把方法规定为人的能力,I·布胥勒就认为,方法是"一种在可以再现的程序范围内,善于自觉地有计划地处理自然综合体的能力"。①

从人的活动方面理解方法的规定性,解决了两个问题:第一,它揭示了人及其活动对于方法的主体性地位,肯定了人所具有的能动性。第二,它指出了方法发生的主体方面原因,说明了人和方法的双向相互规定。人对于方法的能动规定和方法对于人的活动的直接规定统一起来,就是人和方法在活动场中相互规定的双向结构联结。这既要求人们按照方法规定去活动,也要求人们在活动中建构方法规定。

从人的活动方面理解方法的规定性,又提出了新的问题:人们根据什么建构方法,是主观意志还是客观实际?这实质上是唯物主义和唯心主义在方法建构上的分野。在唯心主义看来,人就是他的思想、

---

①布胥勒:《方法概念》,转引〔苏〕科普宁著《作为认识论和逻辑的辩证法》,赵修义、王天厚等译,华东师范大学出版社,1984年,第54页。

意志和情感。因而把方法的规定性归于人，再归于思想，认为这是唯一的、最终的原因，就会走向唯心主义。例如在对辩证法的理解上，古希腊哲学家曾认为，辩证法是论辩的艺术（如苏格拉底、芝诺），或者是理性思维的艺术（如柏拉图）。而且辩证法一词的希腊文来源，原意"就是进行谈话、进行论战"。对这类观点，黑格尔批评说："人们常把辩证法看作一种技艺，似乎它是靠主观才能，而不属于概念的客观性。"①这个批评很有见地。因为仅仅主观的辩证法还不具有客观规定性和科学性，难免同诡辩或论辩混淆起来。现代的存在主义者雅斯贝尔斯说："存在主义哲学是人借以创造他自己的一种思想方法，他既利用又超越各个专门知识。这种思想方法并非关于事物的知识，而是显示和完成思考者本身的存在。"②这既暴露了存在主义哲学方法的主观唯心主义性质，也证明了限于从属人特征上规定方法存在着困难。所以，还必须深入分析人们建构方法的客观根据。

方法的对象性内在规定

　　方法反映对象，从对象中引申出来，最终是以客观存在的规律为根据的。按照这种认识，人们又给出了方法的对象性内在规定。这种内在规定首先是对象本身具有的内在规律，然后是对象的内在规律作为方法的内在规定。在这个意义上，科学方法与客观规律是根本一致和内在统一的。因而，它也是可验证、可重复、可带来效果的。

　　被马克思和恩格斯称为"英国唯物主义和整个现代实验科学始祖"的培根，认为人需要"手的工具"和"心的工具"的帮助。这种工具

---

①黑格尔《逻辑学》下卷，杨一之译，商务印书馆，1976 年，第 538 页。
②雅斯贝尔斯：《时代的精神面貌》，转引葛力主编《现代外国哲学》，山西人民出版社，1984 年，第 222 页。

就是从对象引申出来的方法。他说,物体的"结构和组织乃是事物中一切隐秘的和所谓专有的性质与品质所依据的;而一切有力的变革和转变的规则也是从它们引申出来的"①他以这种理解为指导,建立起了经验归纳法。可是后人对于经验归纳法与事物的结构及性质的内在联系,往往注意不够。在机械唯物论的代表人物霍布斯看来,方法以客观的因果联系为根据,是由已知因求未知果,或由已知果求未知因的"最便捷的道路"。②法国启蒙思想家孟德斯鸠在《法的精神》中写道:"法,就最广的意义来说,就是由万物的本性派生出来的必然关系:在这个意义之下,一切实体都有它们的法。"③他们的观点以不同方式,表达了唯物主义对于方法的客观内在规定的一般看法。

客观唯心主义者也主张方法具有客观性,但却把对象的规定性与方法的内在规定直接等同起来,全部归结为一种绝对精神。黑格尔说:"方法不是像外在反思那样对待自身,而是从它的对象本身去采取规定的东西,因为这个方法本身就是对象的内在原则和灵魂。"④他所谓的"对象"是绝对理念,方法所采取的内在原则也正是绝对理念的逻辑运动(形式)。因此他要求对象性总体把握方法的合理性,恰恰包容在客观唯心主义这个不合理的体系中。

尽管旧唯物主义和客观唯心主义的上述看法存在种种不足,但是他们主张方法根源于对象的规律,是合理的。这初步解决了方法与对象的关系问题。就是说,方法对于对象被认识、被改造的直接规定,实质上是对象自身规律的方法表现。对象自身规律根本规定了它的

---

①《16—18世纪西欧各国哲学》,商务印书馆,1975年,第51页。
②《16—18世纪西欧各国哲学》,商务印书馆,1975年,第65—66页。
③《18世纪法国哲学》第18页,转引《欧洲哲学史稿》陈修斋、杨祖陶,湖北人民出版社,1983年,第343页。
④黑格尔《逻辑学》下卷,杨一之译,商务印书馆,1976年,第537页。

被认识、被改造的规则,这是方法的直接规定的深层根据。因此方法与对象之间的联结,也是以客观规律为根据的双向相互规定。

由此进一步引出的问题是:对象的内在规律是什么,人如何知道这些规律,这些客观规律又怎样转化为人的方法? 旧唯物主义和客观唯心主义对于这些问题的解决是不力的。旧唯物主义者以为,依据着对象性的经验和某些实验就能将客观规律建构为方法。在黑格尔式的客观唯心主义看来,对象性规律就是绝对理念的逻辑运动形式,只要思辨地把握了那些逻辑形式,即绝对理念借用人来反思这些形式,就获得了方法。

马克思对这类观点提出了批评。他指出:从前的一切唯物主义的主要缺点,是对事物、现实、感性,只是从客体的或者直观的形式去理解,而不是把它当作人的感性活动,当作实践去理解,不是从主观方面去理解。①这种缺点同样表现在对于方法的客观规定的看法上,即缺乏实践的和辩证的观点。

针对黑格尔式的唯心主义玄想,马克思指出:"我的辩证方法,从根本上来说,不仅和黑格尔的辩证方法不同,而且和它截然相反。在黑格尔看来,思维过程,即他称为观念而甚至把它变成独立主体的思维过程,是现实事物的创造主,而现实事物只是思想过程的外部表现。我的看法则相反,观念的东西不外是移入人的头脑中改造过的物质的东西而已。"②从马克思主义哲学的基本观点看,它的物质一元论世界观与黑格尔式的理念一元论世界观相区别;它的辩证法以客观辩证法(即客观辩证规律)为根据,与黑格尔的观念辩证法相区别;它强调社会实践的物质性、客观性和基础性,与黑格尔主张的某种实践

①见《马克思恩格斯选集》第 1 卷,人民出版社,1972 年,第 16 页。
②《马克思恩格斯选集》第 2 卷,人民出版社,1972 年,第 217 页。

观念和作为认识环节的实践相区别。因此,在方法的对象性内在规定上,马克思主义哲学与旧唯物主义和一切唯心主义都划清了界限。它要求以物质一元论为前提,以社会实践为基础,全面而具体地把握方法的规定性。

方法的总体规定

以社会实践为基础,综合把握上述诸规定,全面地揭示方法的总体规定:方法的总体规定就是它的各种规定的具体综合。如上所述,方法在与人和对象的联系中有着多种规定性,任何单值的理解和规定都难免片面。只有把它确定为多值规定的统一,才可能完整地理解方法是什么。

在马克思主义哲学产生以前,各种一元论世界观已经达到了从总体上把握方法的高度。例如柏拉图、黑格尔的理念一元论理解,旧唯物主义的物质一元论或经验一元论理解(其中有不彻底性)。中国古代哲学家老子从宇宙发生的意义上,提出了"道生一,一生二,二生三,三生万物"的一元生成模式,同时确立了以"道"为根本的一元方法论,"人法地,地法天,天法道,道法自然"。(《老子书》四十二章、二十五章)宗教一元论世界观也以其特有方式达到了总体把握。它们从事物的普遍联系中直觉地给出方法的总体规定,有一定合理性。但它们也普遍存在三个缺点:一是总体规定的一元本质有着根本错误(唯物一元论除外);二是总体规定的具体内容结构有着很大局限性,主观推论不符合客观情况;三是不能以人的实践为基础来把握方法的总体规定。

马克思主义哲学把唯物论、辩证法和社会历史学说统一起来,以社会实践为基础,建立起科学的唯物辩证法,合理地解决了方法在与人与对象普遍联系中的总体规定问题。它认为:世界是物质的,物质世界的普遍规律是辩证运动；唯物辩证法科学地反映了世界的辩证运动，是"唯一的、最高度地适合于自然观的这一发展阶段的思维方法"。因而唯物辩证法是根本的方法。马克思主义哲学对于唯物辩证法的理解和阐述，表达了对于方法的总体规定的根本理解，其主要观点是：

第一，唯物辩证法"被看作关于一切运动的最普遍的规律的科学"。①辩证法的客观内容是世界上普遍存在的辩证规律，其理论形式是对客观辩证规律的主观表述。因而，客观的辩证规律是主观思维的辩证法的对象性根据，也是它理论上的内在规定。

第二，唯物辩证法是人们在实践和认识活动中，从客观世界中揭示出来，并通过概念和范畴理论化地建立起来的科学思想体系。如同恩格斯所指出，概念的辩证法本身"只是现实世界的辩证运动的自觉的反映"。②这种自觉反映不只是"照镜子"，而是在实践基础上，经过思维的辩证运动和理论改造，才建立起来的能动的科学反映。它强调实践的意义，因为"人的思维的最本质和最切近的基础，正是人所引起的自然界的变化"。③它重视理论的建构，是把物质的东西"移入人的头脑并在人的头脑中改造过"建立起"观念的东西"。

第三，唯物辩证法是马克思主义哲学的根本方法，是人们认识世界、改变世界的最好武器。在马克思主义哲学体系中，唯物辩证法占有十分重要的理论地位。恩格斯说，马克思"把辩证方法在使它成为唯一正确的思想发展方式的简单形式上建立起来……这个方法的制

①《马克思恩格斯选集》第 3 卷，人民出版社，1972 年，第 565 页。
②《马克思恩格斯选学》第 4 卷，人民出版社，1972 年，第 239 页。
③《马克思恩格斯选集》第 3 卷，人民出版社，1972 年，第 551 页。

定,在我们看来是一个其意义不亚于唯物主义基本观点的成果。"①他还说,唯物辩证法是"我们最好的劳动工具和最锐利的武器"。②列宁也进一步讲到逻辑、辩证法和认识论相一致的问题。③这表明,唯物辩证法作为客观辩证规律的主观把握,既是认识方法,也是行动方法,还是逻辑方法(三者差别需另外讨论)。

马克思主义哲学创始人对于辩证法的论述,成为科学地研究方法规定性的指南针和典范。苏联学者 T·巴甫洛夫根据这种观点来解释科学方法,他写道:"科学的方法就是人的思维(作为主体对客观世界的反映)运动的内在规律,或者说是'移入'人的意识,并在人的意识中'改造过'的客观规律。它们作为说明和改造世界的工具被自觉地和有计划地运用着。"④前东德的一本哲学教科书也作出了类似表述。⑤这些观点为方法的多值统一规定勾勒出基本轮廓,但以实践为基础的方法总体构成,还有待具体地讨论说明。

方法总体规定的具体构成

在人的实践和认识活动中,方法的总体规定表现为方法与人和对象的普遍联系,即中介性直接规定、主体性属人规定与对象性内在规定的统一。就方法自身来考察,它在人的活动中获得的总体规定内射到自身结构中,积淀为方法总体的具体构成。这种具体构成,是三个层次的要素组合。

①《马克思恩格斯选集》第 2 卷,人民出版社,1972 年,第 122 页。
②《马克思恩格斯选集》第 4 卷,人民出版社,1972 年,第 239 页。
③参见列宁《哲学笔记》,人民出版社,1974 年,第 357 页。
④《反映论》,转引科普宁《马克思主义认识论导论》,赵修义、王天厚等译,华东师范大学出版社,1984 年,第 19 页。
⑤参见前东德《辩证唯物主义与历史唯物主义》,求实出版社,1985 年,第 68 页。

（1）方法的外在形式及表层结构，是人借以反映对象规律、表达主体意识和实际改变客观对象所采取的物质方式，如语言、文字、手势、图形、其他符号或实物（工具）。这些物质方式天然自在地与他物相联系，并不直接具有表意性和功用性。人们在实践的历史发展中，自然或自觉地选择某些物质形式作为方法构成的物质外壳、载体或实体，就使其成为可判读、可交流、可理解、可使用的。它们作为方法存在的外在形式，对于方法内容具有一定的独立性。如，同一内容的方法可以采取不同的表现形式，各种形式之间存在着同构或同态的对应转换关系；不同内容的方法又可以采取同一形式去表现，以相同形式中的异构异质关系表明各自的区别。

（2）方法的内在形式及浅层结构来自人的意识，是由人的认识并改变世界的意志、情感、理解、目的等主观成分构成。人们建构方法时，将主观方面的东西贯注于其中，使其具有表意性。在既定方法的构成中，人的主观意向已经外化为确定性和指向性的成分。它作为隐含在方法中的理性智慧成分，是既定方法构成的"活的灵魂"。它通过外在形式及表层结构得以表达、表述和表明，又成为可以解读、理解和贯彻的东西，如规则、程序。这时，它既可能明晰显露，如直接的文字表白；又可能晦涩模糊，如怎样判读一把锄、一支枪所隐含的主观意识。方法的内在形式作为居中的规定，它相对于外在形式是主观性的内容，由人赋予其意识性规定；它相对于方法的根本内容，又是表现更深层内容的意识性形式，即是对象性规律的主观反映和表述。

（3）方法的根本内容及深层结构是对象性的，是被人们所反映、理解、表述和运用的客观规律。人们在实践和认识活动中把它从对象中揭示出来，并以理论化、方法化的方式建立起来，使其成为方法的客观根据和深层实际内容。这种深层结构根本决定着浅层结构和表层结构，要求人的方法意识和所采取的方法形式都遵循它的根本规定。一种方法之所以能够在理论上正确,在实践中有效,概源于此。而且人们能够使用实物工具态的方法把握或占有对象,也正是基于两物本身的客观关系。所以,符合客观规律是方法的生命力所在。

方法的"三层构成"的基本结构是普遍存在的。以综合分析法为例:它建立在对象的整体与部分的分合关系基础之上,以客观的"分合律"为根本内容。它的揭示、表述与应用又是人的主观行为,"分合法"体现着人们从分合关系上把握对象,并选择(亦创造)某种方式来陈述和实现——这种把握的既内化又外化了的意识。这是其意识性的内在形式。它的表征符号,如语言、文字则是其外在形式。在实物工具上,情形也是如此。一把锹的外在形式是物质的,内在形式是人制作和使用锹的意图等内化与外化了的意识,根本内容是锹的性质、构造与功能等客观规定性。

方法本身的"三层构成"与方法在人的活动场中的多值规定,两者之间存在着内向凝聚与外向关联的对应转换关系。如下表所示(见下表)。

方法自身的具体构成	方法在人的活动场中的总体规定
①外在形式及表层结构 ②内在形式及浅层结构 ③根本内容及深层结构	①中介性直接规定 ②主体性属人规定 ③对象性内在规定

方法的上述结构决定了它的功能。如果说在中介性直接规定上,还是对其功能的抽象理解的话,那么在总体规定的具体构成上,已经达到了具体把握。它的功能一般即人们认识和改变世界并发展自身的中介,包含着丰富的内容和具体的规定,这还需要另外的专门讨论。

方法的界说

依据以上理解,本文把方法表述为:人们在活动中按照客观对象的规律建立起来的,认识和改变世界及自身的规则与手段。正确的方法,就是被实践证明符合客观规律的方法。正确的方法在可理解、可操作、可验证、可重复、可带来确定效果的意义上,就是科学方法。

这里所说的客观对象包括人之外的那部分客观世界,也包括人的客观的物质实践活动。前者在人的活动中是直接外在的客体,后者既是人的主体性活动本身,又是主体性反思所把握的对象化特殊客体。旧唯物主义往往局限于前者(所谓"无人世界")来思考问题。在实践唯物主义的观点看来,要"把人的活动本身理解为客观的活动",知道"真正现实的、感性的活动本身",并从人的感性活动和实践去理解事物。当作客观对象来看的社会生活,本质上也是实践的。[①]所以,"必须把人的全部实践……包括到事物的完满的'定义'中去。"[②]这样,人们建立方法所根据的客观对象的规律,就是"无人世界"规律和人的活动规律的统一,是作为统一的"有人世界"的客观规律去理解,从人的活动规律去理解。所谓"无人世界",由于人在实践和认识中去加以把握,也就成为新的参照系中的"有人世界"了。全面地理解客观规律及其作为方法的根据,不但要有直接的对象性思考,尤其要有主体性的能动反思。

在人的主体性活动中,方法作为人与对象之间的中介性建构物,不直接属于人和对象的任何一方。它以"人所建立起来的"这个特点,表现出与客观规律的某种区别,又在反映客观规律上与其相一致、相统一。作为人所建立起来的方法,它与实践中的人化对象相区别,与反映和说明对象的理论相区别,是认识和改变对象的规则与手段,即人们怎样认识、怎样做的方法中介。在人的活动中,事物通过广义方法中介而联系和转化,这是方法的重要优点与特点。

---

①参见《马克思恩格斯选集》第一卷,人民出版社,1972年,第16页、18页。
②《列宁选集》第4卷,人民出版社,1972年,第453页。

方法的外延,包括认识和改变世界的一切规则与手段。人们试图借助分类法使其条理化。如,依据学科区别从横向上划分自然科学方法、社会科学方法、哲学方法;依据普适性的层次差别,从纵向上划分哲学方法、一般方法、特殊方法、个别方法;依据人的活动方式的区别,划分认识方法和行动方法。其中一种分类是依据功能差别,划分为方法规则即"软件"与方法手段即"硬件"。方法规则(通常说的狭义方法)指以语言、文字、图形或其他符号形式存在的,方案、模式、规则、逻辑、程序、指令之类的方法。方法手段指工具、仪器、设备、装备等物质手段。马克思主义以前的哲学强调方法规则对于思维活动的意义,仅仅从方法规则对思维的关系上规定"什么是方法",忽视方法手段的实践和认识意义。如思辨哲学把方法理解为思维的范畴运动的逻辑形式,这不能不说是狭隘的。本文以为,把物质手段也作为方法来考察和广义界定,既是维护方法的概念、定义和构成的逻辑一致性的要求,也是坚持人的活动离不开方法手段这种实践的唯物哲学观点之需要。

方法的界说同任何界说一样,也具有相对性方面。但界说的相对性并不排斥依据事物的质的区别和某种标准进行划分与定义。方法的界说,对于全面研究人的活动和深入探讨方法问题是完全必要的。这表现在:(1)在人、对象、人所建立的方法的关系中,确认方法的地位与作用;(2)在人化对象、知识理论与方法的关系中,确认方法的特性与功能;(3)在客观规律、理论阐明和方法把握的联系中,确认方法的实践来源和客观本质;(4)在方法的根本内容、内在形式和外在形式的关系中,确认方法的要素、结构与总体规定。从而使方法能够得到正确地建构、使用和发展,最终达到改变世界、满足人的需要和实现人的现实发展之目的。

(本文发表于《社会科学》1988年第2期)

关于毛泽东工作方法论的几个问题

毛泽东同志在领导中国共产党和中国人民的长期革命斗争实践中,创造性地运用马克思主义世界观方法论,以解决中国革命问题,形成了一整套思想方法和工作方法。毛泽东同志的思想方法和工作方法,是毛泽东哲学思想重要组成部分,是对马克思主义哲学理论的伟大贡献。在新的历史条件下,继承毛泽东哲学思想中这部分优秀遗产,对于创造性地解决中国革命和建设的新问题,非常重要。

研究毛泽东同志的思想方法和工作方法,研究毛泽东同志的思想方法和工作方法在新的历史条件下的运用,是毛泽东哲学思想研究的课题之一。为深入研究这个课题,我们在这篇文章里,拟对有关毛泽东工作方法论的几个理论问题作一般讨论。

一、毛泽东工作方法论的范畴规定

毛泽东同志的思想方法和工作方法是在现代中国的革命斗争实践中产生的,是以马克思主义哲学为理论基础的。总的说来,它属于方法论的范畴。

在方法论的范畴中,毛泽东同志关于唯物辩证法问题有着许多论述,关于工业、农业、商业、军事、文化教育等各方面工作的方法也有许多论述。毛泽东工作方法论,与这两者有着密切联系,是指两者间的关于一般工作方法的学说。

我们知道,唯物辩证法以整个世界为研究对象,回答事物怎样联系、变化和发展的问题,它是关于事物普遍联系变化和发展的一般规律的科学,适用于自然界、人类社会和思维领域。一般说来,世界观亦是方法论。辩证唯物主义认为,世界是物质的,物质是运动的,运动是有规律的,对立统一是世界运动的最根本的规律,等等。运用这样的世界观来认识和改造世界,就是唯物辩证法的根本方法论。毛泽东工作方法论则是以现代中国的革命工作为研究对象,回答马克思主义普遍原理怎样通过我党的实际工作去实现的一般方法问题,它是以唯物辩证法为指南的一般工作方法论,适用于无产阶级及其政党的全部革命工作。由于工作方法论所研究的对象、所要回答的问题,以及所适用的范围都与唯物辩证法有区别,所以它是与唯物辩证法在本质上一致,又有自己特点的一门方法论学说。唯物辩证法是辩证法的理论体系,突出具有理论特色;工作方法论则主要的是把理论运用于实际的学说,突出地具有实践特色。在一定的意义上说,它是关于行动的辩证法。

各方面工作中的个别方法,可以从不同角度进行划分。例如,工业、农业、商业、军事、文化教育等;又如,政治、经济、思想文化等;再如新民主主义革命时期、社会主义革命和社会主义建设时期等。每个特定的行业、领域、历史时期都有着相互区别的工作方法,它们适用于特定的行业、领域、历史时期,却不一定适用于其他的行业、领域、历史时期。因而具有局限性、暂时性和针对性的特点。工作方法论主要是指适用于各方面工作和各阶段工作的一般工作方法,它是个别工作方法的总结和概括,具有全面性、稳定性和普遍指导意义的特点。

党的十一届六中全会通过的《中国共产党中央委员会关于建国以来党的若干历史问题的决议》中指出:"毛泽东同志把辩证唯物主义和历史唯物主义运用于无产阶级政党的全部工作,在中国革命的长期艰苦斗争中形成了具有中国共产党人特色的这些立场、观点和方法,丰富和发展了马克思列宁主义。"①我们所说的毛泽东同志的工作方法论,主要就是指的这个意思。它在内涵上包含着通常所说的思想方法和工作方法,以及领导方法。在这个意义上可以说,工作方法论是应用的辩证法。毛泽东同志的工作方法论是他依据辩证唯物主义和历史唯物主义原理,在长期革命斗争中形成的关于中国共产党的全部工作的一般方式办法的学说。

按照上述理解,研究毛泽东同志的工作方法论,首先要处理好毛泽东同志本人和党的其他领袖的关系。《决议》中指出,毛泽东思想是中国共产党集体智慧的结晶,毛泽东同志的科学著作是毛泽东思想的集中概括。在这个意义上,以毛泽东著作为基本对象研究毛泽东的工作方法论,应指出其中也有全党的智慧。

其次,要处理好毛泽东同志的著述活动和实践活动的关系。我们知道,毛泽东同志的工作方法论不仅表现在他的一系列著作中,而且表现在他的革命实践活动中。同马克思、恩格斯、列宁等无产阶级革命导师一样,毛泽东同志的理论活动和实践活动在根本上是一致的,他的实践活动是对理论的贯彻,他的理论活动是对实践的总结和概括。对毛泽东工作方法论的研究,以毛泽东著作为基本对象和文本依据,同时也重视他的实践活动。

二、毛泽东工作方法论的历史产生

毛泽东思想是马克思列宁主义普遍真理同中国革命具体实践相结合的产物。这种结合,是毛泽东思想的基本特点。毛泽东工作方法论的历史产生,就是这个特点的表现。

①《中国共产党中央委员会关于建国以来党的若干历史问题的决议》,人民出版社,1981年,第47页。

在中国近代史上，我国人民曾经长期同帝国主义侵略和封建主义压迫进行斗争，孙中山先生领导的辛亥革命推翻了清王朝统治，具有重大的历史意义，却不能彻底完成资产阶级民主革命。中国又陷入了新的帝国主义侵略和军阀混战之中，表明软弱的资产阶级不能完成对中国民主革命的领导，资产阶级的思想主张不能拯救中国。这是由于中国历史发展的复杂性和中国革命的特殊性，还由于俄国十月革命开创了世界历史发展的新时代，中国革命向前发展只能是无产阶级世界革命的一部分。

然而，事物的发展不是径直遂情的。在我们党的历史上，教条主义者曾经把马克思主义当作现成的框子，把俄国革命经验当作固定的模式，原封不动地搬到中国来，用来套中国革命的实际，不但不能正确地解决中国革命的问题，却几乎断送了中国革命。历史告诉我们，用教条主义的态度对待马克思列宁主义，对待外国革命经验，是对历史和实践的简单化图解，是十分有害的。它在实质上是反马克思主义的，也是违反历史发展的复杂性和实践过程的多样性原则的。中国革命没有马克思列宁主义的指导，固然行不通，有了马克思列宁主义，不顾中国革命的特殊国情仍然行不通。在当时的历史条件下，怎样才能正确地把马列主义和中国革命结合起来，还是一个有待解决的特殊矛盾。

在中国革命的实践过程中，毛泽东同志创造性地把马克思列宁主义运用于中国革命，科学地把马列主义普遍原理和中国革命具体实践结合起来，就有了毛泽东思想，在实际运用过程中逐步把中国经验上升为理论，就有了毛泽东思想的系统化和完善化。从而历史地解决了中国革命中的一个特殊矛盾（这种解决并没有完结）。

从理论对实践的关系上说，毛泽东思想不是对于马克思列宁主义的纯理论研究，也不完全是从中国革命中土生土长起来的，它是把马列主义普遍原理运用于中国革命具体实践的产物。我们知道，马克思列宁主义是在无产阶级的革命斗争实践中形成的，它经过了马克思、恩格斯和列宁等人的理论创造活动，经历了一系列的抽象，揭示了资本主义必然灭亡、社会主义必然胜利的客观规律，揭示了帝国主义和无产阶级革命时代的普遍规律，是对世界历史发展的共同本质和必然趋势的认识。但是，各国的革命实践又是具体的特殊的，有着各自的历史条件和特殊国情。当马克思列宁主义理论运用于各国革命实践的时候，便会遇到理论的普遍性和实践的特殊性的矛盾。为了解决这个矛盾，必须把普遍性和特殊性结合起来，理论同实践联系起来，即经历一个由理论的普遍性走向实践的特殊性的过程。这就要求按照各国自己的实际情况，把理论化为具体的原则，并根据这些原则制定出更为具体的路线、方针、政策以指导实践。这样的一些问题，就是工作方法论所要回答的，也是工作方法论问题的意义所在。因此，毛泽东思想中关于这些方式办法的学说，即毛泽东工作方法论，对于毛泽东思想的产生、形成、发展和完善有着重要的意义。它回答了理论和实践相结合的方法问题，也在回答这个问题的过程中历史地成为一套相对完整的学说。我们党就是做把马列主义同中国革命相结合这项工作的，所以我们说毛泽东工作方法论是关于中国共产党的全部工作的一般方式方法的学说。这个一般的方式方法，就是把马列主义同中国革命相结合，以解决中国革命问题的一般的方式方法。

按照马克思主义哲学的认识论，从理论到实践的问题，是认识运动过程中的第二个飞跃，是比从感性认识到理性认识的飞跃更重要的飞跃。因为，只有实现第二个飞跃，才能使实践得到正确的指导，从而改造世界，才能使理论在实践中得到检验和发展，从而保持理论的活力和实践功能。从理论向实践飞跃，需要一些中间阶梯，需要一些正确的方法，把理论和实践结合起来。这就要求通过实际的调查研究,具体的分析、综合、判断,把理论一般还原为个别,化为具体行动的规则、步骤和办法的指令,一方面使理论在具体行动中成为现实,从而得到检验,另一方面又使实践得到切实的指导,从而有所遵循,等等。这就是工作方法论在认识论中的地位和作用,也是它在认识论中的发生和意义。因此在这里,表现了毛泽东工作方法论产生的认识论原因,表现了它对于实现从理论向实践飞跃的认识论和方法论意义。

工作方法论的着重点是在"运用"和"结合"上,主要回答怎样从理论到实践的问题。由于认识运动过程的相互联系、相互交叉,在从理论到实践时,又有新的感性认识发生,因此工作方法论也与从实践经验上升到理论有着密切联系。从马克思列宁主义理论运用到中国革命实践,再从中国革命实践经验上升到马克思列宁主义理论,在极其丰富的实践认识过程中,它们是互相衔接地联系着,而且是互相交叉地联系着。工作方法论在正确地解决从理论到实践的问题时,对于新的感性材料的积累,以及将新的感性经验上升为理论,也有一定的意义。这是应当肯定的。

总之,一方面是中国革命需要马克思列宁主义的指导,另一方面是马克思列宁主义必须同革命的实际相结合,两方面的要求使毛泽东同志的工作方法论得到了充分发展,也使它成为毛泽东思想的特点之一。这样一个特点,同经院式、书斋式的马克思主义研究相区别,使放之四海而皆准的马克思主义普遍真理在中国革命的沃土上生根、发芽、开花、结果。它继承和发展了马克思主义哲学的革命的实践唯物主义的理论特色,在现实形态上成为改造世界的哲学。

工作方法论成为毛泽东思想的特点之一,既是由中国革命的特殊条件所决定的,也是在马克思主义哲学的发展中表现出来的。这里不想展开论述,仅想指出,就马克思主义哲学发展的阶段性特点而言,马克思恩格斯全面奠定了马克思主义哲学的基本原理,着重论述了唯物史观;列宁全面继承发展了马克思主义哲学,着重论述了马克思主义的认识论;毛泽东同志在科学地创造性地运用马克思主义哲学的过程中,着重发展了马克思主义的方法论。这样一个特点,也是同哲学史上从本体论到认识论,再到方法论的一般进程相吻合的。因此,毛泽东工作方法论不但在解决马列主义普遍原理同中国革命具体实践相结合的方法问题上作出了理论贡献,具有历史意义;也在着重解决理论向实践飞跃的方法问题上,对马克思主义哲学的认识论和方法论作出了贡献,具有理论意义。在这一点上,它体现了认识活动与历史发展的一致性。

三、毛泽东工作方法论的基本内容

我们首先来了解毛泽东同志对工作方法问题的基本看法。

通读《毛泽东选集》,可以看到,毛泽东同志在进行理论问顾探讨时,很注意其方法论意义;毛泽东同志在发出工作指示和总结工作时,常常要讲到方法问题,交代具体的工作方法。从毛泽东同志本人的论述中,可以了解到他对工作方法论的重视。1933 年,他指出:“没有正确的领导方式和工作方法,要迅速地开展经济战线上的运动,是不可能的。这也是一个重要的问题。”①1934 年,他指出:“在这里,工作方法的问题,就严重地摆在我们的面前。我们不但要提出任务,而且要解决完成任务的方法问题。我们的任务是过河,但是没有桥或没有船就不能过。不解决桥或船的问题,过河就是一句空话。不解决方

---

① 《毛泽东选集》第一卷,人民出版社,1968 年,第 109 页。

法问题,任务也只是瞎说一顿。"①1937年,他指出:"在坚决抗战的方针下,必须有一整套的办法,才能达到目的。"②1949年,他指出:"领导工作不仅要决定方针政策,还要制定正确的工作方法。有了正确的方针政策,如果在工作方法上疏忽了,还是要发生问题。"③1955年,他指出:"领导方法很重要。要不犯错误,就要注意领导方法,加强领导。"④在这些论述中,毛泽东同志把工作方法问题同经济运动的任务、方针政策和目的联系起来,比作过河与过河工具的关系,没有过河工具,过河还是"不可能""一句空话""要发生问题"。可见工作方法问题是重要的,毛泽东同志花很多精力来研究、论述工作方法问题,也是十分有道理的。

毛泽东同志十分看重工作方法问题,有关论述在毛泽东著作中占有较多篇幅。以公开发表的著作为例,主要有:《中国社会各阶级的分析》《湖南农民运动考察报告》《反对本本主义》《兴国调查前言》《寻乌调查前言》《关心群众生活,注意工作方法》《实践论》《矛盾论》《"农村调查"的序言和跋》《改造我们的学习》《关于农村调查》《关于领导方法的若干问题》《关于健全党委制》《党委会的工作方法》《中共中央政治局扩大会议决议要点》《反对官僚主义、命令主义和违法乱纪》《解决"五多"问题》《征询对农业十七条的意见》《论十大关系》《关于正确处理人民内部矛盾的问题》《人的正确思想是从哪里来的?》等等。1958年中共中央发出毛泽东的《工作方法六十条(草案)》,指出为了适应(当时的)这种情况,中央和地方党委的工作方法,多作某些改

①《毛泽东选集》第一卷,人民出版社,1968年,第125页。
②《毛泽东选集》第二卷,人民出版社,1968年,第318页。
③《毛泽东选集》第四卷,人民出版社,1968年,第1330页。
④《毛泽东选集》第五卷,人民出版社,1977年,第206页。

变的需要。同时,散见于其他著作和党的文件中的有关方法论述,也是非常之多的。

初步概括毛泽东同志的工作方法论,内容上大体包括:关于工作方法主体的论述,关于调查研究、抓典型和一切经过试验的论述;关于全局观念和基本原则的论述;关于准备、计划和从坏处着眼的论述;关于宣传教育、工作条件的论述;关于具体分析、两方面(两点论)的论述;关于特点、要点、重点、中心和抓三分之一的论述;关于结合、配合和统筹兼顾的论述;关于步骤、阶段和过程及曲折发展的论述;关于总结经验、提出新任务和扶持新事物的论述,等等。《关于建国以来党的若干历史问题的决议》中指出毛泽东思想活的灵魂的三个基本方面,实事求是、群众路线和独立自主,同时表现为最基本的工作方法。所有的这些方面(要进一步讨论研究),组成了毛泽东同志工作方法论的基本内容。

诚然,毛泽东同志本人并没有专门写出一本工作方法论,把这些方法问题集中在一起加以论述。这需要我们进行必要的研究整理工作。类似的先例如,马克思、恩格斯、列宁没有写出专门的哲学教材,却不妨碍人们后来写出一本又一本的马克思主义哲学读本,进行教学研究和普及工作。问题在于,要言之有理,持之有据,忠实于著作本身,而不是望文生义,凭空杜撰,随意演绎。

如果我们对毛泽东同志的工作方法论加以整理、提炼,初步形成一系列的方法论点,就遇到了论点内容的相互关联和排列问题。

一种方式是按照马克思主义哲学的唯物论、辩证法、认识论和历史观进行排列,以此四部分为题,将工作方法论的每个论点分别列入各题目之下。此种方法的长处是,有利于研究毛泽东工作方法论与马克思主义哲学原理的关系,使人理解这种关系;利于表现每个方法论点的普遍意义,如调查研究适用于一切工作的始终。短处是,不利于表现工作方法论的特性,不便于体现工作过程的联系,某些方法论点的划分上存在着相互交叉和多义性,如实事求是既是唯物论,也是认识论,等等。

另一种方式是将各个方法论点按认识和工作过程的一般逻辑排列。先是关于工作方法主体(工作的组织者和领导者)的论述,其次是关于实事求是、群众路线和独立自主的三项基本工作方法的论述,然后是从关于调查研究的论述开始,直到提出新任务和扶持新事物的论述为止的一系列论点。这种方式的长处是,易于表现工作方法论的特性和系统性;便于在工作过程中理解和把握各个方法论点之间的依次联系。短处是,容易忽视工作方法论与哲学理论依据的密切联系;易造成各个方法论点的局限性误解,如调查研究、具体分析和总结经验等要贯穿于工作过程的始终,假如它们依次排列在一定的阶段上,似乎在其他阶段上就不存在相应的方法问题了。

基于这种分析,研究叙述毛泽东工作方法论,应当搞清楚每个方法论点的哲学理论基础,按一个大的认识和工作过程排列起来,搞清楚各个方法论点之间的纵向联系,最后尽可能形成一个较为完整的工作方法论系统。

四、毛泽东工作方法论的哲学基础

毛泽东工作方法论以马克思主义哲学为理论基础,是马克思主义哲学原理的具体化和通俗化,也是对马克思主义哲学的一个发展。在实际工作中,它具有比一般哲学原理更贴近实际,更为具体和通俗易懂、便于掌握的优点,从而也更有利于在现实形态上指导实际工作。正确的态度,是把工作方法论作为毛泽东哲学思想的重要组成部分,密切联系马克思主义哲学原理来进行研究。

在唯物论方面,毛泽东同志关于实事求是的论述,关于工作条件的论述,关于准备、计划和从坏处着眼的论述,关于讲求实效的论述,等等,都是建立在唯物主义原理之上的。毛泽东同志曾经指出:"按照实际情况决定工作方针,这是一切共产党员所必须牢牢记住的最基本的工作方法。我们所犯的错误,研究其发生的原因,都是由于我们离开了当时当地的实际情况,主观地决定自己的工作方针。"①在毛泽东工作方法论中,毛泽东思想活的灵魂之一就是实事求是,也是最基本的工作方法。工作方法的各种论点中,首要的是尊重客观实际,从实际出发,准确地反映客观实际,老老实实地按客观规律办事。工作方法在工作中效果如何,也要靠实际来检验,"做一切工作,必须切合实际,不合实际就错了。切合实际就是要看需要与可能,可能就是包括政治条件、经济条件和干部条件。""检查工作,应当用这个标准。凡是主观主义的,不合实际的,都是错误的。"②关于工作条件重要性的论述,在毛泽东著作中几乎比比皆是,概括性的一段话在《矛盾论》中。他说:"一定的必要的条件具备了,事物发展的过程就发生一定的矛盾,而且这种或这些矛盾互相依存,又互相转化,否则,一切都不可能。"③

在辩证法方面,毛泽东同志关于具体分析的论述,关于全局观念和基本原则的论述,关于两方面(两论点)的论述,关于特点、要点、重点、中心和抓三分之一的论述,关于结合、配合与统筹兼顾的论述,关于步骤、阶段和过程及曲折发展的论述,关于提出新任务和扶持新事物的论述等,都是辩证法基本规律的具体运用和发展,也可以说是从其中派生出来的。例如,关于具体分析、两方面、特点、结合等论述是

①《毛泽东选集》第四卷,人民出版社,1968 年,第 1203 页。
②毛泽东选集》第五卷,人民出版社,1977 年,第 119 页、121 页。
③《毛泽东选集》合订本,第 306 页。

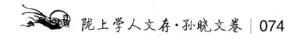

和对立统一规律紧紧连在一起的;关于全局、三分之一、步骤和阶段
等论述是同质量互变规律息息相关的;关于过程曲折发展、新任务和
扶持新事物等论述又与否定之否定规律密切联系着。毛泽东同志辩
证地提出工作方法,是由于他对辩证法有着深刻了解。他指出:"这个
辩证法的宇宙观,主要地就是教导人们要善于去观察和分析各种事
物的矛盾的运动,并根据这种分析,指出解决矛盾的方法。""中国共
产党人必须学会这个方法,才能正确地分析中国革命的历史和现状,
并推断革命的将来。"①他的工作方法论正是表现了对辩证法的掌握
运用,体现了同辩证法的逻辑一致性。

在认识论方面,毛泽东同志关于调查研究、抓典型和一切经过试
验的论述,关于宣传教育的论述,关于总结经验的论述,等等,都是根
据马克思主义的能动的反映论提出来的。毛泽东工作方法论和认识
论的一致性还表现在,他经常把一个大的工作过程看成是一个认识
过程,用认识论的原理去说明工作中成败的原因,用工作中成败的例
子来说明认识论的原理。譬如,在《实践论》中,毛泽东同志曾讲到战
争的领导者在领导战争中的认识过程,讲到我们的同志在从事工作
时的认识过程,"如果这个人在这项工作中经过了一个时期,他有了
这项工作的经验了,而他又是一个肯虚心体察情况的人,不是一个主
观地、片面地、表面地看问题的人,他就能够自己做出应该怎样进行
工作的结论"。②特别应当指出的是,毛泽东同志第一次把群众路线引
入马克思主义的认识论,对马克思主义认识论的发展作出了重要贡
献,也具有重要的工作方法意义。他说,从群众中来到群众中去,"如
此无限循环,一次比一次更正确、更生动、更丰富。这就是马克思主义

---

①《毛泽东选集》第一卷,人民出版社,1968年,第 279 页、283 页。

②《毛泽东选集》第一卷,人民出版社,1968年,第 266 页。

的认识论"①。

在历史观方面,毛泽东同志关于工作方法主体的论述,关于群众路线的论述,关于独立自主的论述,等等,也是同唯物主义的历史观相一致的。唯物史观的一条基本原理是正确评价和处理人民群众与个人在历史上的地位作用。在毛泽东工作方法论中,革命工作或者革命战争的领导者、组织者是历史地从群众斗争中产生的,对于革命事业具有重大的作用。但是从根本上说,"只有人民,才是创造世界历史的动力"②,"群众是真正的英雄"③。因此对于领导者来说,相信和依靠人民群众,"从群众中集中起来又到群众中坚持下去,以形成正确的领导意见,这是基本的领导方法"④。

我们知道,在马克思主义哲学中,唯物论、辩证法、认识论和历史观具有内在的逻辑一致性。上面,我们初步讨论了毛泽东的工作方法论同这四个方面的联系,深入地分析表明,工作方法论中的某个论点以某一哲学原理为主要依据,它又以马克思主义哲学的全部原理为坚实基础,体现着唯物论、辩证法、认识论和历史观的逻辑一致性。例如,实事求是、调查研究、群众路线、条件论等等,在唯物论、辩证法还是在认识论和历史观方面来讲,都是有道理的,都可以得到合乎逻辑的说明。毛泽东工作方法论的总体上,是以中国革命为对象,以解决中国革命问题为实际的出发点和归宿的,它根据中国革命过程中的全部辩证联系,提出了从事中国革命工作的一般方式方法,表现了马克思主义哲学的唯物论和辩证法的统一。它又是运用马克思主义理

①《毛泽东选集》第三卷,人民出版社,1966年,第854页。
②《毛泽东选集》第三卷,人民出版社,1966年,第980页。
③《毛泽东选集》第三卷,人民出版社,1966年,第748页。
④《毛泽东选集》第三卷,人民出版社,1966年,第855页。

论来认识和解决中国革命问题的,这个认识和解决的过程,是由许多小阶段构成的、总的中国革命实践的历史过程。一方面是在马克思主义理论指导下的从实践到认识,再从认识到实践的循环往复、逐渐发展的实践和认识过程,另一方面是中国革命不断向前发展的历史过程。在这个过程中形成的毛泽东工作方法论,也表现了马克思主义哲学的认识论和历史观的统一。因此,毛泽东工作方法论的总体,以马克思主义哲学理论为指南,更有实践意义,更有现实的能动性,又在特定的角度、层面和意义上表现了马克思主义哲学的整体性。我们在研究或者把握毛泽东工作方法论与马克思主义哲学基本理论的关系时,必须注意到它们在总体上的密切联系,注意到唯物论、辩证法、认识论和历史观的内在逻辑一致性。

五、毛泽东工作方法论在新时期的指导意义

胡耀邦同志在庆祝中国共产党成立 60 周年大会上讲到毛泽东思想对马克思主义总宝库的理论贡献时,特别指出关于科学的思想方法、工作方法和领导方法的理论对我们今后的工作更具有普遍指导意义。这充分肯定了毛泽东工作方法论的理论地位和作用,也肯定了它在新时期的实践意义。

党的十一届六中全会明确指出了新的历史时期的奋斗目标,指出了社会主义现代化建设道路的十大要点。对于从"文革"影响下解脱出来的中国人民来说,这意味着坚冰已经打破,航向已经指明。在这样的前提下,如同毛泽东曾经讲过的"过河"任务与"桥"和"船"的关系,工作方法论问题无疑具有重大现实意义。它涉及把总的目标、要点化为具体工作方法,贯彻到各项实际工作中去,涉及使总的目标、要点在各项工作中取得实际成效的问题。也可以说,过河、到达彼岸的任务已经被指明,问题在于选择具体合适的过河工具。不正确地

解决过河工具问题,过河也会变成空话。因此,工作方法论总体在今天具有的实际意义是十分明白的。

从工作方法论的每条方法论点来说,也同样对现实工作具有实际意义。例如,工作方法主体的问题包括领导的产生、规定、权力与责任等。正确地研究解决工作方法的主体问题,可以使党和人民的意志得到有力有效的贯彻执行。又如,把握两方面与结合的方法,可以使我们的工作减少片面性,增强自觉性。坚持社会主义道路,又要勇于进行体制改革;坚持党的领导,又要努力改善党的领导;坚持马列主义毛泽东思想的指导,又要敢于思想创新;坚持社会主义民主,又要完善社会主义法制;实行计划经济,又要善于运用市场调节;建设高度的物质文明,又要建设高度的精神文明;继承中华民族优秀的遗产,又要剔除封建糟粕;坚持自力更生,又要继续内外往来;坚持对外开放,又要抵制资本主义世界的腐蚀;经济与政治、政策与科学、理论与实践、思想与利益,国体与政体、中央与地方、国家与集体、集体与个人,党内与党外、国内与国外、领导与群众、工人与农民,如此等等,都是不可偏废的两个方面,必须结合起来、互相配合着去做。再如,抓住了工作中的特点、要点、重点和中心,就可以避免走入迷谷,陷入似是而非、模棱两可,而使人们方向明、信心足、办法对、干劲大,上下一股劲,朝着一个目标奋斗,集中地、一个一个地解决问题。

总之,注意解决好实际工作中的工作方法问题,在实际上而不仅仅是在理论上坚持唯物辩证法和反对主观主义、形而上学与官僚主义;就可以在每项工作中和每个步骤上,而不仅仅是在一般形式上坚持唯物论辩证法,反对主观主义、形而上学和官僚主义。

在新的历史时期,我们的工作已经遇到和将要遇到许多新情况、新问题、新困难,也有许多新的工作要做。要研究新情况,解决新问题,克服新困难,重要一环就是提出新方法。例如,五届四次全国人大政府工作报告中，提出经济建设新路子的十条方针，就是研究新情况，提出新方法，用以解决新问题。没有新方法，解决新问题也是一句空话。

遇到新情况、新困难、新问题，说明我们的事业向前发展了。针对新情况提出新方法，说明毛泽东工作方法论也要不断充实、发展。在工作方法论的总体和基本论点上，毛泽东同志的论述仍然是新时期工作方法的原则和基础。在新时期研究和运用毛泽东同志的工作方法论，应当而且必须表现得更加丰富多彩、生动具体。同时也应注意吸收一些合理的方法论观点，如系统的方法、结构的方法、层次的方法，等等。在新时期的这个"新"字的条件下，工作方法问题上的僵化观点和过时论都应受到抵制。

四十年前的 1943 年，毛泽东同志在《关于领导方法的若干问题》中曾提出："我党一切领导同志必须随时拿马克思主义的科学的领导方法去同主观主义的和官僚主义的领导方法相对立，而以前者去克服后者。……为了反对主观主义的和官僚主义的领导方法，必须广泛地深入地提倡马克思主义的科学的领导方法。"[①]应当看到，毛泽东同志提出的这一号召并没有得到全面落实，我们理论工作者（尤其是哲学工作者），在毛泽东同志的工作方法论研究上还是做得不够，我们有责任来开发这一思想宝藏。从事领导工作的同志，也有责任在实际工作中研究和运用它，"自己用心去思索，发扬自己的创造力"[②]。

（原文署名晓闻，载《学习毛泽东哲学思想文选》，甘肃省哲学学会编，甘肃人民出版社，1983 年）

[①][②]《毛泽东选集》第三卷，人民出版社，1966 年，第 857 页。

学习毛泽东同志的调查研究理论和方法

毛泽东同志对调查研究问题有着许多深刻的论述，他在实践中做了大量的调查研究工作。为了社会主义现代化建设的需要，我们应当以毛泽东同志为榜样，把调查研究理论和方法贯彻到实际工作中去。

一、为什么要调查研究？

调查研究，就是以马列主义理论为指导，对事物进行实事求是的考察、了解、分析和综合，以获得对于事物的规律性的认识，并且根据这种认识提出变革事物的方法。毛泽东同志多次指出："不做调查没有发言权。不做正确的调查同样没有发言权。"[①]他还说："不论做什么事，不懂得那件事的情形，它的性质，它和它以外的事情的关联，就不知道那件事的规律，就不知道如何去做，就不能做好那件事。"[②]为什么是这样呢？

第一，客观对象是认识的源泉，社会实践是获得认识的唯一途径，只有通过对客观对象和社会实践的调查研究，才能获得正确的认识，从而提出指导我们工作的正确的理论、方针和方法。

第二，客观对象和社会实践都是具体的，要具体问题具体调查研

---

① 《毛泽东农村调查文集》，人民出版社，1982年，参见第1、25页、第13页。
② 《毛泽东选集》第一卷，人民出版社，1966年，第155页。

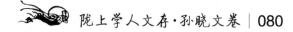

究,具体问题具体分析解决,才能准确反映具体事物的具体情况,从而有力地变革特定事物,达到实践的目的。

第三,客观对象和社会实践是不断地变化发展的,新事物新问题是层出不穷的,人们的认识又是有一个过程。只有坚持不懈地调查研究,才能如实地反映事物的发展变化,不断地深化认识,做到主观辩证法和客观辩证法的统一。

第四,客观事物是在人民群众的社会实践活动中被认识被改造的,只有坚持向人民群众学习,向人民群众做调查,把人民群众的经验集中起来又坚持下去,才能不断地增长知识和才干,从而同人民群众一道去变革现实,推动历史前进。

毛泽东同志在讲到调查研究的必要性时,曾经指出:"马克思、恩格斯努力终生,作了许多调查研究工作,才完成了科学的共产主义。列宁、斯大林也同样作了许多调查。中国革命也需要调查研究工作,首先就要了解中国是个什么东西(中国的过去、现在及将来)。""中国革命斗争的胜利要靠中国同志了解中国情况"。"实际工作者须随时去了解变化着的情况,这是任何国家的共产党也不能依靠别人预备的。"[1]今天,我们来建设现代化的、高度文明和高度民主的社会主义中国,一定要从中国的实际情况出发,这就一刻也不能离开调查研究。如果不去进行调查研究,那么事情只能是这样:"你对于某个问题没有调查,就停止你对于某个问题的发言权。……岂有共产党员而可以闭着眼睛瞎说一顿的么? 要不得! 要不得! 注意调查! 反对瞎说!"[2]

---

①《毛泽东农村调查文集》,人民出版社,1982年,第12页、第7页、第17页。
②《毛泽东农村调查文集》,人民出版社,1982年,第1页。

二、怎样进行调查研究？

毛泽东同志在《农村调查》的序言中说，此书"是为了帮助同志们找一个研究问题的方法""指出一个如何了解下层情况的方法""唯一的方法是向社会作调查"。① 怎样进行社会调查呢？毛泽东同志在许多著作中讲到了这个问题，我们把它归纳如下。

1. 进行调查研究，一定要有明确的目的。

调查研究的目的，是从社会实践中产生的。我们在社会实践中遇到了需要认识和解决的问题，就把它确定下来，去进行调查研究，最后给予恰当的说明和解决。如果目的不明确，或者不是根据实践的需要，却是凭主观想象提出调查研究的目的，那就不会收到预期的效果。那种用形式主义的态度来对待调查研究，或者假调查研究之名，行游山玩水之实的做法，不但不能解决问题，反倒成了需要解决的问题。可见，明确的目的是好的调查研究的开端。

毛泽东同志曾经明确地把社会经济调查规定为主要的目的和主要的任务，他说："我们的主要目的，是要明了社会各阶级的政治经济情况"，要"注意社会经济的调查和研究，由此来决定斗争的策略和工作的方法"②。这个看法在今天同样是正确的。

2. 进行调查研究，一定要有正确的态度。

正确的态度，是实事求是的态度，不是主观主义的态度；是"眼睛向下"的态度，不是"昂首望天"的态度；是"甘当小学生"的态度，不是拿着"臭架子"的态度；是"信奉科学"的态度，不是"相信神学"

---

①《毛泽东农村调查文集》，人民出版社，1982年，第15、17页。
②《毛泽东农村调查文集》，人民出版社，1982年，第5—6页。

的态度①。毛泽东同志在调查中,把被调查者作为"可敬爱的先生",让他们把自己当作"自家人""当好朋友看",就是正确态度的例子。因为,只有这种正确的态度,"才能调查出真情况来。群众不讲真话,不怪群众,只怪自己"②。毛泽东同志采取的这种正确态度,坚决地同教条主义地对待马列主义和中国革命的态度划清了界限,同钦差大臣满天飞、下车伊始乱发议论的主观主义态度划清了界限,积极地促进了中国革命问题的解决。

3. 进行调查研究,一定要有完整的过程。

调查研究的过程,包括调查和研究这样两个基本的阶段。第一阶段主要是进行调查,为着一定的目的,围绕着一定的问题去做调查。这时的思考、研究,还是初步的。毛泽东同志说:"提出问题,首先就要对于问题即矛盾的两个基本方面加以大略的调查和研究,才能懂得矛盾的性质是什么,这就是发现问题的过程。大略的调查和研究可以发现问题,提出问题,但是还不能解决问题。"③这就需要从调查的阶段转入研究的阶段。

第二阶段主要是进行研究,对调查阶段积累起来的材料进行深入细致的研究,进行认真的分析综合。通过"去粗取精、去伪存真、由表及里、由此及彼"的方法,把问题分析透再综合起来,从而认清问题的性质,抓住问题的关键,提出解决问题的方法。事实上,在研究阶段还常常需要补充调查或反复调查,以解决原有调查材料不清楚、不完整、不准确或者出现新情况的问题。这样,就出现了调查与研究两个阶段的相互衔接、相互交叉和相互融合。我们有的同志不善于调查,

①《毛泽东农村调查文集》,人民出版社,1982年,第15页、第16页、第21页。
②《毛泽东农村调查文集》,人民出版社,1982年,第27页。
③《毛泽东选集》第三卷,人民出版社,1966年,第796页。

有的同志不善于研究,不自觉地把两个阶段割裂开来,都不会完成调查研究的任务。

毛泽东同志说:"调查就像'十月怀胎',解决问题就像'一朝分娩'。"①如果说提出问题是调查研究的开始,那么解决问题就是调查研究的结束。随着一个问题的提出和解决,一个调查研究的过程就基本上结束了。当然,由于事物发展的无限性和多样性,我们的调查研究工作是无止境的。

4. 进行调查研究,一定要有一套妥善的技术和方法。

我们把毛泽东同志的有关论述集中起来,分列如下:

(1)调查的纲目。调查之前要做计划,准备好纲目,"要有大纲,还要有细目"②。

(2)调查的典型的选择。将调查对象分类,如先进的、中间的、落后的,每类抽查有代表性的两三个。③

(3)开调查会。通过调查会做提问式和讨论式的调查,是"最简单易行又最忠实可靠的方法"。"一个调查会,不仅提出问题,而且要有解决问题的方法。"④

(4)调查会到些什么人?"到会的人,应是真正有经验的中级和下级的干部,或老百姓。"⑤一是要有经验,二是要有代表性。

(5)开调查会的人数。"看调查人的指挥能力。……究竟人多人少,要依调查人的情况决定。但是至少需要三人,不然会囿于见闻,不

①《毛泽东农村调查文集》,人民出版社,1982年,第3页。
②《毛泽东农村调查文集》,人民出版社,1982年,第10页、第16页。
③《毛泽东农村调查文集》,人民出版社,1982年,第27页。
④《毛泽东农村调查文集》,人民出版社,1982年,第9页、第16页、第26页。
⑤《毛泽东农村调查文集》,人民出版社,1982年,第9页、第16页。

符合真实情况。"①

（6）开汇报会。"要解决问题,一定要自己下去,或者是请下面的人上来。"② 调查会是走下去开,汇报会是请上来开。开会的情况,与调查会相仿。

（7）在其他会议中辅之以调查。把调查研究作为经常性工作,可以在各种会议中做些调查,达到一举两得的目的。

（8）建立工作报告制度。在上下级之间、同级之间、同行业和不同行业之间,建立定期的工作报告制度,"互通情报",互相交流,使之成为调查研究正常渠道。除工作报告以外,还有办刊物、发简报、统计表格等具体形式。③

（9）走马看花。"到工厂农村去看一看,转一转,这叫'走马看花',总比不走不看好。"主要领导干部,"一年总要有一段时间到工厂、合作社、商店、学校等基层单位去跑一跑,进行调查研究"④。

（10）下马看花。"可以在工厂农村里住几个月,在那里做调查,交朋友,这叫'下马看花'。"⑤这就是深入调查,"拼着精力把一个地方研究透彻,然后研究别个地方"。⑥通俗地说,又叫作解剖麻雀。麻雀虽小,肝胆俱全,"解剖两个'麻雀'。这就叫作'解剖学'"⑦。

（11）典型试验。通过典型试验进行调查研究。新民主主义革命时

①《毛泽东农村调查文集》,人民出版社,1982年,第9—10页。

②《毛泽东选集》第五卷,人民出版社,1977年,第358页。

③《毛泽东选集》第五卷,人民出版社,1977年,第206页。

④《毛泽东选集》第五卷,人民出版社,1977年,第408页、第358页。

⑤《毛泽东选集》第五卷,人民出版社,1977年,第408页。

⑥《毛泽东农村调查文集》,人民出版社,1982年,第56页、第10页。

⑦《毛泽东选集》第五卷,人民出版社,1977年,第308页。

期,"陕北已成为我们一切工作的试验区"①。新中国成立后,毛泽东同志又提出:党委第一书记要兼一个下级单位的书记,或者用半年到一年时间去研究一个基层单位,以取得知识、取得经验,指导全盘。②

(12)要亲自出马。"一定都要亲身从事社会经济的实际调查,不能单靠书面报告,因为二者是两回事。"③亲自出马,还可以带动下面的同志去搞调查研究。

(13)要自己做记录。"调查不但要自己当主席,适当地指挥调查会的到会人,而且要自己做记录,把调查的结果记下来。假手于人是不行的。"④

(14)详细地占有材料。要"系统的周密的收集材料""材料是要搜集得愈多愈好"⑤。

(15)要善于整理材料。必须由调查人"自己亲身做,在做的过程中找出经验来,用这些经验再随时去改进以后的调查和整理材料的工作"⑥。

(16)善于掌握和运用数字。用数字和统计表格反映某些基本情况,简便易行,一目了然。但是数字必须是真实的,是从统计、摸底中来的,"用硬算的办法去统计清楚,按照实际数目填写上去"⑦。有了数字,还要善于科学地分析运用,以便正确地将情况揭示出来。

(17)抓住要点。"一定要抓住要点或特点(矛盾的主导方面)……收集了很多统计和材料,但并不是全部采取,而只是采取最能表现特

①毛泽东《七大工作方针》,载《红旗》杂志1981年14期,第7页。
②《毛泽东选集》第五卷,人民出版社,1977年,第358页、第460页。
③④《毛泽东农村调查文集》,人民出版社,1982年,第10页、第11页。
⑤《毛泽东农村调查文集》,人民出版社,1982年,第25页。
⑥⑦《毛泽东农村调查文集》,人民出版社,1982年,第27页、第13页。

点的一部分。……假若丢掉主要矛盾，而去研究细枝末节，犹如见树木而不见森林，仍是无发言权的。"①这是对调查研究工作的进一步的具体要求。

（18）用分析综合法去研究。调查时，着重于综合分析，研究时，着重于分析综合。先分析再综合，分析中有综合，综合中有分析。通过分析综合，"从个别中看出普遍性"，并用普遍作指导，加深对个别的了解，从而揭示事物发展的规律性。②

（19）采用科学的技术手段。随着科学技术的发展，调查和研究的技术手段愈来愈具有多样性。从最初的迈动双脚，到骑马、乘车、坐飞机，又到电话、电报、电台和报纸，现在则有了电视、计算机、电脑等信息和分析系统。③今天的调查研究，既要采用先进手段，又要做到手段的多样化。

（20）调查研究的机构。建立专门的调研机构和统计部门，对于调查研究工作的正常化、制度化、科学化，有着十分重要的作用。

三、调查研究同其他工作方法的关系

调查研究的方法，同其他工作方法有机地结合在一起，形成了毛泽东工作方法论的理论系统。

在毛泽东工作方法论的系统中，调查研究的方法有着两个特点：第一，它是实际工作过程中的第一个步骤，也是工作方法论中的第一条方法。其他的工作步骤和工作方法，都是在调查研究的前提下展开

①《毛泽东农村调查文集》，人民出版社，1982年，第25—26页。
②《毛泽东选集》第五卷，人民出版社，1977年，第206页。《毛泽东农村调查文集》，人民出版社，1982年，第24页。
③《毛泽东选集》第五卷，人民出版社，1977年，第206页。

的。第二,它是我们做好工作的基础,既贯彻在工作过程的始终,也贯穿于其他工作方法之中。一方面,在调查研究的基础上展开其他的工作步骤,运用其他的工作方法;另一方面,在展开其他工作步骤和运用其他工作方法的时候,必须把调查研究作为既定的前提包含在其中,坚持不懈地进行调查研究。由此可见,调查研究的方法非常重要,它是毛泽东工作方法论实际运用的首要环节,也是做好工作的基础。任何工作,任何工作方法,都离不开调查研究这个方法。

但是,调查研究的方法也不能离开其他工作方法而存在。我们在实际工作中,必须从调查研究依次发展到其他工作步骤,依次发展到运用其他的工作方法。因为,调查研究本身不是目的。从毛泽东工作方法论的系统上说,各条工作方法之间既存在着互相衔接、依次发展的关系,又存在互相包含、互相依赖的关系。每条工作方法都把别的工作法包含其中,作为自身的具体规定。拿调查研究的方法来说,它不能离开实事求是、群众路线和独立自主的基本工作方法,也不能离开订计划、做准备、总结经验等工作方法。

因此我们说,调查研究的方法必须把别的工作方法吸收到或者叫反射到自己的内部,作为自身的内部环节,作为自身的多样性统一的具体规定;必须把别的工作方法作为自身发展开来的环节,发展为全面的工作安排和实际行动,最后导致问题的解决和任务的完成。用哲学的术语说,既要自我肯定,又要自我否定,要扬弃。这样才能从一个工作步骤展开为另一个工作步骤,结束一个工作过程,再展开为另一个新的工作过程。

四、毛泽东同志对调查研究理论的新贡献

向社会做调查,是马克思列宁主义的一个优良传统。马克思、恩格斯、列宁毕生做了大量的调查研究工作,创造了很多的科学方法,

得出了很多的科学结论。马克思列宁主义哲学为调查研究提供了哲学理论基础,其中关于理论思维的论述,正是对研究工作的直接论述。

毛泽东同志对调查研究理论的新贡献表现在:

他对调查研究工作的详细而系统的论述,是前所未有的;他通过调查研究,把马列主义普遍真理同中国革命具体实践结合起来,用以解决中国革命问题,对马列主义理论和社会主义实践的发展作出了贡献;

他把调查研究的方法推广到全党,倡导了调查研究的优良传统作风,使之成为我们党进行工作的一条重要方法;

他的调查研究的理论和方法,为把马克思主义哲学同无产阶级政党的工作和人民群众的社会实践结合起来,为我们实践马克思主义哲学的认识论和历史观提供了新的方法,从而为马克思主义哲学的实践特色的发展作出了贡献。

诚然,毛泽东同志的调查研究的理论和方法也是需要发展和完善的。如果把调查研究区别为两大类的话(第一大类为典型调查、抽样随机调查、专题调查,第二大类为系统调查、统计调查、全面调查),那么可以看到,由于社会历史条件的局限,毛泽东同志亲身做过的调查多为第一大类调查。这一类调查有很多优点,可以充分利用有限的条件,从个别中去揭示一般,从现象中去揭示本质,从现时情况去揭示未来趋势。但是它的范围较小,总的定量分析有所不足,比较第二类调查更易受到调查者自身的干扰。然而,我们丝毫不应当由此忽视这类调查,应当看到,在大量的第一大类调查的基础上,同样可以收到第二大类调查的效果。如毛泽东同志对中国农村问题的调查,就是这种例证。

新中国成立以来,特别是进入社会主义现代化建设的新的历史时期以后,我国社会的经济、政治情况有了很大的变化发展。因此,调查研究的某些方式、方法也会有所变化发展。如,采用现代化的交通、通信、统计、计算和研究手段。在调查研究的类型上,第二类调查愈来愈发挥着重要作用。如我国的人口普查、地名普查、土地和其他自然资源的普查,各种年鉴的出版,党史和近代史资料的收集整理,等等。又如完整的统计调查,已经成为我国国民经济工作的重要组成部分。但是第二类调查同样有缺点,它需要大量的人力、资金和时间,需要高度的精确性(某一环节的疏忽,会影响整个调查结果的使用价值),在定性分析上不如第一类调查深刻。所以,应当提倡两大类调查并重,二者互相促进,辩证发展。特别是领导干部亲自做调查,主要还是进行第一类调查。

全面认识和评价毛泽东同志的调查研究理论和方法, 应该充分肯定它的基本原则是正确的,其基本方法仍然是有效的。同时, 又要在新的历史条件下继承、发展这一理论和方法。毛泽东同志曾经提出,要对我们的现状和历史进行系统的周密的调查研究,要"引导同志们的眼光向着这种实际事物的调查和研究"[1]。在社会主义现代化建设的新时期,把这个思想贯彻到实际工作中去,对于反对主观主义和官僚主义,对于做好各项工作,有着巨大的现实意义。

(原文署名晓闻,载《坚持和发展毛泽东思想——纪念毛泽东同志诞辰九十周年文集》中共甘肃省委宣传部、甘肃省社会科学院、甘肃省社科联编,甘肃人民出版社,1984 年)

---

[1]《毛泽东选集》第三卷,人民出版社,1966 年,第 760 页。

决策省区经济优势的层次系统方法
——立足甘肃地方的考虑

"优势"的决策，是省区经济发展战略决策中的一个十分重要的问题。实现省区优势决策，不仅对于一个省区的发展具有战略意义，而且对于全国生产力的合理配置，形成合理的经济地理结构，建立高效率和高效益的国民经济体系，也有着多方面的意义。

实现省区优势决策的一个基本方法，就是系统的方法。系统的方法，把互相联系、互相依赖和互相作用的若干部分(要素)组成的、具有确定功能的有机整体，看作一个系统。它认为，系统具有整体特征、层次特征、目的特征、新质特征和新功能特征。运用系统的方法进行决策，在整体和部分(要素)的关系中揭示对象系统的特性和规律；从对象系统的要素、结构、功能、联系方式和历史发展等方面进行综合考察；进而在对象系统的整体上达到最优的决策。运用系统的方法决策省区优势，就是根据对资源、资金、产业、产品、科学技术、管理水平和文化教育水平等各方面各要素，完整而又详细的调查研究，选择其中的优势，加以开发、利用，从而形成具有地区特色的优势经济体系，以获得更大的经济效益。

运用这个方法来决策甘肃的优势，要从甘肃、大西北、全国和全世界四个层次系统上进行研究。这是由于，根据我国社会主义现代化建设的实际，必须把全国作为一个大系统，把大西北作为全国大系统中的一个子系统，把甘肃作为大西北子系统中的一个分支系统，在不同的层次系统上对甘肃的优势进行科学的、具体的研究和决策。还由于，世界性经济联系的日益加强和我国对外开放的战略方针，必须把全国大系统看作开放系统，进一步从世界范围来看甘肃优势问题，才能够作出有远见的战略性研究和决策。

在上述四个层次系统上研究、决策甘肃的优势，第一步要搞清楚四个层次系统的基本情况。这就是全国大系统、大西北子系统和甘肃分支系统，以及世界性超大系统的现状和发展趋势。可以从每一层次系统的社会经济构成的各要素，以及社会经济运动的全过程入手，搞清楚它们的内在联系，从而理论地再现这些有机的整体。

第二步，分别在四个层次系统上进行比较研究，"筛选"不同层次上的甘肃优势。这一步骤，好比把四个层次系统作为四张不同规格的筛子，依次进行"筛选"。这有利于发现甘肃在不同层次系统上的优势。在全国大系统中，甘肃优势以这个大系统为"机体"，是它的一个"细胞"。我们立足于这个大系统，是要把为这个大系统所必需，并且能够完善和强化这个大系统的要素作为优势。如甘肃的有色金属和水电能资源等。

在大西北子系统中，甘肃优势又是这个子系统的一个构成要素，是以完善并且强化这个子系统为基本条件的。如甘肃的石油化工、化纺和毛纺等。

在甘肃这个分支系统中，固然需要从相对开放这一面来考虑，利用外部条件来发掘自己的优势，从而形成自己的优势。但是也要从相对封闭这一面来考虑，进行内部各要素的比较研究，完善和强化自身的内部机制，形成有资源、有产业、有产品、有市场的较为完整的生产消费系统，形成优势的经济体系。例如，根据甘肃的资源、原材料的特点，主要依靠本省的力量发展各种地方加工业，发展优势产品，行销省内外、国内外。因为按照系统的封闭原理，只有从相对封闭这一面来研究甘肃这个分支系统,才能立足甘肃的实际,形成具有确定机制和功能的系统回路,才能对之作出较为完整的系统分析,从中揭示系统的优势、劣势和薄弱环节乃至空白环节,揭示利用外部条件的内部原因;才能作出符合这个层次系统实际的优势的决策,从而立足本省的资源和其他条件,形成本省的优势经济体系。

在世界性超大系统中,甘肃优势也是它的一个要素。不论何种甘肃优势,都要以商品的形式去占有世界市场,才能成为事实上的优势。

第三步,综合四个层次系统上的甘肃优势,形成甘肃优势的梯度。从"层次优势"中,我们可以看到甘肃优势的层次性,即在不同层次上有不同的优势。有的优势只是一个层次上的优势,有的优势又是几个层次上的优势。但是,我们尚不知道这些优势的总的情况如何。这就要纵观全局、通盘考虑,把"层次优势"统一起来进行研究、决策。

关键是要从定性的研究和描述,转到定量的研究和描述。定量研究和描述的一个基本方法,是用经济效益上的价值单位把不同优势统一起来测算。根据不同优势的统一测算,换算成统一的甘肃的"优势梯度"。显然,以客观事实为依据,通过调查研究所测算出来的甘肃的"优势梯度",是我们在决策时必须予以考虑的。

第四步,立足甘肃,从甘肃地方的实际出发,对甘肃的优势进行现实决策。综合决策甘肃优势,必须从甘肃实际出发,以甘肃地方现有的潜力、实力和能力为基础,充分考虑到甘肃地方在生态、财政和智力等方面的劣势。因为,甘肃优势关键要靠甘肃自己的实践来实现。从甘肃实际出发,需要把"优势"区别为现实可能的优势和非现实可能的优势,即已经具备必要条件,经过实践就可以变为现实的优势;目前尚不具备变成现实的条件,只有在今后具备了条件才能实现的优势。在不同的条件下,现实可能的优势和非现实可能的优势是互相转化的。这就要实事求是地具体分析。

以甘肃的有色金属和水电能资源的产业优势为例：甘肃地方是否有统一的支配权？即使有支配权，依靠甘肃地方的资金、科学技术和管理水平进行开发利用，仍然是有困难的。这就要靠国家重点建设，或者其他省区的经济技术协作，或者引进外资、外国先进技术来解决。按照这样几种解决办法，目前可供抉择的甘肃优势又区分为：（1）甘肃地方自己的力量所能实现的；（2）在国家重点建设的情况下能够实现的；（3）在其他省区经济技术协作的情况下能够实现的；（4）在引进外资、外国先进技术的情况下能够实现的。对于这些不同的解决办法，要专门进行研究、论证。

以由国家重点建设实现甘肃的某些优势为例：目前在甘肃地方的"条条"和"块块"的矛盾是比较突出的。兰炼、兰化、金川公司、白银公司、省电力局、兰石厂等七个大型企业，是甘肃现有的有色、水电、石化、石油机器的优势的代表，它们的年税利占全省地方财政收入的85%左右（1981年）。按照现行的办法，"放"要影响中央财政收入，"收"要影响地方财政收入，难以发挥两个积极性。因而直接对甘肃的"优势梯度"发生重大影响。

所以，对于已知的甘肃"优势梯度"采取不同办法开发，将决定最后的优势效益的不同分配，从而使甘肃地方实际所得的效益的"优势梯度"发生变化。对于甘肃地方来说，不论采取何种办法开发并且实现甘肃的优势，最后要以甘肃地方获得的经济效益作为决策的根据。

最后应当指出：不论在哪个层次系统上决策甘肃优势，以及综合决策甘肃优势，都应当遵守系统决策的一般规定。这就是，把决策对象看作一个系统，把决策主体看作另一个系统，通过决策系统作出系统决策。决策系统的工作过程，是一个系统的逻辑分析与综合判断的过程：（1）确定决策对象系统；（2）收集决策对象的内部和外部两个方面的信息,进行预测;(3)建立各种可行方案,进行定性定量分析,求解;(4)评价各种可行方案;(5)选择最优方案;(6)控制决策结果,一方面保证实施,另一方面根据实施情况修正方案。其过程如下图:

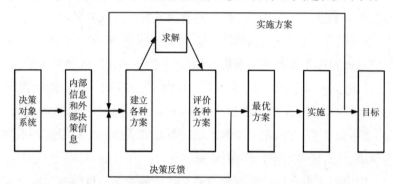

运用层次系统方法研究甘肃的优势问题,我们认为,初步可以得出以下几点看法:

第一,甘肃优势是个具有变动性的概念,或者说是个变量。它在不同的层次范围,依据不同的条件,受不同因素的影响而发生变化。

第二,甘肃优势是个具有多种规定的概念。这包括资源、资金、产业、产品、市场、科学技术、管理水平和文化教育水平,以及最终的经济效益等多方面的规定。只有多方面规定相统一的优势,才是现实的优势。

第三,要辩证地看待优势和劣势的关系。从甘肃地方力量的实际出发,有的看来是优势的东西,甘肃地方却可能不具备实现的条件。有的看来是劣势的东西,却又可能在一定条件下转化为优势。所以要联系具体条件来具体分析。

第四,要正确选择形成甘肃优势经济体系的带头产业。这必须从战略上考虑,选择有利于形成甘肃优势经济体系的产业作为突破口、排头兵,及早决策实施。例如,中央考虑在二三十年以后将甘肃建成全国的林牧业基地。这就有配套形成农副产品加工、食品工业(包括乳酪工业)、皮毛工业、制革工业、纺织工业,以及木材加工、家具工业、造纸工业、印刷出版业等产业构成的优势经济体系的问题。目前亟须考虑,改变原材料外销、经济效益不好的状况,要发展各种地方加工业,进行多层次的深度加工,生产终端产品。为此,要搞好产业结构调整,搞好现有企业技术改造。

第五,采取有力措施巩固、发展、创新优势产品。发挥甘肃优势,最后要靠优势产品,才能获得经济效益。这就要从资金、科学技术、管理和政策上提供保障,使优势产品质量好、花色品种多、包装精巧、价格合理。当前特别要提出恢复、发展传统名牌产品的问题,已有的名牌产品不能够失去优势;仍然保持优势地位的名牌产品,也要不断发展、创新;还要大力开发新的优势产品,特别对于利用甘肃地方资源、原材料创造出的新产品,要给予极大的鼓励。

第六,要以经济效益为中心来决策甘肃优势,发展甘肃优势,形成甘肃优势。这是一个关键性问题。

第七,组织各界人士、采取不同方法,研究论证甘肃优势。要形成研究与决策系统,建立研究与决策中心;要用科学的方法搞科学,用经济的办法搞经济;要争鸣、讨论、听取各种意见,多方反复论证,再行定夺,要及早决策,及早实施。

（原文署名晓闻,载《哲学与社会》1984 年第 2 期,总第 2 期）

科学地认识社会是一门学问
——欧阳康《社会认识论导论》评介

　　人类社会已有数百万年的历史，关于社会的种种认识及著述亦如云海。但是，人类究竟怎样在认识社会，如何才能使对社会的认识达到科学？回答这个问题，必然要以"人类对社会的认识"为研究对象，重新进行反思。在这方面，一向缺乏自觉的深入的系统研究。现在，欧阳康博士的《社会认识论导论》(简称《导论》)出版了，使"整个哲学研究领域有了第一本关于社会认识论方面的专著"(见夏甄陶先生为该书作的序)。

　　认识社会，是人类日常的并且世代反复进行的一种社会认识活动。《导论》深入研究了这种认识活动，向我们表明：人类对社会的认识，是一个历史地发生发展着的客观过程，有着特殊的规律。人类具有认识社会的能动性，是自我认识的主体和客体，并通过以社会文化为中介的种种认识方式，形成社会认识成果。每一代人都推进了对社会的认识，提出了特殊的认识形式，但又受社会历史和文化的制约，无法超越自己的时代。人类社会的自我认识，对于社会发展具有自觉的指导作用。为了正确地指导和推进社会发展，我们不仅要认识社会，而且要科学地认识社会。科学地认识社会是完全必要的，是当代社会所面临的时代性紧迫课题。这也是可能的。它通过对社会认识的自觉反思，成为一门学问并会成为科学。社会认识论正是在这个意义上展开的，关于人们如何认识社会的理论。

　　如何认识社会，主要有两方面含义：其一人所认识的社会是什么，其二人们认识社会的活动及其方式方法是怎样的。现有的哲学理论中：社会历史观侧重回答第一方面的问题，同时具有第二方面的意义，但不直接说明如何认识社会。认识论侧重回答一般的认识规律，由其理论层次和普遍性所规定，也不具体说明如何认识社会。因而，社会认识论在回答人们如何认识社会的特殊性上，具有相对独立的学科意义。《导论》依据马克思主义哲学认识论和社会历史观的成果，在社会认识论方向上展开新的探索，是富有开拓性的。

　　作为社会认识论研究的专著，《导论》具有四个明显特点。

　　一是完整性。该书首先在绪论中，规定了社会认识论的含义及研究方法，探讨了社会认识论的哲学位置和功能。在正文三编中，"历史编"追溯并概括了社会认识形式的发生发展，指明了马克思主义哲学在社会认识史上的伟大革命变革，"结构编"阐述了社会认识系统的主体和客体以及社会文化的中介作用，"活动编"讨论了现实社会认识活动的层次性和社会认识过程的基本向度。全书有血有肉有骨架，观点、材料和论证紧密相连，构成了一个较完整的理论系统。

　　二是反思性。对社会的认识是反思性的，对社会的认识进行再认识，便出现了反思的反思。反思的反思是一种哲学思维，不能堕入现存的片面认识；又须在逻辑本质上紧扣现实，不能陷入哲学幻想。《导论》较好地处理了这些关系，明确地把对社会的认识与对其进行哲学研讨区别开来，深入思考了一系列的社会认识问题，表现了作者从哲学反思上把握社会认识活动的能力。

　　三是丰富性。《导论》大量地运用了已有的哲学材料，引入了语言学、信息论、系统论、社会学、社会心理学、决策科学等新学科的概念和方法，使它们服务于社会认识论研究的主题。全书显得很充实，具有哲学的时代感。

四是现实性。社会自我认识是一个较抽象的题目,《导论》把它置于现实社会认识活动基础上, 放在发展着的社会历史背景中进行考察,特别是紧密联系生态环境、资源物种、决策失误等"反主体效应"的人类自我挑战,使整个讨论具有一种现实感,表现出哲学对现实人及其发展的关心,和对科学认识现存及未来社会的期望。因此,该书虽是哲学式的,但读起来并不难。

纵观全书,作者紧扣人类社会自我认识的主题,力求揭示"人们的以社会为对象的认识活动及其规律",提出了许多有意义的观点和方法。在作者看来,人类认识社会的认识形式是历史地发生与发展着的,主要经历了神话、史鉴、理知、实证和马克思主义认识方式等阶段。社会认识主体与社会历史主体即社会实践主体具有内在一致性,社会认识客体是"自然—人—社会"系统,社会文化尤其是语言符号在社会认识系统中具有中介作用。现实社会认识活动包括社会心理、社会理论、社会规划三个基本层次,社会认识过程具有回溯性、前瞻性和追踪性三种基本向度。社会认识系统是一个内含进化结构的加速度发展过程。

尤其应当说到的是,作者概括科学的社会认识模式,提出了十个基本点:(1)认识社会,其根本任务在于把握社会历史过程的规律性,用思维的逻辑进程反映和再现社会发展过程的历史逻辑;(2)科学地认识社会, 其立足点必须是人类实际社会生产和社会生活活动;(3)自觉地把改造社会作为引导社会认识活动及其发展方向的目标和目的,并使之贯穿认识发展的全过程;(4)正确认识自然与社会的关系,把对社会的研究纳入自然—社会的大系统加以考察,赋予社会认识活动以宏观的历史背景;(5)正确认识个人与社会的关系,以现实的活动着的个人作为出发点, 去把握社会的总体结构和运动;(6)在相互作用着的多种社会要素中找出最根本的具有决定性作用的因素;(7)在物质利益的分化和阶级利益的对立中揭示阶级社会的特殊矛盾结构和阶级斗争的根本原因;(8)在历史发生和现实基础之上,全方位勾画社会有机体的立体结构;(9)具体深入地剖析一种社会形态,在对人体的解剖中探寻把握猴体的钥匙;(10)以对现实的把握为基点去回溯社会形成的历史和展望社会发展的未来。

如上所述的观点和方法,充分反映了作者对于马克思主义哲学的理解和运用,对哲学社会科学其他成果的了解和借鉴,为进一步研究社会认识论奠定了基础。

《导论》一书的价值,不仅在于从社会认识论来看所做的创造性工作上,还在于它对哲学社会科学其他理论可能带来的相关影响。在现有的哲学理论框架中,认识论与社会历史观往往脱节,与马克思哲学思路不尽一致,需要沟通这种过于生硬的划分,作出合理的说明。《导论》的研究方式及其观点,对此是有促进作用的。在社会科学怎样成为科学的问题上,马克思的唯物史观为我们指明了道路,但是随着社会历史发展,还有许多工作要继续做下去。一个重要方面,就是社会科学即关于社会的理论化系统化认识也要进行反思,包括借鉴对自然科学反思的科学哲学或科学方法论的经验,以形成社会科学自我认识的理论。社会认识论虽然不在等同意义上讨论这个问题,但它包括这方面内容,对此是有启发的。从当代社会实践看,在科技革命推动下,人类社会发展越来越快,越来越多的新东西层出不穷地产生,人类如何正确地认识自己,有效地驾驭自己,科学地进行社会决策,自觉地推动社会进步,也要求在更高层次进行社会认识论研究。在这些方面,《导论》有着广泛的意义。

当然,社会认识论是一个很大的新题目,《导论》不可能研究它的所有问题,有些问题上也不可能着墨过多过细。例如,社会认识主体的个体、群体、总体的差别及关系,社会理论的横向关联及社会功能,当代社会认识形式的结构、特点与走向等问题，还需要进行深入探讨。这些作为论者的一孔之见，未必中的。总之,《导论》在社会认识论的形式上做了极为有益的工作，对于科学地认识社会是有帮助的，很值得一读。

（发表于《甘肃社会科学》1992 年第 2 期）

李 翱

在中国哲学史上,儒学从汉儒开始走向神秘化,进而为玄学和佛学所排挤,改变了儒家独尊的局面。到了隋唐,名为儒、释、道并立天下,实则释、道盛行,儒学不振。为了封建统治阶级新的思想需要,韩愈编排儒家道统,以仁义道德为"原道",重新提出并且修正儒家学说,来与释、道抗衡。李翱继承韩愈的思想宗旨,以儒、释、道三家思想为先行材料,对儒家正宗进行修正,发展了韩愈提出的新儒学,从而为宋明理学的产生做了思想准备,成为宋明理学的先驱。

历来的思想家,对李翱所做的工作褒贬不一。但是作为一位哲学家,李翱在中国哲学史上有过重要的影响,是没有疑问的。

一、李翱的生平和社会活动

李翱,字习之,祖籍陇西成纪(今甘肃秦安),生于唐代宗大历七年(公元 772 年),卒于唐武宗会昌元年(公元 841 年)。

李翱是后魏尚书左仆射李冲的十世孙,与唐室皇帝同宗,均系晋凉武昭王李暠的后裔。李翱的祖父李楚金①,明经出身,初授卫州(今河南汲县)参军,又授贝州(今河北清河县)司法参军。李翱的父亲李

---

①《旧唐书》称"父楚金",应为"大父"之误。大父即祖父。可以李翱的《皇祖实录》和韩愈的《贝州司法参军李君墓志铭》为证。

行①,曾因袭贝州事业,一生没有什么值得炫耀的事迹②。李翱生后,祖父已去世,家境似乎很糟糕。他自己曾说,"翱穷贱人也"(《荐所知于徐州张仆射书》)。"翱者,穷贱朴讷"(《谢杨郎中书》)。

李翱的一生,大体可以分为四个阶段。

第一阶段,从学童到登进士第之前(6岁—26岁)。李翱"自六岁始读书"(《复性书》),"十五以后即有志于仁义"《与淮南节度使书》)。

22岁时(贞元九年)就州府贡举。当年9月,执文章谒见大文人、右补阙梁肃,颇得赏识,许以引进。岂料两个月后,梁肃病死,李翱在仕途上的第一次尝试也就落空了。此后,他"渐游于朋友公卿间"(《感知己赋·并序》),互相吹嘘,互相推荐,一则求官,二则求学。这种风气,为当时社会所流行。

直到26岁,李翱连年试于礼部,皆不及第,往来奔走,"困苦饥寒,踣而未能奋飞"。由是发出"小雅骚人之余风"式的怨而不乱的牢骚,怨"先达称誉荐进之道有所不至",怨天命使自己"久迍邅厄穷"(《郎杨郎中书》《感知己赋·并序》)。

在尚未得志的"厄运"中,李翱也有一件十分高兴的事情,这就是同韩愈结为好友。贞元十二年,25岁的李翱从徐州游至汴州(今河南开封),与已经登进士第的韩愈相遇,开始从韩愈学习古文。后来他说:"始得兄交,视我无能,待予以友,讲文析道,为益之厚。"(《祭吏部韩侍郎文》)《新唐书》称:"翱始从昌黎韩愈为文章,辞至浑厚,见推当时。"此后,两人一直相处得很好,同为新古文运动的重要代表人物,志同道合,后人遂有"韩李"之称。

---

①李行的名字,引自黄天朋注《李翱哲论集注·附录》。

②李翱的祖父做小官,毕生平平,李翱且为之作《皇祖实录》,加以称颂。独不见称道他父亲的文字,可见其父尚不如其祖父。

　　对于仕途受挫,李翱是不甘心的,他"抚圣人教化之旨""学圣人经籍教训文句之旨,而为文将数万言"(《感知已赋》),而且常以圣贤自勉,言不离仁义之道,他说:

　　"夫陋巷短褐躬学古知道之人,其所以异于朝廷藩翰大臣王公卿士者",不过是吃的、穿的、看的、听的、住的、禄利和名声不同而已。"至若忧天下之艰难,幸天下之和平,乐天下之人民得与其身、臻乎仁寿,思九夷八蛮解辫发椎髻、同车书文轨,则虽朝廷藩翰大臣王公卿士,亦未必皆甚乎陋巷短褐躬学古知道之人者也。"(《贺行军陆大夫书》)(下略)

　　此时的李翱,生气勃勃,极力进取,对于修道至圣、登第谋官,都是竭尽心智的。但是,"询合古而乖时,诚自负其中分,嗟与俗而相违"(《感知已赋》),又使他不胜叹息。怎么办呢? 在《寄从弟正辞书》中,他透露了一点消息:

　　"凡人之穷达所遇,亦各有时尔。何独至于贤大夫反无其时哉?……其心既自以为到(古人之道),且无谬,吾何往而不得所乐? ……用汝之所知分为十焉,用其九学圣人之道而知其心,使有余以与时世进退俯仰。如可求也,则不啻富且贵矣。如非吾力也,虽尽用其十,只益劳其心矣,安能有所得乎? "

　　由此可知,李翱所重的头等大事是修道,以为一旦时来运转,便可出人头地,富贵显耀。

　　第二阶段, 从登进士第到面数宰相李逢吉过失, 出为庐州刺史(27 岁—53 岁)。

　　贞元十四年,李翱登进士第。次年授校书郎。他的哲学代表作《复性书》就写于这时。书中说:

　　"我以吾之所知而传焉。遂书于书,以开诚明之源,而缺绝废弃不扬之道,几可以传于时。命曰'复性书',以理其心,以传乎其人。"

其自信和自负溢于言表:"乌戏?夫子复生,不废吾言矣。"在《答泗州开元寺僧澄观书》中又说:"吾当亦顺吾心以顺圣人尔。……顺吾心与吾道,则足下之铭必传于后代矣。"(《全唐文·卷六百三十六》)他自以为已经达到同圣人心通的地步,顺己心就是顺圣人,故曰可传。

这一阶段,李翱还写了不少东西,可以用来研究他在这个时期的主要思想。如《从道论》《学可进》《去佛斋》《答皇甫湜书》《帝王所尚问》《正位》《答朱载言书》《答侯高第二书》《论事疏表》《百官行状奏》等等。(下略)

他上疏言事,提出"兴复太平大略六事":"用忠正而不疑;屏邪佞而不近;改税法不督钱而纳布帛;绝进献以宽百姓税租之重;厚边兵以息蓄戎侵掠之患;数引见待之制官问以时事,以通拥蔽之路。"(《论事疏表》)

他还指摘史官记事不实,奏状曰:"今之作行状者,非其门生,即其故吏,莫不虚加仁义礼智,妄言忠肃惠和。或言盛德大业,远而愈光;或云直道正言,殁而不朽……而行状不足以取信。……臣今请作行状者……但指事说实,直载直词,则善恶功绩,皆据事足以自见矣。"(《百官行状奏》)明朝学者李贽对此赞誉有加,说"此千载不刊之言也"(《藏书·卷三十九》)。

长庆三年(公元 823 年)十月,李翱第三次被召入京,为礼部郎中。《旧唐书》说,"翱性刚急,论议无所避。执政虽重其学,而恶其攻讦,故久次不迁。"《新唐书》说,"翱性峭鲠,议论无所屈,仕不得显官,怫郁无所发,见宰相李逢吉,面斥其过失。逢吉诡不校,翱圭惧,即称病。满百日,有司白免官,逢吉更表为庐州刺史。"恐怕其中不全是个人的理由,未能详知。清朝学者全祖望曾对此存疑,为李翱辩护(见《李习之论》)。李翱自己曾说,"仆性不解谄佞,不能曲事权贵,以故不得齿于朝廷。"(《答皇甫湜书》)这样,李翱第四次出京,做了庐州刺史。

第三阶段,从任庐州刺史到任山南东道节度使(54岁—65岁)。

李翱在庐州,"时州旱,遂疫,逋捐系路,亡籍口四万,权豪贱市田屋牟厚利,而窭户仍输赋,翱下教使以田占租,无得隐,收豪室税万二千缗,贫弱以安。"(《新唐书》)这是他做的好事,也可从中窥见李翱做地方官的一点情况。(下略)

这一阶段,李翱的情绪是最低的了。目睹朝廷和天下之乱,感慨于圣人的仁义之道不得行,自身年老多病,又被逐在偏乡僻域,遂有退隐之意。在《与翰林李舍人书》中,他说:

"翱思逃后祸,所冀存身,惟能休罢,最惬利志,从此永已矣,更无健羡之怀。况乞得余年,退修至道,上可以追赤松、子房之风……且不知余年几何,意愿乞取残年,以修所知之道。如或有成,是万世之一遇。纵使无成,且能早知止足。"

第四阶段,辞官退隐直到死于襄州(66岁—70岁)。据《旧唐书》载,文帝开成元年七月,"刑部尚书殷侑检校右仆射,充山南东道节度使。"由此可知,李翱的山南东道节度使一职被人取代了。尔后,史书中不见关于李翱的记载。推断来看,若为罢免,恐怕会有记载。大抵是辞官了。

此时,牛(牛僧孺等)李(李德裕等)党争激烈。唐文帝叹息道:去贼易,去朝中朋党难。朝官(南官)与宦官(北司)之争,也达到白热化程度。可能在李翱看来,时世好转无望,不如明哲保身,辞官退隐为好。李翱的退隐生活大概是在襄州度过的。开成五年(公元840年),李翱的《卓异记序》自称"在檀溪"①。檀溪乃襄州城外一名水,特别因俗传刘备马越檀溪而著名。诸葛亮曾经隐居过的"隆中",离此很近。

①黄天朋称:《卓异记序》非李习之所做,乃另一同名李翱之作。本文以为证据不足,故不采纳。

再据《旧唐书》载,李翱死于会昌年间。故大致可以推断,李翱死于会昌元年(公元 841 年)①。

李翱的著作大概不少,流传下来的可能是其中的主要部分,在《四部丛刊》和《全唐文》中有所收录。《四部丛刊·李文公集》比《全唐文》所收少七篇。李翱和韩愈同撰的《论语笔解》有《墨海金壶》本等。

二、性命之道的代表作——《复性书》

李翱的一生,正处于唐王朝的中晚期。其时,安史之乱的冲击波未曾消失,唐王朝又重新陷入四分五裂的矛盾冲突之中。宦官专权、藩镇造反、党争萌发、灾荒不断、佛道喧嚣、豪强兼并,搞得王室空虚、民生维艰,整个社会动乱不已。

作为封建统治阶级的思想家,李翱看到了这些矛盾。但是,怎样解释和解决这些社会矛盾呢?

佛教和宗教化的道家思想以其特有的欺骗性,曾经为统治者所欣赏。但是他们提倡的离世主义,他们在经济上的挥霍无度,日益成为社会的赘瘤,成为整个社会的沉重负担。因而,统治者感到有调整儒、释、道三者关系的必要,并且需要重新给儒家以一定的地位。可是,时儒承继经学之风,陷于"章句之学","唯节行、文章、章句、威仪、击剑之术相师焉"(《复性书》)。李翱指责说:

"近代以来,俗尚文字。学者以抄集为科第之资,曷尝知不迁怒不贰过为学之根乎? 入仕者以容和为贵富之路,曷尝以仁义博施之为本乎? 由是经之旨弃而不求,圣人之心外而不讲,干辨者为良吏,适时者为通贤,仁义教育之风于是乎扫地而尽矣。"(《与淮南节度使书》)

---

①此番考证,出自李恩博的《李翱年谱》。

所以,儒学的这种状况既不能与佛、道,特别是不能与佛学之庞大而精密的体系相抗衡,又不能满足统治者的思想需要。

在这样的情况下,韩愈首先将新古文运动之倡古文发展为倡"古道",以孔孟嫡传为"道统",以仁义道德为"古道"之宗旨,开新儒学之先河。这很合李翱的心思,他说:"韩愈得古文遗风,明于理乱根本之所由。"(《荐所知于徐州张仆射书》)又说,"我友韩愈非兹世之文,古之文也;非兹世之人,古之人也。其词与意适,则孟轲既没,亦不见有过于斯者。"(《与陆修书》)所以,李翱从韩愈学古文,也有学古道之志在其中。

李翱同韩愈一样,为了同佛教相抗衡,回到孔孟那里去寻找思想武器。两人曾共同笔解《论语》,共同抬举孟子,韩愈推重《大学》,李翱又推重《中庸》。宋明理学家受此启示,将此列为"四书",与"五经"并列为儒家经典。但是,二人又非完全相同。韩愈着重揭示仁义之道为儒学宗旨,李翱则着重论述了仁义之道的理论基础——性命之道,特别提出了"复性"的主观唯心主义方法。

在李翱看来,各种社会问题都是由于人们作恶造成的。先天性善的性命之道缺绝废弃,喜、怒、哀、惧、爱、恶、欲七情循环而来,情恶不断,造成了社会的衰微破败。他认为,仁义之本丧失了,故"生人困穷不亦宜乎,州郡之乱又何怪焉? 窃尝病此,以故为官不敢苟求旧例,必探察源本,以恤养为心"(《与淮南节度使书》)。所以,他从人的心性问题入手,试图借此将各种社会问题统一起来,提出解决问题的根本方法。很明显,这是唯心主义的观点和方法。

(一)天人合一的先天性论

首先,他认为万物皆有性。水之性清澈,火之性光明,人之性善即仁义。"天亦有性,春仁夏礼秋义冬智是也。"(《论语笔解·第五》)然而,"天"乃是至高无比、凌驾于万物之上的,万物之性都是从"天"得来的。"性者，天之命也。"(《复性书》)故万物在其性上相通，在其性上与"天"相通。人之性与生俱来，是先天获得的。"天命之谓性，是天人相与一也。"《论语笔解·第五》)所以，天人是合一的，是先天合一的。

万物之性又有区别，人作为一个类，有自己的人性。"天地之间万物生焉，人之于万物一物也。其所以异于禽兽虫鱼者，岂非道德之性乎哉？"(《复性书》)人先天统一于道德之性，这就是人性。所以，"百姓之性与圣人之性弗差也""桀纣之性犹尧舜之性也"(同上)。李翱讲的这种先天统一的、抽象的人性，具有很大的虚幻性和欺骗性，是为复性之说做准备的。

既然人性得之于天，那么天怎样，人性就应当怎样，人先天(生来)怎样，人性就应当怎样。天是什么，他没有明确的说法。但是他认为："至诚者，天之道也。诚者，定也，不动也。""人生而静，天之性也。"(同上)

表面看来天是动的，实质上天是不动的，因为天道是不动的。李翱搬用《易》来解释："天下之动，贞夫一者也。""神无方而易无体，一阴一阳之谓道。"(同上)他的用意并不是论述本体之天道，因为《易》中已经讲过了。而是利用《易》中所讲的实质上不动的本体之天道，来论证性命之道。他说：

"穷理尽性以至于命。此性命之说极矣。……当以《易》理明之。'乾道变化，各正性命。'又'利贞者，情性也。'又'一阴一阳之谓道，继之者善也，成之者性也'。谓人性本相近于静。"(《论语笔解·第十七》)

天之动归于不动的本性，这就是天之道，是至诚。故人之动也应当返其不动的本性，这就是人之道，是谓"诚"。因而人道效法天道，人道与天道是合一的。

李翱讲的"诚"，是一个神秘的字眼。它不仅是天人合一的道，而且是最高的境界。在这种境界上，人与天相通，既是道德上的圣人，又是认识活动上的圣人。如果说,要求人们去掉杂念,在"无伪"的心境下去认识事物,有合理因素的话,那么"诚"正是对于这种合理因素的神秘化。为此,他又是引证又是发挥,讲了大堆的话。试举几段:

"子思曰:'唯天下至诚为能尽其性。能尽其性则能尽人之性,能尽人之性则能尽物之性,能尽物之性则可以赞天地之化育,可以赞天地之化育则可以与天地参矣。其次致曲,曲能有诚。诚则形,形则著,著则明,明则动,动则变,变则化。唯天下至诚为能化。'"(《复性书》)

"诚而不息则虚,虚而不息则明,明而不息则照天地而无遗。非他也,此尽性命之道也。"(同上)

"诚之至者,必上通上帝。"(《故处士侯君基志》)

他认为,如此高不可攀的境界,只有圣人才能达到。"性者,天之命也;圣人得之而不惑者也。""诚者,圣人性之也"。(《复性书》)例如,"仲尼之性与天道合也"。(《论语笔解·第五》)先天合一的性善被归结为圣人之性,岂不造成先天和现实的矛盾吗? 他的意思是:"圣人者,人之先觉者也",要以"先觉觉后觉"(《复性书》)。这也是为复性之说留余地的。

若问这套玄妙的道理从何而来?"此非自外得也,能尽其性而已矣。"(同上)就是说,只有尽其心性,才能知性命、天命。从《论语笔解》中可以看到此说的理论来源:

"天命之谓性。《易》者理性之书也。先儒失其传,惟孟轲得仲尼之蕴。故《尽心章》云:'尽其心所以知性,知性所以知天。'此天命极至之说。"(《论语笔解·第二》)

以孔子之说为议题,以孟子之说为线索,以《易》为方法,"若穷理尽性,则非《易》莫能穷焉。"(同上·第十七)因而使"尽心知性以至知天"的孟子之说更加圆滑。就其神秘主义色彩而言,不过是天道的人格化,人道的天化。封建主义的性命之道被抬高为天道,道德之天的本质暴露无遗。

(二)性善情恶说

人的先天之性那么好,后天的坏事又是从哪里来的呢?人的先天之性是一样的,为什么世人的言行又有善恶之别呢?李翱设置了性与情的对立,提出了性善情恶说,来解决上述矛盾。总之,一切坏事都是人的后天之情促成的。

"人之所以惑其性者,情也。喜、怒、哀、惧、爱、恶、欲七者,皆情之所为也。情既昏,性斯匿矣,非性之过也。七者循环而交来,故性不能充也。"(《复性书》)

在李翱看来,情与性有着两重关系,即产生关系和相互关系。在产生关系上,情是从性中派生出来的。"情由性而生,情不自情,因性而情",情不能够自己独立存在。性也不能够离开情,因为"性不自性,由情以明"(同上)。就是说,性只有通过情才能表现出来,才能昭明彰著。有着性为本、为道,情为末、为器这样的关系。

这就出现了一个矛盾,一方面性不能不表现为情,性由情以明。全然无情,似乎为常识所不接受。另一方面,情是恶的,"情者,妄也,邪也。"(同上)岂不是由善的前提推出了恶的结论吗?李翱感到了这个危险,又用情从性产生之后的二者的相互关系,来解决这个矛盾。他说:"情者,性之动也。"(同上)圣人懂得这个道理,按照"性"的规定而动"情",故动得正,情则明。百姓不懂得这个道理,情从性产生之后,就忘记了性,而沉溺于情。情不按照性的规定而自己妄动,是以为昏、为恶。所以他说,不善"乃情所为也。情有善有不善,而性无不善"(同上)。先是保全了善性,再为善情留下余地,将不善归于不善之情。不善之情就是不合于性的情,善情则是合于性的情。

李翱认为,人们只有尽心知性,才能够有善情。这种事又仅有圣人才能够做得到,只是表现在圣人身上。或者说只有做到了,才能成为圣人。"圣人者,寂然不动,不往而到,不言而神,不耀而光,制作参乎天地,变化合乎阴阳,虽有情也,未尝有情也。"(同上)善情源于性、合于性,故有情等于无情。问题又转回到性上来。

由上可知,他讲的善情是与性的完美统一,甚至有就像没有一样。不善之情则是与性相背离的,是不遵循性的规定的妄动之情。所以他说的"情不作,性斯充矣",是不要情自己去动,而要按照性的规定去动,这样"性"才能昭明。他的"情恶说"也是在这个意义上提出的,即离开性的规定的妄动之情,是恶的。

人性问题是中国哲学史上的一个重大议题。按儒家系统说,孔子只讲"性相近,习相远。"(《论语·阳货》)孟子讲"性善"。荀子讲"性恶"。扬雄则讲"人性善恶相混"。董仲舒讲"性三品说",为韩愈所继承。韩愈讲"性三品",意在揭示善恶根源于性,中人之性可以改而为善。李翱则讲"性善情恶",在他看来,只有"性善",人人皆可修性为圣,人人都可接受"教化",才能保证"复性"有最广泛的前提;只有"情恶",才能有修性、教化以及"复性"的最大必要。所以,李翱的"性善情恶说"既说明了先天同一的一元的人性,又说明了人们后天作恶的原因。这样,就使得封建主义的人性论发展得更加精密,更加完备,更加适合于封建统治阶级的需要。这也表明"性善情恶说"是中国古代哲学逻辑发展的产物。

(三)去情复性说

人先天性善,后天情恶,岂不可惜。所以有复性之说来解决这个问题。"性"论早已有之,"复"说早已有之。王弼注《易》,有"复者,反本之谓也"。韩愈在《论语笔解》中的第一句话"反本要终谓之复",讲的是言行合宜终复于信义。李翱则用来论"尽心知性"。他说:"盖坐忘遗照,不习如愚,在卦为'复',天地之心遂矣。"(《论语笔解·第十七》)

首先,复性是可能的。在他看来,人性与生俱来,既不会丧失,也不会重新产生。即使被"情"掩蔽起来了,也还是潜藏于人本身,可以通过"复性"的办法来解决。这正像水一样:"水之性清澈,其浑之者,泥沙也。方其浑也,性岂遂无有邪?久而不动,沙泥自沉,清明之性,鉴于天地,非自外来也。故其浑也,性本弗失,及其复也,性亦不生"(《复性书》)。水可以通过沉淀泥沙而恢复清澈的本性。人可以通过"去情"而恢复仁义的本性。

人要知性或者复性,"非自外来也",要靠内心的努力。李翱是从主观唯心主义的角度强调人的作用,他认为:"百骸之中有心焉,与圣人无异也。嚣然不复其性,惑矣哉! 道其心弗可以庶几于圣人者,自弃其性者也。"(《学可进》)似乎人人都可以通过复性变为圣人,不去复性的人说自己比不上圣人,不过是自暴自弃。在这里,他是不管人们在社会生活中所处的经济条件、政治条件和文化条件的。

怎样复性呢?一句话"去情"。具体说来,大体有两个步骤,都是向内心去寻求。其一为"正思":"弗虑弗思,情则不生。情既不生,乃为正思。正思者,无虑无思也。"(《复性书》)

他还是用《易》来作理论根据。"《易》曰,'天下何思何虑'。又曰,'闭邪存其诚'。"(同上)《易·系辞下》中说:"子曰天下何思何虑者,言得一道之心既寂静,何假思虑也? ……言多则不如少,动则不如寂。则天下之事,何须思也,何须虑也?"因而,"弗思弗虑"还不能简单地看作是完全不要思虑,它是以"得一道之心"为前提的,是不要妄动情的那种思虑,是要求人们得"道"之后,就不要胡思乱想。所以李翱又引:"《诗》曰'思无邪。'"这样就是"正思"。

但是在他看来,这还不够,还未达到性命之道的最高境界。因而他又对"正思"加以扬弃。他说:"此斋戒其心者也,犹未离于静焉。有静必有动,有动必有静,动静不息,是乃情也。……如以情止情是乃大情也。情互相止,岂有已乎?"(同上)那么怎样止情呢? 要用性,用先天的、不动的性来止后天的、动的情。这就转到了"去情复性"的第二步,即:"知本无有思,动静皆离,寂然不动者,是至诚也。"(同上)

达到"至诚",就回到了天人合一的道,就完全恢复了先天的人性,是以有了善,有了仁义。在"至诚"这种境界上,人们可以"忘掉"自己,"忘掉"人本身,与天地同在,"感而遂通天下之故,行止语默无不处于极也。"李翱又借用《易》中的话,把这种境界打扮得十分神奇:"与天地合其德,日月合其明,四时合其序,鬼神合其吉凶,先天而天不违,后天而奉天时。天且弗违,而况于人乎!况于鬼神乎!"(同上)他们(包括《易》的作者)说圣人就是这样的,不是骗人嘛!

表面看来,至诚、善、仁义是教人做圣人、尽人道,不是很好吗?实质上,"教人忘嗜欲而归性命之道"(同上),恰恰是反人道的。生活在世间的血肉之躯,哪个能不食人间烟火呢?对幸福而又美好的生活的追求,不正是人类社会发展的一个推动力量吗?问题不仅如此,李翱以成圣做诱饵,劝人忘掉世俗的苦难和现实的生活,去追求神秘的、不可及的精神境界,正是掩盖了阶级剥削和阶级压迫的真相,因而有利于封建阶级的统治。就这种观点本身来说,也带有浓厚的僧侣主义气味,是与佛学暗通的,同佛学一样有着很大的欺骗性。

(四)"至诚"涉及的其他哲学问题

"至诚"本来是伦理学的范畴。但是从中国古代哲学重伦理,同时有其他含义的特点来看,这也涉及认识论和历史观方面的问题。

在认识论上,"本无有思,动静皆离,寂然不动",这样的"至诚"不是把人的认识活动全盘否定了吗?不完全是这样,李翱的说法是:"惟性明照","寂然不动,广大清明,照乎天地,感而遂通天下之故。"(同上)

他的意思是要靠"心性"来"感通"。这不是又否定了感官的作用吗?也不尽如此:"声之来也,其不闻乎!物之形也,其不见乎?……不

睹不闻是非人也。视听昭昭而不起于见闻者,斯可矣。无不知也,无弗为也。"(同上)

可见,他不是完全否定认识活动,而是也讲要睹要闻,要知要为。不过,他特别强调的是"格物"之时的心性的状态、境界,"其心寂然,光照天地,是诚之明也"。(同上)格物之时,心性不要为外物所惑而妄动情,而要"视听昭昭不起于见闻"。

如果说他讲"复性"和"格物"也强调人的主观能动作用的话,那么恰恰是用来追求和实现"静"的,这不能不说是中国哲学史上强调人的主观能动作用的一种特殊方式。他说:"物者,万物也。格者,来也,至也。物至之时,其心昭昭然明辨焉,而不应于物者,是致知也,是知之至也"。(同上)就是要靠心性的诚明状态,去"认识"事物。他引用《易》的话说,是"感而遂通天下"。怎样靠心性"感通"呢?似乎很神秘,却也不是毫无原因。

在李翱的论述中,暗含着一种本体之天表面动、实质不动的思想,这点前面我们已经提及。在他看来,天道至诚,是不动的人道法天道,因而"其心不可须臾动焉故也。动则远矣,非道也。变化无方未始离于不动故也"。(同上)他的意思是,看起来"变化无方"的东西,实质上始终不离"不动"。动的东西看得着、听得见,是表面的;背后的道则是"不动"的,是看不见听不见、摸不着的。所以要靠心来"感通"。他接着说:"是故君子戒惧乎其所不睹,恐惧乎其所不闻。莫见乎隐,莫显乎微。故君子慎其独也。……不睹之睹,见莫大焉;不闻之闻,闻莫其焉。其心一动,是不睹之睹,不闻之闻也,其复之也远矣。"(同上)

所以说,李翱看到了事物本身的动与静的关系,却夸大了静的方面,看到了感觉活动(睹、闻)与思维活动(动心)的区别,却片面夸大了思维这个方面,甚至简单地把它归结于"感通",这就十分错误了。李翱强调"心"的作用,是一个很大的特点。他在《复性书》中,也以这个特点标明自己的目的,以及自己和前人的区别。书中称:"命曰'复性书',以理其心。""彼以事解者也,我以心通者也。"(同上)我们在评价这个特点的时候,应当从两个方面来考虑:一方面,他的"心通"没有认识过程,不讲实践,具有直觉主义色彩,他把"感通"作为"去情复性"的根本方法,是宋明理学家"存天理去人欲"命题的直接前提。另一方面,他的"心通"强调的是心(脑)的认识作用,强调了思维的作用,从而预示了中国古代哲学的发展转向以认识论为重点。此后的宋明理学家继承并且展开了这种观点,使中国古代哲学发展到新的阶段。

在社会历史观上,"至诚"作为天人合一的性命之道,以先天形式赋予人性的统一性,赋予人们至圣的可能性,在后天则因为情的发生和性的实现程度而将人们划分为等级:性,"圣人得之","贤人循之",百姓"惑"之。情,"百姓溺之而不能知其本"。(同上)

后天的现实差别,暴露了先天同一的人性和人人皆可为圣的理论的虚假性。人们之划分为等级,以及这种划分是从"性情"中推论来的,这恰恰是唯心史观。不仅如此,他所谓"圣人制礼、作乐"教人归性命之道;"先觉觉后觉",圣人设教"教天下"等圣人史观,亦属唯心史观无疑。

总观《复性书》,以复"中庸之道"为宗旨,实则用"心性"之说为"中庸"编造了理论基础。李翱认为:"喜怒哀乐之未发谓之中"是性,"发而皆中节谓之和"是善情。这一"心通",实在是对"中庸"的改造。故历来评价不一。欧阳修说,"此中庸之义疏尔。"(《读李翱文》)全祖望说:"习之论复性,则专以羽翼中庸,其发明至诚尽性之道,自孟子推之子思,自子思推之孔子,而超然有以见。"(《李习之论》)朱熹则说,"唐李翱始知尊信其书(中庸),为之论说。然其所谓灭情以复性者,又杂乎佛老而言之,则亦异于曾子、子思、孟子所传矣。"(《中庸集解序》)用历史的观点来看,《复性书》起了双重作用:一方面倡儒学以排佛,另一方面用心性之说改造儒学。所以,它对儒学发展有促进作用,是属于儒学系统的。然而,它"杂乎佛老"亦是事实,何况从孟子、董仲舒,直到朱熹,哪个不是用不同的方法改造过儒学呢? 这大概也是儒学延续两千余年而不僵的一个重要原因。不管怎样,以儒学为正宗,与道、释合流,这种数次重演过的思想史现象,在当时是社会发展提出的问题,李翱以《复性书》表现了这个问题,后来则由宋明理学家推向顶峰。

三、布仁义之道于天下的社会思想

李翱的社会思想是以性命之道为基础的。他从人先天性善的假定出发,认为人人都可以修性命之道成为圣人。这种意义上的修身的理想延伸,则是儒家的齐家、治国、平天下,从而由个人修身进入社会范围,性命之道也随着个人的社会化转变为仁义之道。所以他的社会思想,不过是放大了的修身之道,是从个人修养方面转到调整人们相互关系的方面。

李翱知道"极则衰矣"(《论语笔解·第十六》)这个理。在他看来,当时的唐王朝经长期动乱,处于"物极易变"(《疏改税法》)的形势,所以他又把儒家修齐治平这一套搬出来,作为宗旨,取自以为"可行于当时者"(《平赋书·并序》)大加议论。

(一)正名位

正名位,无非是因为名位不正,起而正之。这是针对当时的人事紊乱而说的。李翱认为,正名正位要由"齐家"始,放大后则为"治国"。"善理其家者,亲父子,殊贵贱、别妻妾、男女、高下、内外之位,正其名而已矣。古之善治其国者,先齐其家,言自家之刑于国也。欲其家治,先正其位而辨其位之等级。"(《正位》)

正名之说,先秦就有,主要是名实之辨。李翱着重讲正位,名实兼而有之,并无多的哲理。他说,先正位才能正名,似乎有正实才能正名之意。当然,这是针对当时唐朝统治阶级内部的位不正而言的。当时,宰相之名可谓大矣,但是往往抵不上宦官或宠臣。"岂有宰相上三疏而止一邪人,而终不信?"(《论事于宰相书》)这不是徒有虚名,而位不正吗?

但是,"名位正而家不治者有之矣,名位不正而能治其家者未之有也。"(《正位》)正名位固然重要,正名位之后还有其他的事要做。就是"出令必当,行事必正,非义不言,三者得则不动而下从之矣"。(同上)他明在说"家",意在说"国"。在君王的角度,家是国,国也是家,是为国家。这其实是说给君王听的,当"家长"做君王的要行仁义之道,要"当、正、义"。"圣贤之于百姓,皆如视其子,教之仁,父母道也。故未尝不及于众焉。"(《与淮南节度使书》)

如果"出令不当,行事不正,非义而言,三者不得,虽日挞于下,下畏其刑而不敢违,欲其心服而无辞也,其难矣。"(《正位》)他还说,任情偏私不但不能治,而且要把已有的名位搞乱。更有甚者,"古人有言,君之视臣如犬马,则臣之视君如国人;君之视臣如土芥,则臣之视君如寇仇。上之所以礼我者厚,则我之所以报者重。"(《与本使李中丞论陆巡官状》)这个古人,就是孟子,原话出于《孟子·离娄下》。这话是有进步因素的。

在上者"三者不得",事情就很难办了。"他人拒其间则不和,顺其过则亏礼;不正之则上下无章,正之则不得其情;不如己者言之则为愚,贤于己者言之则为吾欺。此治家之所以难也。"(《正位》)别人不在其位不谋其政,怎么办好呢?

李翱费尽心机讲的这番话,意在劝告家长(君王)。他进一步说,人们随心所欲,却言其家不治;人们长得与圣人不差,圣人之道化天下,你却不能自化,太羞人了。如改不善为善,尚可为圣,"如不思而肆其心之所为,则虽圣人亦无可奈何。"(同上)还能有什么更好的办法呢?

(二)有土地者有仁义

正位和"当、正、义"对于治理国家都是必不可少的,然而在李翱看来,最大的社会问题还是管理百姓,管理百姓的最大问题还是让他们的生活好起来,然后去教育他们。他说:"善为政者,莫大于理人;理人者,莫大于既富之、文教之。人既富,然后可以服教化、反淳朴。""有土地者有仁义。"(《平赋书》)这个思想是有合理因素的。其源于孟子的"制民之产",又相通于管子"衣食足而知荣辱"的思想。(《管子·牧民》)

李翱这样讲有两个理由:其一,孔孟所云、夏殷周所行的,"其实皆什一也。欲轻之于尧舜之道,大貉小貉;欲重之于尧舜之道,大小桀也。是以什一之道公私皆足"。(《平赋书》)这个看法,是套自《公羊传·宣公十五年》和《孟子·滕文公》中的观点。

其二,"凡人之情,莫不欲富足而恶贫穷。终岁不制衣则寒,一日不得食则饥。……有若曰:百姓不足,君孰与足?夫如是,百姓之视其长上如寇仇。安,既不得享其利,危,又焉肯尽其力?自古之所以危亡,未有不由此者也。"(《平赋书》)这里说出了酿成社会动乱的一个重要原因。

他将这些看法归结为"有土地者有仁义"。李翱本来讲情恶和去情的,这里又讲这么一番道理,岂不相背?大抵在他的思想中,性命之道是用于个人修身的,用于"为政"则不够了。因为百姓溺于情不能成为圣人,只好顺而治之,用"土地"做行仁义道的前提。

他不能不睁开眼睛看世界:"百姓土田为有力者所并,三分踰一。"(《进士策问》)"钱者官司所铸,粟帛者农之所出。今乃使农人贱

卖粟帛，易钱入官，是岂非颠倒而取其无者耶？由是豪家大富皆多积钱，以逐轻重，故农人日困，末业日增。"(《疏改税法》)

他感到了土地和农人的关系问题的重要，是有些现实感的。从另一段话，也可以看出这种思想是多少有些道理的，其云："人之所重者，义与生也。成义者，莫如行；存生者，在于养。所以为养者，资于用。用足而生，不养者多矣。用不足而能养其生者，天下无之。"(《韦氏月录序》)

但是他搬出来的办法，却很不现实。这就是"平赋"，具体内容是均田和什一税。全祖望曾说："平赋则周礼之精意也。"(《李习之论》)意谓周之井田。只是，孟子讲井田，有别于孔子，李翱讲均田，貌为井田，实又不同。唐初也有均田制，李翱的"均田"还要彻底：从方里之内到百里之州，从千里之都到被乎四海，"斩长缀短而量之一亩之田，以强并弱。"(《平赋书》)

"均田"在中国封建社会是起过进步作用的，是有利于封建王朝统治的。然而，帝王为其"家天下"讲均田，且碍于豪强大族，半行半就。农民起义为小农利益讲均田，至多在有限范围和有限时间内实行，如后来的"天朝田亩制度"。所以李翱讲均田，多少反映了小农利益，其出发点却是为帝王着想，是一种自上而下的改良主义设想。

均田后的情况，他讲得很美妙。一定数量的土地用作城郭、通川、大途、圳遂、沟浍、丘墓、乡井、屋室、径路，牛豚之所息、葱韭菜蔬之所生。剩余的大部分土地种庄稼，田间以一定比例植桑，用于养蚕织帛。亩率和功帛均税"什一"。"什一税"是农人的唯一所出。

在李翱看来，"什一税"有个"再分配"的问题，要用在许多方面："以贡于天子，以给州县执事者之禄，以供宾客，以输四方，以御水旱之灾，皆足于是矣。"并且，"鳏寡孤独有不人疾者，公与之粟帛。能自给者，弗征其田桑。"(同上)。

他还提出，每年要从什一税中抽取十分之一，留在乡里，建立公囷。"保公囷使勿偷。饥岁并人不足于食，量家之口多寡，出公囷与之，而劝之种以须麦之升焉。及其大丰，乡之正告乡之人，归公所与之，蓄当戒必精勿濡，以内于公囷。穷人不能归者，与之勿征于书。"（同上）这个见解，是对前人提出的义仓①的改造。重要的区别在于，"义仓"的粮食是于国家税收之外重新征集的，"公囷"的粮食则是由国家的什一税内支出。

这样做了，"岁虽大饥，百姓不困于食，不死于沟洫，不流而入于他矣。"于是人富足，可以服教化，老有所归，幼有所养，鳏寡孤独有不人疾者，皆乐其生。"屋室相邻，烟火相接于百里之内。与之居则乐而有礼，与之守则人皆固其业。虽有强暴之兵，不敢陵。自百里之内推而布之千里，自千里而被乎四海，其孰能当之！"（同上）这种"理想社会"，是对《礼记·礼运》中的"大同"思想的引申细化，以试图用于当时的社会。

李翱的这番想法，包含着施仁政、爱民的成分，固然不错。在《疏改税法》和《疏绝进献》中，也可以看出。说到底，却还是为君王的家天下着想的，为君王治危亡之世着想的。"善为政者，百姓各自保，而亲其君上。虽欲危亡，弗可得也。"（《平赋书》）但是，这太理想化了。不说当时均田和什一税已不能行，何况他要君王、大臣、百官靠什一税生活，又要七扣八扣，哪个肯听这一套、肯行这一套呢？（下略）

（三）排佛迹为重点的反佛主张

李翱心目中的理想社会，是中国传统的仁义之道行于天下："君臣、父子、夫妇、兄弟、朋友，存有所养，死有所归，生物有道，费之有节。自伏羲至于仲尼，虽百代，圣人不能革也。"（《去佛斋》）

---

①《隋书·长孙平传》有"义仓"的记载。唐时的柳宗元也提出这种意见，叫作"义廪"。

他认为："明于仁义之道可以化人伦、厚风俗。"(《陆歙州述》)行此仁义之道，"所谓君臣、父子、夫妇、兄弟、朋友，而养之以道德仁义"，尚"患力不足而已"。(《去佛斋》)可是，当时却是身毒(印度)之术滥于天下，为害滋深，这怎么能容忍呢！由是他发开了排佛的议论。

李翱排佛，意见大体同于韩愈，主要是从社会意义上考虑的。他说："佛法之流染于中国也，六百余年矣。始于汉，浸淫于魏、晋、宋之间(注：此处指魏晋之后南北朝时的南朝宋，早于唐朝约200年，更早于后来的宋朝约500年)，而烂漫于梁肃氏遵奉之以及于兹。盖后汉氏无辨而排之者，遂使夷狄之术行于中华。"(同上)他主张"辨而排之"，是着眼于佛迹、佛法来排佛。其理由主要有三个面。

第一，佛法不合于中国的礼法。这是民族的、思想的理由。在他看来，中国有以仁义之道为特点的礼法，行佛法于中国，"岂不以礼法迁坏，衣冠士大夫与庶人委巷无别为是，而欲纠之以礼者耶？是宜合于礼者存诸，愆于礼者辨而去之。"(同上)应以中国的"礼"为尺度，剪裁佛法，合者存，愆者去。李翱为官时，曾有《断僧通判状》，其云："七岁童子，二十受戒。君王不朝，父母不拜。口称贫道，有钱放债。量决十下，牒出东界。"(《全唐文·卷六三四》)可见理由之一斑。

李翱认为，佛法中属于学问的东西，中国已经有人说清楚了，实在无存在的必要。"佛法之所言者，列御寇、庄周所言详矣。其余皆戎狄之道也。使佛生于中国，则其为作也，必异于是。"(《去佛斋》)中国的情况不同于身毒，不需行"戎狄之道"，假令佛生在中国，也不会像现在这样作为。如果"溺于其教者，以夷狄之风而变乎诸夏，祸之大者也。其不为戎也，幸矣"。何况又要"驱中国之人举行其术也"(同上)，不亡国于戎狄，也是侥幸。

第二，佛法"残害生人""有蠹于生灵，浸溺人情莫此为甚"。(《请停修寺观钱状》《再请停修寺观钱状》) 这主要是人类繁衍方面的理由。他说:"向使天下之人力足,尽修身毒国之术,六七十岁之后,虽享百年者亦尽矣。天行乎上,地载乎下,其所以生育其间者,畜、兽、禽、鸟、鱼、鳖、蛇、龙之类而止尔。"(《去佛斋》)天地之间,只余百兽,没有人类,这不很可怕吗。

第三,佛法于社会经济有害,是经济上的理由。他认为,寺院"为通逃之薮泽"(《请停修寺观钱状》),成为逃避之人聚集的地方,从事劳动生产的人就少了。况且,他们"不蚕而衣裳具,弗耨而饮食充,安居不作,役物以养己者,至于几千百万人。推是而冻馁者,几何人可知矣?于是筑楼殿宫阁以事之,饰土木铜铁以形之,髡良人男女以居之,虽璇室、象廊、倾宫、鹿台、章华、阿房弗加也。是岂不出乎百姓之财力欤?"(《去佛斋》)由此造成巨大的浪费,增加百姓的负担,是应当排斥的。

李翱排佛,主要是上述这些东西。对于"佛理",大概以为是学术问题,持保留态度。他曾说:"天下之人,以佛理证心者寡矣""佛法害人,甚于杨墨。论心术,虽不异于中土"。(《请停修寺观钱状》《再请停修寺观钱状》)《复性书》中有个别观点与佛理暗合,也可看出他对佛理的态度。

但是他对整个佛教的批判态度是很明朗的。故和韩愈一同以排佛著称于时。后人讲到这个问题时,常与柳宗元的"好佛"相对照。其实柳宗元好佛,正是好其"与《易》《论语》合"(参见柳宗元《送僧浩初序》)。所以,他们的具体意见有同,声张的却是问题的不同方面。在儒释道合流这个趋势上,他们殊途同归,都不期相遇在这个潮流中。应该看到,在当时,排佛是有进步意义的,"辨而排之"的态度是对的。至于李翱不能用唯物主义的观点排佛,那就是另外的问题了。

(四)"合变而行权"的帝王之道

在李翱的思想中,仁义之道是万古不变的,但是帝王推行仁义之道又是有所变化的,叫作"合变而行权"(《帝王所尚问》)。他认为:"权

之为用,圣人至变也。非深于道者莫能及焉。"(《论语笔解·第九》)

怎样变呢?"夏尚忠,殷尚敬,周尚文,何也? 曰:帝王之道非尚忠也,非尚敬与文也。因时之变以承其弊而已矣。"(《帝王所尚问》)在他看来,时世变化了,先王的时弊暴露出来了,要针对弊端而变化。"若救殷之鬼不以文,而曰我必以复之忠而化之,是犹适于南而北辕,其到也无日矣。"(同上)

这种变化是有客观性的,他叫作"适宜"。"夏禹之政忠,殷汤之政敬,武王之政文,各适其宜也。如武王居禹之时,则尚忠矣;汤居武王时,则尚文矣;禹与汤交地而居,则夏先敬而殷尚乎忠矣。故适时之宜而补其不得者,三王也。"(同上)可见,这种变化是不以帝王个人意志为转移的。"使黄帝、尧、舜王三王之天下,则亦必为禹、汤、武王之所为矣。……孔子,圣人之大者也,若王天下而传周,其救文之弊也,亦必尚乎夏道矣。"(同上)帝王知此道,故有"合变而行权"。

但是"适宜"之客观性,经过形而上学的"循环论",又陷入唯心史观。李翱认为:"五帝之与夏、商、周一道也。"在历史发展方面,表现为"循环终始,迭相为救",在帝王个人则表现为"合变而行权"(同上)。因而,"合变而行权"的帝王之道,实质上是不变的,就是仁义之道。在形式上则是有限的变化,"救野莫如敬,救鬼莫如文,救野莫如忠","敬、文、忠"循环终始。这样,"承其弊"和"适时之宜"以变的一点合理因素,又被淹没在"循环论"的唯心史观的总体中了。其归宿仍然是"不变"之道。

(五)用忠正、屏奸佞的用人之策(略)

总之,李翱的社会思想是以孟子的思想为底本,以封建统治的太平盛世为理想,做了一番新的发挥。无奈统治阶级矛盾重重、四分五裂,恨不得你吃了我,我吃了你,哪有心思去讲仁义之道! 李翱不过说了一堆空话。对此,他是耿耿于怀的,晚年曾说,"惭吾德之纤微,躬不田而饱兮,妻不织而丰衣;援圣贤而比度兮,何侥幸之能希,念所怀之未展兮,非悼己而陈私。"(《幽怀赋》)由此可见他的不合时宜的封建知识分子形象。今天看来,他的思想中的封建糟粕,应当予以排斥,他对土地和农人的注意,以及其他有益的看法,作为先行思想材料,还是值得借鉴的。

四、"居之中"的处世哲学

李翱的说教,在当时是"和者盖寡"。但是听起来,也头头是道,故也有人赞扬。死后还得了"文公"谥号。这样的矛盾,也表现在他自己身上。一方面,他明知孤立的状况,曾说,复性理论"与人言之,未尝有是我者也"(《复性书》)。"若韩、孟与吾子之于我心,故知我者也。苟异心同辞,皆如足下所说,是仆于天下众多之人,而未有一知己也。安能动乎于吾之心乎?"(《答侯高第二书》①另一方面,他又进退周旋于当时,提出了一些处世思想。

在李翱的整个思想中,复性理论以处己为实质,是整个思想的基础;仁义之道的社会思想是行天下的;处世思想是处人的。后两者是前者的展开,各有各的用处。古人常有自己的处世哲学,李翱亦不例外。其中也包含着某些哲理。

(一)慎"人文"则"居之中"(略)

(二)修至道以待时用(略)

(三)默不失正以从道(略)

(四)犯而不校,过而能改(略)

---

①黄天朋称:韩、孟谓韩愈、孟郊。以李翱的《故处士侯君墓志铭》观之,当时韩愈、孟郊、侯高、独孤明、李渤、李翱常相往来,可为佐证。

五、文艺理论中的某些哲理

在唐代新古文运动中，李翱占有重要地位。后人既有韩柳（韩愈、柳宗元）之称，又有韩李之称。刘禹锡曾经转引李翱的话说："翱昔与韩吏部退之为文章盟主，同时伦辈惟柳仪曹宗元、刘宾客梦得尔。"（刘禹锡：《唐故中书侍郎平章事韦公集》）韩、李、柳、刘在新古文运动上的同盟，继承着独孤及、梁肃等新古文运动先驱，反对齐梁以来追求绮丽形式而忽视真实内容的骈体文，扫陈腐之气，吹清新之风，开创了文学活动的新局面。

在这个运动中，李翱写了许多别致的文章，其中包括传、碑、赋、疏、寓言、奏议、论文、祭文等不同的文体。他对文学理论发表的一些意见，也包含着一定的哲理。

（一）文与道的统一

文与道的关系，大体上相当于形式与内容（思想）的关系。反对形式主义，主张形式与内容的统一，是新古文运动的一个基本思想。梁肃曾说，"必先道德，而后文学。"韩愈主张"文以载道"。柳宗元则说，"文者以明道"（《答韦中立论师道书》）。他们所说的"道"，从根本上说就是封建的伦理道德。李翱正是从这样的思想出发，来反对"号文章为一艺"的。他说："夫所谓一艺者，乃时世所好之文，或有盛名于近代者是也。其能到古人者，则仁义之辞也。恶得以一艺而名之哉？"（《寄从弟正辞书》）这正如读孔孟的仁义之辞，而知其为古圣贤。

李翱讲的"道"，不仅是文章要以"道"为内容，而且首先要求作者做仁义道德之人。"道则圣贤德行，非记诵文辞之学。"（《论语笔解·第一》他说自己，"吾所以不协于时而学古文者，悦古人之行也；悦古人之行者，爱古人之道也。"（《答朱载言书》）

因而他认为，发乎内心、发乎本性，才能做到文与道相合。他说，

"仁义与文章生乎内者也。""性于仁义者,未见其无文也,有文而未能到者,吾未见其不力于仁义也。由仁义而后文者,性也;由文而后仁义者,习也。"(《寄从弟正辞书》)在他看来,先仁义后文章与先文章后仁义,是为文的两重道路。总之,文与道合才是真正的文,而不是徒有形式的一艺,不是表面文章。

(二)文旨与文辞的矛盾统一

李翱以为,文章的宗旨在于仁义。人为仁义之士,文为仁义之辞。这是根本性的东西,是不变的。以六经为例:"列天地,立君臣,亲父子,别夫妇,明长幼,浃朋友,六经之旨也。"这就叫"义深",是"文章之所主"(《答朱载言书》)。

但是文章的词句是变化的,因时因世因人因对象而不相同。再以六经为例:"浩乎若江海,高乎若丘山,赫乎若日火,包乎若天地,掇章称咏,津润怪丽,六经之词也。"(同上)在词句之学上,李翱是自由的,主张"创意造言,皆不相师。""故读《春秋》也,如未尝有《诗》;其读《诗》也,如未尝有《易》也;其读《易》也,如未尝有《书》也;其读屈原、庄周也,如未尝有六经也。"(同上)他讲的"创意",大致指的是作者的立意、用意,可以创新,可以赋予新意。"意"和"义"不是一回事,"意远"和"义深"也不是一回事。所以,他的"创意造言",还是着重于文章的立意、词句和形式方面。

这样, 他用自己的理解把文章的宗旨不变与词句可变统一起来了。他举例说:"山有恒、华、嵩、衡焉,其同者高也,其草木之荣,不必均也。如渎有淮、济、河、江焉,其同者出源到海也,其曲直、浅深、色黄白不必均也。如百品之杂焉,其同者饱于腹也,其味咸、酸、苦、辛不必均也。此因学而知者也,此创意之大归也。"(同上)

(三)文、理、义三者兼并

李翱讲文章,推重道和义,并不是只此为止。他从"义"讲到"文",

又从"文"讲到"义",其间串连着几个概念。我们可以从形式和内容的关系上加以理解,但又不宜完全套进这对范畴。

他提出了"文、理、义"三统一的标准。"文、理、义三者兼并,乃能独立于一时,而不泯灭于后代,能必传也。"(同上)他认为,义不深、理不辩不行,"义虽深理虽当,词不工者不成文",也是不行的。

达到文、理、义三兼并这个标准,有个过程,叫作"义深则意远,意远则理辨,理辨则气直,气直则辞盛,词盛则文工。"(同上)可见,他强调的是从"义深"达到"文工"的全过程

李翱的文学理论可以从两个方面来评价:一方面,他认为古文的要义在古道,甚至是循古人之礼,这属于封建糟粕。另一方面,他揭示了做人与作文的密切联系,以及文章的文、理、义的相互关系,提出了"创意造言,皆不相师"的见解,对后来的文学理论和文学创作起了促进作用。

六、史学观点中的某些哲理

李翱一生做过两次史官,对撰史问题发表过一些意见,其中的某些见解值得介绍。

(一)著书与时世之关系

他说:"凡古贤圣得位于时,道行天下,皆不著书,以其事业存于制度,足以自见。故也,其著书者,盖道德充积厄摧于时,身卑处下,泽不能润物,耻灰烬而泯,又无圣人为之发明,故假空言是非,一代以传无穷,而自光耀于后。故或往往有著书者。"(《答皇甫湜书》)

他在这里讲的著书,主要是著史书。在他看来,文人欲以道德行天下,名传后世,得其位得其时,则通过事业和制度表现出来。不得其位其时,则用"仲尼褒贬之心""假空言是非"著书评史,以传后世,即所谓"成一家之言,藏之名山,以俟后圣人君子"(司马迁语)。

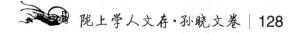

（二）"取天下公是公非为本"（略）

（三）"指事说实，直载其词"（略）

七、李翱的历史地位和评价

在中国古代哲学的发展过程中，有几个高峰时期，如先秦、两汉、魏晋、宋明。在每个高峰时期的前后，大致都有一个缓慢的合流、转化的阶段。李翱在中国哲学史的发展过程中，正处于这种过渡性的发展阶段。因而他属于承前启后那一类人物。就"承前"而论，他对先前的思想材料有所继承，有所融合，却不及前人的思想泾渭分明。在"启后"方面说，他预示了哲学发展的新的趋向，却又不及后人的理论系统、严密。所以，评价他的思想有一定的困难，历来的看法不尽一致。

哲学史是一部思想发展史。一方面有唯物主义和唯心主义的斗争作为主线贯穿其中，一方面又有思想融合、渐次发展的过程。从后一个方面来看中国哲学史，先秦到两汉，儒法合流，儒表法里为基本格局。两汉儒学走向神秘化，阴阳家、道家借以东山再起，合流为魏晋玄学。玄学产生，又有佛学传入中国。大致因为玄学、佛学多有相似之处，佛学得以立足，不久就转化为中国佛学。从中国佛学到宋明理学，也有一个发展过程，其间的主要代表人物就是唐代的韩愈、李翱和柳宗元、刘禹锡。

如何看待韩、李和柳、刘之间的关系，历来的意见是有分歧的。对于他们的文学同盟，人们一般持肯定意见。对于哲学思想的评价，长时期抬韩李、贬柳刘。新中国成立后，柳刘渐渐为人们所重视，逐步恢复了历史的本来面目。但是一场评法批儒，柳刘被抬上天，韩李被贬入地。这是对历史的简单化图解，不利于哲学思想史的科学研究。

我认为：韩李和柳刘在哲学思想上的区别，集中表现在天命观点上。由此可以看出韩李思想的唯心主义倾向，看出柳刘思想的唯物主义倾向。然而评价一种思想的历史地位，还应当把它放在当时的社会环境中，看其在当时的社会作用如何；还应当把它放在整个思想发展史的链条中，看其在前后思想联系中所起的作用如何，尽可能作出较为全面的评价。

大体说来，韩李是讲天命的，这是唯心主义的糟粕；但他二人排佛，针砭了当时社会生活中的一大祸害，又是有进步意义的。柳刘非天命，以纠正韩李（主要是韩愈）的错误，有着积极意义；但他们又有好佛的一面，也应当视为时弊，不能说成是唯物主义。

韩李的思想为宋明理学所继承，可见他们的思想反映了当时社会的情况，预示了新思潮的发生。不然，就难以解释这种"继承"和"发生"。柳刘的思想总结了先秦以来的天人关系的理论，天命问题就此搁置，暗示着新的哲学主题的产生。一个在单方面唯心地开拓了哲学新路，一个在单方面唯物地进行了哲学总结。这是他们在哲学思想发展中，各自起过的特殊的作用。

在当时的一些社会问题上，韩李和柳刘也有相似的意见。如维护封建统治，维护中央集权，维护朝官利益，爱惜贤才，接近百姓等等。柳刘属于二王（王叔文、王伾）集团，是封建统治阶级内部的激进派，主要代表着庶族地主阶层的利益。韩愈对于"二王"有敌意，看人不起，攻击永贞革新，但是在当时的社会政治生活中，还不能说成是反动派。李翱对永贞革新的态度似乎暧昧，曾有"王叔文居翰林，决大政，天下懔懔"之说（《故东川节度使卢公传》），但尚不足以成为他反对永贞革新的证据[①]。实际上，韩李和柳刘在社会政治主张上，并无重大分歧。但韩李说起来头头是道，具体实行则迂腐气太重，比不得柳刘。

[①]侯外庐主编的《中国思想通史》曾以此话为证，说他"反对新政"。看来理由并不充分。

当然,李翱同韩愈也不尽相同,不可完全画等号。韩愈着重在原则上、形式上提出问题,提出了儒家的道统说。李翱则着重用"复性"理论回答问题,充实了他们的学说,并且在某些问题上超出了韩愈的形式规定(如"去情复性说")。所以,学界常有韩愈的思想不如李翱的思想深刻的意见。总之,韩愈和李翱为以儒家为本的儒、释、道的思想合流,做了事实上的准备,成为宋明理学的先行。

古人评价李翱,特别集中在他的学派属性上。一种意见说他是儒家,以欧阳修和全祖望的评价最高。他们并不是没有看到李翱思想中异于儒家正统的成分,而是认为可以理解,甚至认为是"发明"。(见全祖望《李习之论》)

另一种意见说他是阳儒阴释。朱熹说,李翱论《中庸》,杂乎佛老之言。(《中庸集解序》)清人阮元加以发挥,专门写了《性命古训》和《复性辨》,繁琐考证,结论是:"六朝人不讳言释,不阴释而阳儒。阴释而阳儒,唐李翱为始。……象山、阳明更多染梁以后禅学矣。"他承认李翱的"复性说""有用有益也",但是"以为尧舜孔孟相传之心性,则断断不然"(《研经室·一集》)。

今人对李翱的评价可从两个阶段上去看,即新中国成立的前与后。新中国成立前的评价,主要有三个问题:第一,他的思想来源。一说是儒家;另一说是释家天台宗;又一说他"杂糅佛、儒、道三家之学,欲条举其来源,固不可能"(吴恩裕《韩愈李翱与佛教之关系》)[1]。第二,他的学派属性。一说为儒表佛里(吴恩裕的观点);另一说为援佛

---

[1]第一种意见为孙道升所主张,第二种意见为陈寅恪所主张。均参见孙道升著《李翱思想的来源》一文,载《清华周刊》第41卷。第三种意见为吴恩裕所主张,见《韩愈李翱与佛教之关系》,载《清华周刊》第38卷,或《李习之复性书探源》,载《行健月刊》第5卷第2期。

入儒而排佛,故可为儒(冯友兰、谢无量的观点)①;又一说,称其"非儒非墨,非老非庄,亦非释氏之任何一宗,而为独立新生之李学",评价甚高(黄天朋《李翱哲论集注》)。第三,在李翱开宋明理学之先河这一点上,诸家认识是比较一致的。

后来,用马克思主义观点分析评价中国哲学史,一致认为李翱的思想属于唯心主义哲学。具体意见也有差别。任继愈本和侯外庐本称为唯心主义,杨荣国本称为主观唯心主义,张岱年的《中国哲学史史料学》称为客观唯心主义。

对于李翱思想在当时社会中的作用,看法上是有分歧的。一种意见认为李翱的社会思想是反历史的,其人性论是十分反动的。②另一种意见,可以理解为他的反佛教的现实意义大于理论意义,某些社会主张似乎不宜全盘否定③。对于李翱的政治派别,是属于贵族地主集团,还是属于庶族地主集团,未见直接论及,尚属存疑之点。

另外,杨荣国指出,李的"复性说"是直觉主义,被某些教科书所采纳。杨荣国还特别指出:韩愈为宋明理学的先驱,李翱为宋明理学中心学的先驱,以示朱熹的客观唯心主义理学同陆象山、王阳明的主观唯心主义心学的先行差别。

我们今天继续研究李翱的思想,要坚持以马克思主义为指导,把它放在当时的社会环境之中,放在中国古代思想发展的历史链条之

①见冯友兰《中国哲学史》,中华书局,1961年。谢无量《中国哲学史》,中华书局,1916年。

②杨荣国《李翱哲学思想批判》,载《哲学研究》1959年第8期。参见杨荣国《简明中国哲学史》,人民出版社,1973年。

③任继愈《中国哲学史》把韩愈李翱放在一章讲,对李翱的评价不多。但亦可从对韩愈的评价中引申出上述看法。参见任继愈《中国哲学史》,人民出版社,1979年。

中,给予恰当的评价。既要对他的世界观属性作出明确的判断,又要具体问题具体分析,吸取其精华,剔除其糟粕,以利于中国古代思想的科学研究和我国的文化建设。

（原文署名晓闻,载《甘肃历代著名哲学家》甘肃人民出版社,1986 年）

一个法国哲学家对"理"的理解
——试析马勒伯朗士关于中国哲学的基本观点

"你的永恒的幸福必然取决于这个比较研究。"

——马勒伯朗士

马勒伯朗士(1638—1715年)是一位生活在17和18世纪之交的法国哲学家。在西方哲学史上,他远远不像柏拉图、亚里士多德或同时代的培根、笛卡尔等那样声名赫赫。但他对中国哲学发表的重要观点,在中西传统哲学比较的历程中留下了鲜明的印记,使其成为比较哲学研究的先行者之一。

他对中西哲学的比较,是以《一个基督教哲学家和一个中国哲学家的对话——论上帝的存在和本性》(1708年)一文为代表的。这篇著作(以下简称《对话》),主要比较了中国哲学的"理"与西方基督教哲学的"上帝"之异同。本文着重于他对中国哲学的"理"的理解,试图陈述其基本观点,分析其立论思路,简评其比较的意义,以达到对中国哲学和中西哲学异同的进一步反思。

1. 马勒伯朗士所闻知并理解的"理"

中国古代哲学曾称为理学,"理"是它的基本范畴之一。马勒伯朗士通过这一范畴与"上帝"的同异来比较中西哲学,可谓颇具慧眼,抓住了关键。但在中国哲学中,"理"这一范畴既有历时嬗变,又有共时差异。它最早出现于战国时期,泛指一物之理。宋明之际,"理"成为与

"气"相偶的一个哲学范畴。大致说来,它既指事物的法则和规律,也指伦理道德。具体言之,程朱、陆王与张载等诸家,或唯心或唯物,或主观或客观,各种解释又有较大区别。所以,对"理"的基本了解,是马勒伯朗士的比较研究工作必须具备的一个前提条件。

据《对话》的附录透露,马勒伯朗士是从"那些把看法告诉我的人"那里了解中国"理气说"的,而"那些人"又是从"谈过话的人们"那里得知有关观点的。这就出现了一条哲学文化"传播链"。史料表明,其间的媒介性人物是传教士阿丢斯·利翁(即梁宏仁)。老子曾说:道可道,非常道;名可名,非常名。由于"理"这一范畴在中国哲学中就有诸家歧议和历史演化,再经过跨语言文化系统的翻译、传播和解释,所以马勒伯朗士的闻知和理解中,可能存在着语义信息耗损、变形和失真等情况。然而,文化信息的传播和接受具有"失真"的相同可能性。这里不是要进行新的考证、修订、辨伪或论争,而是想强调事情的复杂性,以避免比较研究中独断论和怀疑论的两极陷阱。本文所注意的,一是弄清楚马朗伯朗士关于"理"究竟说了什么,二是他讲的大体符合中国哲学思想,也就奠定了继续探讨的必要前提。

马勒伯朗士将对"理"的了解,概述为五条,即是他在附录中指明想要"驳斥他们的东西"。参照正文中的有关论述,可以知道,他认为"理"有五层次的特征。

(1)在"理"的本性上,"理"是一种存在体;是至上的理性、法则、智慧、正义。

(2)在"理气"关系上,"理"本身不能自存,不能独立于"气",它永恒地存在于"气"中,是(气即物质的)一个形式或分布在"气"里的一种性质;它做成"气",并且把"气"安排在我们所见的这种完善的秩序之中。

(3)在"理"有无自我意识上,"理"不明智、无智慧,虽然它是至上的明智和智慧;"理"无自由,既不知道也毫无意愿,它之所以行动只是由于本性的必然性。

（4）在"理"对人的关系上,"理"使适合于接受智慧、明智、正义的部分物质成为有智慧、有明智、有正义的。因而,一方面人的精神是净化了的、适合于被理性所示知的,从而明智起来或能思考的物质;另一方面,"理"是照耀一切人的光,我们在"理"中看到万物和各种永恒真理与法则。

（5）在"理"是否可说上,为了尊敬"理",我们不敢说它明智和公正;但世界上充满矛盾,这就是"理"并不明智的标志。（以上均引自《对话》和附录）

上述几条总合起来,就是马勒伯朗士对"理"的一般理解。可以认为,它虽然不尽符合中国哲学"理"的本义,其间还存在一些矛盾（如"理"是存在体又是至上法则,"理"不可说却又在说）。但它作为理解者与被理解者相互作用的结果,已经在对"理"的认识上,为身处中国哲学氛围的人提供了一种来自异体哲学传统的理解。

2. 马勒伯朗士对"理"与"上帝"的几点比较

他在闻知、理解、陈述中国哲学的"理"时,心中已有一个先入为主的、与之比照的观念原型,即他的母体文化（基督教文化）的核心观念——上帝观念。他认为:中国人从"理"中看到万物和永恒真理,"理"是至上的。这较之世俗的"帝王观念",更无限地接近于上帝的观念。他还假借中国人之口说,"理"似乎和"上帝"有很大的共同之处。因此,"理"与"上帝"当作两种文化各自获得真理、把握万物的最终原因,和各自的至上理性与最高观念,两者之间具有进行比较的同一性条件,也就是有可比性。另一方面,两者毕竟又很不同。《对话》所做的比较,其主要意图和更大篇幅都是在这不同的方面。现择其要点,评介如次。

首先,"上帝"是无限完满的存在体,"理"是一种存在体。在存在体的同等意义上,上帝是无限完满的,"理"只是其中的一种。因为,"理"是与"气"互相对待、互相依赖的,"上帝"则是无所对待、无所依赖、唯一的。在深层区别上,上帝本身是实体性的存在,"理"本身不是实体性的,是关系性(法则)的存在。

其次,"上帝"是无限的,它把一切东西之中所有的实在性或完满性都包含在它的本质里,因而又是自有的、自足的、没有限制的。"理"是有限的,不完满的,它依赖"气",在"气"中存在。因此,中国人以现实形式想象的上帝,如有权力的帝王或天上之王,只是这样或那样的一个有限存在体。

再次,"上帝"是至上法则的立法者,那是含在它的无限本质里并为一切存在体所不等地分有的永恒的、不变的、必然的秩序,是永恒的、必然的、不变的法则,甚至它自己也不得不加以遵守,以不违背它自己。"理"应当是永远不变的,但是它当作"离开物质就不能存在"的"物体的形状和安排",可以死灭、可以改变。这样的"理",没什么了不起。

再其次,"上帝"是自明、自知、自爱、自由、自立、全能的,它就是明智、光明、正义、善行本身。它永远按照它之所是来行动;它之所以认识物质只因为它创造了物质;它也是我们的明智和各种认识的作者。"理"本身既不明智也无智慧,既无自由也无意愿。如,世界上充满矛盾就是它不明智的标志。它不知道自己是什么、做什么,不过凭着善行本性的盲目冲动才做的,这只是一种顺其本性的必然行动。

再再其次,"上帝"是具体的、唯一的、全能的主体。基督教甚至希望教徒们看到上帝的真实样子。因为,它的本质里包含着所有存在体的观念或原型,它能够愿意和创造这些存在体,凡是它创造的东西都不停息地需要它。或者说,它是那位把所有形式和品质集于一身的、全部自有的存在体。而个别的、有限的存在体，包括那可能有、未被执行的模型，都是对它的分有或模仿。"理"作为明智、智慧、秩序、法则、规范和正义本身，安排着"气"的秩序，表现出能动、主动的品质。然而，它仍是一些抽象的形式和品质，并不是任何主体的形式和品质，在观念上还是一些"无主体"的"主体性质"。

最后，"上帝"作为创世主，按照灵魂和肉体相结合的一般规律，给我们肉体和灵魂，使我们获得知觉和观念。"理"使适合接受智慧、明智、正义的部分物质成为有智慧的、有明智的、有正义的。故而，人的精神不过是这样转化而来的，适于被"理"所示知的、从而明智起来并能思考的物质。

仅此六点已经说明，"理"与"上帝"之间存在着根本不同。从他的基督教哲学观看，两者的种种区别集中到一点，就是"无神论"与"有神论"的对峙。因为，"上帝"是基督教哲学的核心观念，又是整个基督教的神学偶像。中国哲学的"理"，却是从传统的自然主义、社会伦理及认识论研究中产生的一个普遍观念。按照他的说法，这是中国哲学家们的错误，需要在与"上帝"的比较中加以驳斥。

3. "真正的理"与走向"上帝观念"之路

他从"理"与"上帝"的比较中，作出了肯定"上帝"、贬斥"理"的结论。本来，这个结论对他已是不比自明的前定。因为在一个基督教哲学和神学教授的心中，上帝观念比任何其他观念更具有至上性，这是确定不移的。他并不局限于一般的比较，而是抱有明确的宗教传播目的。《对话》正是这样，供"那些为了使这些人民皈依而工作的传教士们之用"。为此，他力求用"真正的理"（即上帝）修正中国哲学的"理"，进而采取关于上帝的证明与走向"上帝观念"之路相统一的方法，试图以此说教中国人皈依基督教的上帝。

在他看来，中国哲学主张"理"的至上性，与"上帝"的至上性相似。可是,中国人又给"理"加上了种种限制,使其成为有限的,这很荒谬,是贬低"理"。因此他沿袭中国哲学的术语,提出了"真正的理"的概念。由于他按照"上帝"的样式塑造"真正的理",所以知道"上帝"怎样,也就知道了"真正的理"怎样。"真正的理"实质上就是他心中的"上帝"。这样,有了前面的比较作为参照,也就勿需再解释。他之所以采取"真正的理",既是为了区别中国哲学的"理",又是为了修正中国哲学的"理",以使其质同于基督教的上帝。

把"上帝"说成"真正的理",认定上帝观念是一切观念中最好的观念,他并不需费大气力。问题是,其一如何能够证明上帝的存在?其二人们如何能够在心中升起上帝的观念,或曰走向"上帝观念"之路何在?《对话》中设定的那个中国人就提出了这样的问题。那个中国人说,上帝的观念是最好的观念,但是我们否认这种无限是存在的。它是一种虚构,一种没有实在性的幻想。显然,不解决这样的问题,马勒伯朗士的比较与修正就达不到最初目的和最后效果。

马勒伯朗士自认为,他采取的是一切证明(即基督教哲学和神学关于上帝存在的种种证明)中的一种非常简单、非常自然的证明。这种证明,与昭示走向"上帝观念"之路是二合为一的。它主要由一组三段论推理组成。大前提是:凡是精神当前地、直接地知觉的东西,都是个什么东西,或者都存在。小前提是:人是由创世主建立的灵魂和肉体相结合的一般规律做成的;我是有灵魂(精神)的人和能够从事知觉与思想活动。所以结论:我想到无限,我当前地、直接地知觉无限,无限便是存在的。这无限的存在,就是上帝的存在。其反证是:想个什么都没有和什么都没想,知觉个什么都没有和什么都没知觉,是一回事。当作无法成立的旁证是:如果它不存在,在知觉它的时候,我什么都没有知觉到,因此我并没知觉。我知觉,同时又没知觉,这显然是矛盾的、不可能的。总之,仅仅由于我们去知觉无限,因此无限一定存在。故,上帝一定存在,且是一个无限的存在体。

如此这般,从达到"上帝观念"到上帝存在被证明,或者从证明上帝存在到树立起"上帝观念",两者是同一的。在他看来,只要采取这种二合为一的方式,就能够既证明上帝的存在,又在心中升起"上帝观念"。这显然是对安瑟伦的"上帝存在的本体论证明"的重复使用。

通过"理"与"上帝"的比较,马勒伯朗士已经感到了中国人思维方式与基督教文化思维方式之间的重大区别。因此,能否说服中国人采取他给予的方式,还不是完全有把握的。例如,《对话》中设定的那个中国人,就使用"由气见理"(格物穷理)的方式,提出只能从有限中见到无限(如同一张小小的画表现广阔的原野)的问题。马勒伯朗士的反驳是,无限不能从有限的东西中看到,只能直接知觉,归根到底还是无限的存在体——上帝所使然的。上帝把灵魂和肉体两种实体组成人,做成两者相结合的一般规律,又"用他的永远有效的实体来触动我们的精神",使我们能够想到无限。又如,那个中国人还提出,人之知觉无限,固然以无限为对象,但不过是精神这部分有机的、净化了的气(物质)把它表现给你。这样便不能得出结论,说"无限"绝对存在,且于我们之外存在。而人之想到无限,并不是想到上帝那样的存在体(即无限是否等于上帝的问题)。诚然,马勒伯朗士逐条设问并做了回答和反驳,最后以基督教徒的答复结束了对话。可是,那个中国人是不是接受了上帝存在的证明和上帝观念,是否同意用所谓"真正的理"改造中国哲学的"理",并归附基督教的上帝,便不得而知了。

4. 在"理"与"上帝"背后隐藏的深层哲学分歧

人类的世界文明史和文化现实告诉我们,中国、西方、印度的三大传统哲学与文化,它们之间虽有交融渗透、相竞相长,但在各自的传统上不仅没有互相取代,而且仍然显示出自有的生命力。回到马勒伯朗士的《对话》上,中国人就其民族群体而言没有接受"上帝观念",

西方人也没有接受中国哲学的"理"。我们进一步注意的是,"理"与"上帝"背后所隐藏的深层哲学分歧。这是一些马勒伯朗士没有自觉加以讨论,却在《对话》中触及的问题。主要有这样几点。

第一,两极框架与三极框架。如同《对话》所注意到的,中国哲学是用"理气关系"这样的两极框架来掌握世界,建构哲学世界观的。最具代表性的宋明哲学,不论程朱理学和陆王心学,还是王安石的"道气一元论"和张载的"气化论",都在两极框架中。自然,我们并不忽视中国哲学的自身区别和唯物唯心之对立,而是从这个角度提出两极框架在中国哲学思想中的普遍性问题。在西方哲学中,上帝、物质、精神组成把握世界的三极框架,一般如此。当然,我们也注意到西方哲学的历史演变和内在区别,以及无神论思想的存在。思维框架特点的这种区别,与中国无神论和西方有神论作为各自心理文化的倾向性;中国辩证法侧重对立统一结构(阴阳说、矛盾说),西方辩证法侧重否定之否定过程(正反合三段论、扬弃说)……是有联系的。

第二,重视关系与重视实体。中国哲学的"理"在至上法则的意义上,是就"关系"而言的。作为一种存在,它又是在与"气"的关联中被界定的。有的哲学家主张"以理为本"(如二程),也是指变化之理乃气之本原,而非实体意义上的本体。《对话》中的那个中国人还说,"即使上帝也不得不屈从于它"(即当作至上法则的"理")。相比之下,中国哲学对作为实体的"气"却研究不足(中医与气功应在另一层次讨论)。而且,停留于"理气关系"的论争,既无突破性进展,又无实证性和科学性,难以现代化。西方哲学重视实体,在上帝观念中也有表现。马勒伯朗士认为,上帝是把所有实在性或完满性都包含在自身本质里的唯一的、全部意义上的存在体。它不是"无(没有)"而是"有(存在)"。上帝"用它的永远有效的实体来触动我们的精神"。由于"物体与物体之间的关系归根到底不过是物体本身""去掉了物体的实在性,你就去掉了它们的关系"。所以,"实体比它的各式各样的安排要有价值得多"。这个思路,对西方文化重视自然哲学、分化出近代科学,是有促进作用的。

第三,从具体到抽象与从抽象到具体。马勒伯朗士多次指出,中国哲学的"理"是抽象的。这种批评不无道理。因为,"理在气中""格物穷理"所肯定的,就是"理"存在于经验直观掌握的"气"的表象(感性具体)之中,通过思维抽象被明智地"建立起来"。但是,"理"的诸抽象规定的关系如何,它们是否结合为一体(主体亦实体),如何综合起来? 中国哲学则很少考虑,表现出"从具体到抽象"的思维方式倾斜。西方基督教哲学的"上帝",虽然难以通过经验直观的感性具体去把握,而在诸种"奇迹所启示的"抽象规定之结合中,上帝就成为具体的、完满的、唯一的,乃至绝对偶像化的。因此,就那种单一抽象(如智慧、明智、正义)而言,中国哲学完全可与西方哲学媲美。在思维(理性或信仰)具体的方式上,则显得逊色。相反,中国哲学思想的特点更便于经验直观的把握。西方哲学在把单一抽象与感性经验相联系上,比较中国哲学也是逊色的。思维方式上的这种差别,显示了中国哲学重经验(具体)、重抽象(及抽象规定),西方哲学重论理(和逻辑)、重具体(理性)的各自特点。《对话》中讲到,中国人由知觉中得知理(经验→抽象→理),基督教徒强调知觉与"真正的理"相区别,主张"上帝观念"有其自己的由来,就表现了这种情况。

此外,在有限与无限(是否存在自为的无限)、相对与绝对(是否存在自足的绝对)、变与不变(是否存在永恒不变的法则)、可说与不可说(自为的无限与绝对是否可说)等一系列重要的哲学问题上,我们也能够从《对话》中发现双方的微妙差别。这类更深层次的分歧,在马勒伯朗士的论辩中,有些是被意识到的,有些还是潜意识的。按照唯物史观,"中国人"与"基督教徒"的观念区别,自有其经济的、政治的、心理的、文化的、历史的、地理的、民族的诸多原因。这些都是我们不应忽视的,也是有待更广泛、深入和细致的研究。

《对话》一文距今已有 300 年。该文的译稿几年前才与我国更多读者见面。今天读来,仍不失为比较哲学研究的一篇重要文献。虽说其目的在于向中国传播基督教文化,客观上确也起到了向西方传播中国哲学文化的作用。从一定意义上说,它通过直接"驳斥"来认识并扩大了异体文化的影响,假设的"(自我)反诘"锤炼了自体文化,进而收到了双重反向效果。特别是它采取的研究目的、研究态度、研究方式,为我们深入中外文化比较研究提供了一些借鉴。总之,《对话》对原始思想材料的掌握仍有不当之处,论辩中也有偏颇之虞。但是,它在比较过程中暴露双方的某些弱点,提出新的问题、思考和观点,对于促进不同哲学文化的交流、了解、相长,还是有积极作用的。

（原文署名晓闻,发表于《甘肃社会科学》1990 年第 4 期）

第二部分
经济与经济改革

科学技术是促进农业发展的动力

——平凉地区 17 户农村专业户的调查

今年(1984 年)的麦收季节,我们在平凉地区调查了 17 户农村专业户。尽管他们还是在发展中,算不上全国先进水平,但是他们的共同实践却说明了一条普遍的真理:科学技术推动着专业户的发展,展现了我国传统农业向现代农业转化的广阔前景。

一、依靠科学技术,提高农业劳动生产率

我国人多地少,农业生产用地有限。但是随着人口和社会生产的发展,农产品的需求量越来越大。这是一个十分尖锐的矛盾。在平凉农村,人均耕地 3.96 亩,高于全省和全国的平均水平。然而农业用地也是有限的。很明显,在这有限的土地上,依靠传统农业技术,即使在风调雨顺的条件下, 吃饱肚子是可以做到的, 要劳动致富却十分困难。这 17 户专业户的实践证明:要想富,除了依靠党的富民政策外,还得依靠科学技术。

泾川县窑店乡坳心村王有发,是甘肃农大的毕业生,现在县科委工作。前些年,全家每年口粮缺百分之四十,还要给队上倒找 120 元。这两年,他用科学技术指导家里种植承包地,每年有余粮 1500 斤,还有一笔可观的现金收入。以 1983 年为例,他家的五亩小麦主要采取了四条措施:一是全部采用良种;二是用磷酸二氢钾拌种;三是合理下种,每亩 25 斤,比一般农户少 15 斤;四是叶面喷磷和矮壮素。这几

项成本,每亩 0.5 元(不包括籽种钱)。但是亩产小麦 600 斤,比一般农户高 120 斤,按每斤 0.15 元计算,折合 18 元。加上节省的籽种,去掉成本,等于每亩地比一般农户多收入 19.75 元。六分地的黄花苗,采用块根繁殖新技术,出苗五万株,比常规繁殖出苗的两千多株高出近 20 倍,多收入 700 余元。今年他家又用六分地套种玉米和葫芦,采取了地膜覆盖技术。由于增温保墒早成熟,可以避开秋季的一些灾害,仅玉米产量一项就提高 300 斤。按单产计算,要比一般农户高出 500 斤。秋收后,再用这块地来搞黄花块根繁殖。他的经验表明,传统选用良种、间作套种、倒茬和合理使用土地等方法,同新的科学技术结合起来,是发展生产的有效途径,可以得到很好的效益。

华亭县东华乡蔬菜专业户解经训,50 多岁,有种菜经验,现承包四亩菜园。1983 年开始在两亩地上架起塑料大棚,使每年一茬半菜变成了三茬菜。而且可以提前上市 1 至 2 个月,既卖好价钱,又提早供应市场需要。结果当年的大棚菜每亩比从前多收入 204 元。今年一亩大棚韭菜留床,冬季出韭黄,预计这一亩的年收入可达 1000 元,比一般菜地的产值高四倍。他还利用庭院中的一分地搞起了大棚花房,1983 年卖花收入就达 500 元。谈起塑料大棚的好处,解老汉喜形于色。他说:"我务了二十多年园子,现在才有进步。"解老汉能取得这么一点"进步",一是党的政策好,二是他有一定的文化基础。前者提高了老汉的积极性,后者使老汉有了掌握一定的科学技术、发展生产的能力。

二、科学技术推动着综合利用、良性循环和提高效益

农业资源的综合循环利用、农产品的多层次加工和生态平衡,是发展生产、提高效益的一个有效方法。静宁县城川乡专业户马书林,全家 18 口人,9 个劳力,承包 32 亩责任田。在从事种植业的同时,他

家从 1981 年底办起粉条、凉粉和醋的加工业。又利用加工业的副产品醋糟、粉渣和部分余粮，养了架子猪、种公猪、奶牛、黄牛。猪粪和牛粪再用来肥地，解决肥料问题。这就形成一个在家庭经营范围内，农副牧各业协调发展的、为市场需要进行生产的良性循环。

这种通过综合利用实现小循环的经济效益是很好的。概括起来有三多：一肥多，山地每亩施肥 500 斤，川地则更多；二粮多，川地产量过千斤，山地达 500 斤，超过当地农户 100 百~200 百斤；三副业收入多，仅 1983 年的加工业和养殖业收入就近 4000 元。生产大翻番，从 1981 年底办粉坊算起，贷款 1.1 万元，自筹 700 元。到 1983 年底，归还贷款 7500 元，有流动资金 3000 元，粉坊设备 2500 元，奶牛、黄牛和种猪价值 6200 元，盖房修房十六间花费 3800 元（包括部分生活住房），合计 2.3 万元，等于两年翻一番；生活大变样，购置了电视机、收音机、架子车、自行车、缝纫机和手表等其他生产生活用品。

崇信县柏树乡信家庄村专业户信步清，是一个靠科学技术把综合利用提高到新水平的典型。他家 9 口人，两个劳力，除种植 18 亩承包地外，还经营养鸡、孵鸡、养蚯蚓、养猪、养种牛、做豆腐、加工饲料、医治病畜（兽医）和缝纫等九个项目。大多数项目之间形成了一个有机的良性循环。

这个循环的基本关系是：（1）粮食加工成豆腐和饲料；（2）豆腐渣和饲料喂鸡、牛、猪；（3）烧炕、做饭、做豆腐的余热供给简易孵化室，用来孵小鸡；（4）牛粪用来养蚯蚓；（5）蚯蚓喂鸡；（6）鸡粪喂猪；（7）人和畜禽粪以及蚯蚓粪，用来还田肥地；（8）种公牛用作配种。

这种循环的效益十分明显：（1）肥多粮多。18 亩地每亩上粪肥 70 架子车，还用不完。并且可节省 6 袋化肥，合 88 元。粮食单产高于当地农户 100 多斤（包括良种等因素）。（2）节省能源。烧炕、做饭、做豆腐、孵小鸡共用一个热源，大大节省了煤和柴。仅孵小鸡一项，每只鸡的能源费就从三分钱降到一分钱。(3)降低饲料成本。养蚯蚓喂鸡,代替了鱼粉,每只鸡每天可节省一分钱的饲料款,300 只鸡一年节约 1000 元。做豆腐主要为了要豆腐渣,解决猪和鸡的饲料中的植物蛋白问题。鸡消化道短,有 30% 的营养不能吸收,所以又用鸡粪配合豆腐渣和油渣喂猪,可节省三分之一的猪饲料。(4)广开生财之道。各个项目的循环之间产生效益,各个项目本身又有效益。例如,豆腐、孵鸡、养鸡,各有各的单项收入。用配合饲料和鸡蛋喂种公牛,年配种头数提高了百分之七十五,多收入 490 元。(5)生活富裕起来。过去,信步清家非常困难,只有一床被子、一只锅和几个碗,老婆也走了。现在新娶了老婆,年收入 3000 多元。家中买了两辆自行车,两台缝纫机,两台收音机,两辆架子车,6 块手表。除还清 2000 元贷款和生产队欠款外,还借给亲邻 3400 元。信步清本人中专毕业,勤学肯干,有多种才能。现在又订阅 18 种报纸杂志,有新的知识和信息来源。把新的科学技术及时应用到他所从事的生产过程之中,给他的家庭经营注入了新的活力,使他走上致富之路。

三、科学技术和管理,有力促进了农户经济结构的深刻变化

种植业和养殖业是传统农业的两大主要门类。科学技术和管理使加工业成为新型农户经济的第三大门类,并且在农户总收入中所占的比重愈来愈大。庄浪县水洛乡文沟村专业户文永福,新中国成立前做过店员,有经商本领。大儿子是高中毕业生,任村文书,又学会了醋的加工技术。现在做醋和经营百货,成为他家两大经济支柱。以 1983 年的户收入为例,在总收入 3967 元中,醋和醋糟的收入占 53%,百货摊收入占 20.4%,农业收入占 12.1%,养猪收入占 9.8%,村文书报酬占 3.2%,养鸡收入占 1.3%。农业收入退居第三位,比重较小。

泾川县窑乡坳心村专业户王元发,29 岁,初中文化程度。他不仅

学会了传统醋的加工技术,还学会了银耳栽培新技术,开拓了新的生产门路,形成了新型的家庭经济结构。以今年(1984年)的户收入构成为例，预计总收入7480元，其中醋收入占38.2%，银耳收入占17.8%,农业收入占12.7%,养猪收入占9.9%,树苗收入占8.9%,块根繁殖黄花苗收入占3.8%,蔬菜收入占3.8%。目前,这种"一业为主,兼营其他,多种经营、综合发展"的专业户,与我省农业生产力发展水平比较适应,具有较强的生命力,是近几年内农民劳动致富的一个基本方式。

四、科学技术的推广应用,加速了离土专业户的产生和发展, 促进了农村商品经济的更加繁荣

上述"一业为主、兼营其他"的专业户有一个特点,就是在承包地的基础上,进行一定规模的商品性生产。由于"小而全"等原因,其商品率还是比较低的。我们在调查中发现,平凉市有两户离土专业户,特点是"小而专",商品率高达90%以上。就眼前来看,这类专业户数量少,规模也不很大。但是从长远来看,却是代表着广大农民劳动致富的方向。这两户离土专业户是:

平凉市柳湖乡泾滩村养奶牛专业户柳玉柱,畜牧中专毕业,1983年5月离职回家办奶牛场,当时借贷现金35000元。奋斗一年后,有奶牛16头,价值三万元;一排牛舍价值3000元,流动资金10000元;归还贷款2000元。折算下来,一年纯收入一万元(不包括购置生产和生活用品)。还有多方面的社会效益:(1)平均每天上市鲜奶150斤左右,约占平凉市每天鲜奶上市量的1/14,有助于改善市场鲜奶紧缺的状况。(2)按现有规模,每年可给国家上税300多元。(3)长期雇工2~3人,月基本工资50元,帮助减轻社会就业负担。(4)一年时间调剂出20头奶牛,解决了部分愿意养奶牛户的急需。

平凉市柳湖乡孵鸡专业户毛彩霞，是在省牧研所毛玉芳同志帮助下，依靠科学技术发展起来的又一个离土不离乡的典型。他家从1981年4月开始养鸡，1982年3月开始搞孵鸡，现在是养种蛋鸡和孵小鸡的专业户。1983年孵鸡收入7200元，今年（1984年）上半年种蛋和孵鸡收入达7024元。在科技人员帮助下，毛彩霞不仅学到了技术，获得了效益，而且制作了更加适合农户经济文化水平的、土洋结合的孵化设备。这套设备，成本只有2400元，比电孵化设备低5600元，每年可节约电费670元。电孵化的孵化率为86%，而这套设备却高达90%以上。

柳玉柱和毛彩霞的经验表明，一个有四五口人的农民家庭，一旦用科学技术武装起来，就可能较快地形成离土专业户。在此基础上，不仅可以成为万元户，而且可以成为年收入更大的户。相反，没有一定的科学技术，像这种规模的农民家庭，要达到万元户，也是很困难的。

五、科学技术推广和应用，推动着农业内部行业分工，
出现了新型的、以商品生产为目的的农村经济联营网络

从自给半自给经济向较大规模的商品经济转变，是我国农业正在发生重大变化的一个标志。在这种转变中，科学技术不仅提高了劳动生产率，开辟了新的生产门路，而且促进了社会的经济分工，从而出现了以商品生产为目的的农村经济联营网络。科学技术是推动这种转变的主要力量之一。

目前，农村经济联营网络的一个重要形式，是产供销一条龙的链式联营经济。静宁县烧鸡专业户王贵生和陆四海，有传统的烧鸡技术和较强的经营能力。他们同100多个收鸡贩鸡户有联系，并且通过这些户又与更多的养鸡户有联系，形成了养鸡、收鸡贩鸡、加工鸡和卖烧鸡的一条龙。静宁县委、县政府因势利导，组织有关专业户和行业部门成立了县畜禽联营公司，准备给千家万户和专业户提供更多的支持，促使他们向较大规模的商品经济发展。

同行业联营，这是以能人为中心，以提高产品质量、增强市场竞争能力为目标的经营联合体。静宁县洋芋年产量很大，许多农户利用洋芋加工粉条，但技术不过关，产品质次价高，出现了滞销和积压。然而，城川乡专业户马书林加工的粉条，又白又细价格低，是当地市场紧俏货，而且远销省内河西走廊和青海等地。为此，在县有关部门引导下，该县148家从事粉条加工的农户，组织起来，成立粉条联营公司，推荐马书林为带头人。这个公司的成立，旨在提高技术、质量和竞争能力，以形成拳头产品，打开更广阔的商品市场。

在农村联营经济中，产供销一条龙联营和同行业联营，有着进一步相融合，发展成为多层次多交叉的结构性商品经济联营网络的可能性。例如，平凉市奶牛专业户柳玉柱，就是这种更大的联营经济网络雏形的一个网结。他一方面同平凉地区十几户养奶牛户有联系，经常做些技术指导、医治病畜和交流经验等，存在松散的同行业联系。另一方面与种草户有联系，用牛粪换饲草；与豆腐坊有联系，用牛粪换豆腐渣，存在一定的产供销联系。如果这两方面的联系进一步加强，稳定下来，就可能发展成为结构性立体交叉联营网络。

然而，这仅仅是开始，还有许多的工作要做。据我们的调查，为了依靠科学技术推动专业户的新发展，推动传统农业向现代农业转变，推动自给半自给经济向较大规模的商品经济转化，平凉地区的专业户必须克服三个不足。

1. 信息不灵。知识和技术以及商品和市场的信息落后，是制约专业户向较大规模商品生产发展的一个主要因素。我们看到，有的种菜户使用的是50年代、60年代的资料，有些养鸡户仅有一两本较为陈旧的小册子，一些加工户利用的是传统的技术和市场，多数专业户不同程度地存在信息落后的问题。这个问题可以通过不同的方式解决，以平凉地区三户较好利用信息指导生产的专业户为例：有"信步清式"，订阅有关的报纸杂志；"柳玉柱式"，与学校、奶牛场和奶牛户建立通信联系；"毛彩霞式"，同科技人员建立稳定的联系。这需要专业户的努力，也需要有关部门的指导。现在这方面的工作还很薄弱，远远不能满足广大农民的需求。

2. 缺乏经营技术和能力。这是限制专业户取得更大经济效益的一个突出问题。从调查的 17 户来看，多数专业户在农户经济管理和核算、农户经济规模和长远打算、创名牌产品和加强竞争能力等方面，缺乏技术和能力。这个问题上，个别专业户是有一些经验的。例如，陆四海和马书林的经营中注重质量、讲求信誉、薄利多销。王贵生有个说法，"鸡儿越杀越多"，反映了他大胆经营、敢于竞争的风格。但是也还有巨大的发展潜力，比方静宁烧鸡，何时能够打进兰州市场？又何时能够成为甘肃地方名牌产品，占领外地市场？还是十分令人关注的。所以总起来看，专业户的经营技术和能力，普遍地需要提高和完善。

3. 致富的胆略不够强。我们曾同许多专业户谈起发展成万元户的问题，多数人摇头说"不敢想"。一些人觉得，每年有几千元收入，要比过去好多了。因此，专业户要发展、要大富，必须进一步解放思想，胆子放大，眼光放远，扫除各种思想障碍。要把同自己过去的比较，转变为同省内外的高水平相比较，同今后发展的新水平相比较，敢于大发展、快发展。要从小本小利小范围的地域型经营，转变为创名牌产品，打出本地本省，赚大钱、获大利的开放型经营。要从单户的专业经营，转变为分工分业分项目的农工商联合经营，转变为用先进的科学技术装备起来的、进行较大规模商品生产的现代农业。

（本文署名晓闻，发表于《社会科学》1984 年第 6 期）

甘肃省咨询业的现状及发展建议

咨询业是一个通过咨询机构的组织形式,以密集的人才、技术、知识和信息为社会提供智力服务的行业。我国的咨询业是20世纪80年代以来,随着各方面改革和国民经济部门结构与产业结构的调整而出现的。这几年,在沿海地区和北京、辽宁等经济发达地区发展迅速,收到了明显的效益。甘肃省咨询部门是1984年以来兴办的,可分为专营咨询服和兼营咨询服务两大类。(略)

当前发展甘肃咨询业的初始格局,可考虑以人才的相对积聚和管理的配套提高为重点,注意抓好这样几点。

第一,抓紧科技体制、教育体制方面的配套改革,推动各方面闲置的人才和技术设施向咨询业聚集。凡有条件也有能力开展咨询服务的科研和教学单位,应兼营咨询服务。在某些人才积压的大中型企业和行政事业单位,应当通过各种改革,把多余的人才挤出来,使之在咨询服务等新的岗位发挥作用,同时在全省宏观控制下尽量让各种人才合理流动。

第二,建立咨询行业协会和行业协调管理部门,制定行业管理制度和发展规划,提高全行业的管理水平。各种咨询部门,都需建立完整的规章制度和管理办法,包括项目、资金、计划统计、人员聘用等。其行业协会属于行业性民间组织,有各部门成员组成,采取民主协商和自我管理方式,行业协调管理部门属于政府系列的管理机构,应由各有关方面协商,经省政府统一决策后建立。

第三,制定统一的咨询行业政策,促进咨询业的形成和发展。其内容可依据国家有关文件和甘肃实际情况,包括扶持各种咨询部门,发展咨询市场,提供项目支持,改革投资方式,提供必要的资金支持;鼓励科技人员在完成本岗位工作前提下,参与各种咨询服务;鼓励咨询部门与生产经营部门建立各种稳定的、互利的联系等。

第四,开展咨询客户调查,尽快发展适应多数咨询需求的实用性咨询服务。小企业、乡镇(村)企业和广大农村,是咨询业发展的最广大的市场。但是他们的需求层次比较低,多数是小项目、小金额、初级水平的实用性技术和管理知识。应当加强这个层次的咨询服务,促使工业技术出城、农业技术到村。信息咨询部门有必要通过统计调查、抽样调查,逐步建立起甘肃省咨询需求和咨询客户的检索系统。

第五,以兰州、天水等城市为依托,加快发展咨询服务网络。咨询业因其人才、技术、知识、信息密集的特点,必然要以城市为依托,城市因其特点也是咨询业聚集、生长的理想区域,而现有咨询部门又有其生长特点。所以兰州、天水、河西个别市等城市,应把发展咨询业列为城市服务发展的一项重要内容,并以咨询服务的辐射作用来加强城市的辐射功能。

第六,深入进行经济体制改革,开辟更广阔的咨询需求市场。目前,甘肃省多数企业和广大农村,技术水平低、管理能力差、信息不灵、人才缺乏。应当通过各方面的改革,激活他们对技术、信息和管理的需求,推动他们以咨询客户的身份走上社会化的咨询市场,借助社会力量获得信息和技术,不断提高管理水平和决策能力。

(发表于《甘肃日报》1987 年 5 月 21 日第四版)

在社会生产总体中把握所有制

——学习《德意志意识形态》笔记

正确认识和解决所有制问题，在社会主义革命中始终占有极其重要的地位。140 多年前，马克思和恩格斯曾经把共产党人的理论高度概括为一句话：消灭私有制。社会主义国家 70 多年的实践，从一定意义上讲，就是消灭私有制，建立公有制。我国 12 年来的社会主义改革，一项重要内容也就是要解决所有制问题。中共中央在关于十年规划和"八五"计划的建议中，概括了建设有中国特色社会主义的 12 条基本理论，其中一条就是"坚持以社会主义公有制为主体的多种经济成分并存的所有制结构"。历史和现实都表明，我们在所有制的理论和实践上，虽然取得了很大成绩，但也还存在着未知的必然王国。因此，继续进行改革探索的同时，重温马克思和恩格斯的著作，从中学习认识和解决所有制问题的观点与方法，是很必要的。本文仅以学习笔记的形式谈点体会，供学界研究。

《德意志意识形态》（简称《形态》）是马克思和恩格斯批判青年黑格尔派唯心主义，阐明历史唯物主义的一部重要著作。这部著作，从意识形态的现实基础角度探讨了所有制问题。它关于所有制形式与生产工具、分工分配、劳动组织、国家和法的关系的论述，具体表现了在社会生产总体中把握所有制的思想，对于经济体制改革，有着现实指导意义。

一、生产工具与所有制形式

所有制属于生产关系范畴。它建立在生产力基础上,随着生产力和整个生产方式的变化而改变自己的内容和形式。在《形态》中,马克思和恩格斯把生产工具作为生产力的重要组成部分和物质技术标志,以及区别不同劳动的物质特征,揭示了生产工具对所有制形式的决定性影响。他们明确区别了"自然产生的"和"由文明创造的"生产工具,"耕地(水等等)可以看作是自然产生的生产工具",机器等是由文明创造的生产工具。认为仅仅"以生产工具为出发点",已经表明在生产力发展的一定阶段上,必然会产生一定的所有制形式。不同的生产工具,会导致包括所有制形式在内的生产方式区别。[①]他们的一系列分析,具体说明了生产工具及整个生产力与所有制关系和全部生产关系之间的相关性,生产工具发展状况对个人发展的制约性,乃至生产工具的广泛社会影响。人们为了生活必须进行生产,生产又要创制和使用生产工具,并不断更新生产工具。生产工具的更新和发展,必然引起劳动方式、劳动分工、劳动组织的相应变化,进而要求生产关系及其所有制形式发生变化。所以,生产工具是所有制关系依赖的一个物质条件,它的变化提供了所有制形式变化的重要原因。

生产工具的决定性影响,既表现在为所有制的产生准备条件,也表现在为其消灭准备条件。《形态》中写到"在 industrie extractive〔采矿业〕中私有制和劳动还是完全一致的;在小工业中以及到目前为止的各处的农业中,所有制是现存生产工具的必然结果;在大工业中,生产工具和私有制之间的矛盾才第一次作为大工业所产生的结果表

---

①《马克思恩格斯全集》第 3 卷,人民出版社,1960 年,第 73—74 页。

现出来这种矛盾只有在大工业高度发达的情况下才会产生。因此,只有在大工业的条件下才有可能消灭私有制"①。这是以生产工具发展为基础的自然历史过程。在这个过程中,所有制形式是否适应生产工具要求,可以对其起促进、限制、阻碍等不同作用。因而,判断一种所有制形式是否合理,重要的是看它能否容纳现有的先进生产工具,促使其最大限度地发挥作用。解决所有制问题,也必须依据这样的客观判断。

现实生活表明,生产工具及整个生产力不仅是历史的,具有一种新旧更替的历史关系;而且是共时的,具有新旧相伴的共存关系。这种情况,增加了在一定范围内总体判断所有制问题的复杂性。具体地讲,生产工具和生产力的结构性存在,必然导致所有制形式的结构化:某类生产工具和生产力的主导地位,必然导致某种所有制形式的主体地位,从而形成以某种所有制为主体的所有制结构。这不但不否定社会生产方式的所有制性质,而且使所有制性质表现为量的关系,更加符合经济生活的事实。在这个范围内,使用某种生产工具的生产活动,在确定相应的所有制形式上,也拥有了一定的选择空间。当然,生产工具不是决定所有制形式的唯一条件,此外还有生产方式其他要素(交往、分工、需求等)的影响。《形态》以织布业为例,分析了从家庭劳动到工场手工业、机器大工业的发展,指出从生产工具开始的变化,是随着交往的扩大、需要的增长、流通的加速、劳动的分工等变化,才推动织布业的发展,使其脱离了旧有生产方式,从而所有制关系也立即发生了变化②。所以,即使生产工具相同,如果生产方式的其

---

①《马克思恩格斯全集》第三卷,人民出版社,1960年,第74页。
②《马克思恩格斯全集》第三卷,人民出版社,1960年,第62页。

他要素不同,所有制形式也会有差别。这就要进一步研究生产方式的其他要素。

二、分工与所有制形式

分工指劳动的质的划分,是生产方式重要内容之一。作为社会历史现象,从自然产生的分工到社会劳动分工,有一个过程。真实的分工,"只是从物质劳动和精神劳动分离的时候才开始"的。①马克思和恩格斯认为,分工引起一系列社会后果,是历史发展的主要力量之一。分工历史地、逻辑地先于所有制,给所有制形式以重大影响。

首先,分工本身包含着所有制形式。分工以家庭中自然产生的分工和社会分裂为互相独立的单个家庭为雏形,"同时出现的还有分配,而且是劳动及其产品的不平等的分配(无论在数量上或质量上);因而也产生了所有制,它的萌芽和原始形态在家庭中已经出现,在那里妻子和孩子是丈夫的奴隶。家庭中的奴隶制(诚然,它还是非常原始的和隐蔽的)是最早的所有制"②。从分工到所有制的历史发生现象,现实生活中同样重演着。《形态》分析了大工业和竞争条件下的情形:"分工从最初起就包含着劳动条件、劳动工具和材料的分配,因而也包含着积累起来的资本在各个私有者之间的劈分,从而也包含着资本和劳动之间的分裂以及所有制本身的各种不同的形式。分工愈发达,积累愈增加,这种分裂也就愈剧烈。劳动本身只有在这种分裂的条件下才能存在"③。在这种意义上,分工是孕育所有制形式的"母体",促使所有制形成的媒介。

①《马克思恩格斯全集》第3卷,人民出版社,1960年,第35页。
②《马克思恩格斯全集》第3卷,人民出版社,1960年,第36页。
③《马克思恩格斯全集》第3卷,人民出版社,1960年,第74—75页。

其次,"分工发展的各个不同阶段,同时也就是所有制的各种不同形式"①。《形态》通过对部落所有制、古代公社所有制和国家所有制、封建的或等级的所有制三种所有制形式的历史分析,指出了分工发展不同阶段与所有制不同形式的内在联系。"这就是说,分工的每一个阶段还根据个人与劳动的材料、工具和产品的关系决定他们相互之间的关系。"②所以分工发展的不同阶段上,存在着不同的分配方式和所有制形式,并根据个人之间的所有制关系决定他们的全部经济关系和社会关系。反之,在不同的所有制形式下,分工已经不同,整个经济关系和社会关系也不相同。

再次,在社会生产活动中,分工和所有制是同一件事情的两个方面。分工本来就是劳动分工或分工劳动。分工劳动创造出来的产品,按照分工关系去分配和占有,就构成所有制关系。历史上,生产力有所发展,出现了相对剩余产品和剩余劳动的时候,它们被不同的个人或家庭所占有和支配,便产生了最初的所有制。"这种形式的所有制也完全适合于现代经济学家所下的定义,即所有制是对他人劳动力的支配。"因此,私有制不过是分工中的"特殊个人"占有剩余产品(进而占有生产资料),支配剩余劳动(进而支配他人劳动力)的一种制度。马克思和恩格斯说"其实,分工和私有制是两个同义语,讲的是同一件事情,一个是就活动而言,另一个是就活动的产品而言"③。所以,要消灭私有制,必须根本消灭它所由产生的、强制分工的生产活动方式;要改变或重建所有制关系,也必须改变或重建包括分工在内的生产活动方式。

那么,我们在确认现实的所有制结构,调整或变更某种所有制形

①②《马克思恩格斯全集》第3卷,人民出版社,1960年,第25页。
③《马克思恩格斯全集》第3卷,人民出版社,1960年,第37页。

式,为某一经济实体赋予所有制形式的时候,怎样考虑分工和整个生产方式的要求呢?分工的影响究竟如何呢?这恰恰是研究不够而又需要深入研究的问题。

三、劳动组织形式与所有制形式

关于劳动组织形式与所有制形式的关系,《形态》中指出"这些不同的形式同时也是劳动组织的形式,也就是所有制的形式"①,表达了它们密切相关的思想。需要弄清的是,"这些不同的形式"指什么而言。

马克思和恩格斯在提出这个观点之前,论述了下列问题:城乡分离是物质劳动和精神劳动最大的一次分工,使人划分为"城市动物"和"乡村动物"。城市较早出现的是封建色彩浓厚的各种行会,与其联系的是师傅、帮工、徒弟和平民,以及"与所有者的完全固定的劳动直接联系在一起的、完全不可分割的"等级的资本②。随着商业和生产的分离,形成了特殊的商人阶级和商人资本,又引起了各城市的生产分工。不同城市间的分工与联系,一方面直接地产生了工场手工业,一方面逐渐地产生具有同样利益的市民阶级。

工场手工业是封建主义瓦解和资本主义产生的特殊阶段。在这个阶段,自然形成的等级资本转变为工场手工业中大量自然形成的资本和增加了的活动资本,工人和资本家的金钱关系代替了行会帮工和师傅的宗法关系。商业和工场手工业的扩大,与世界市场和瓜分殖民地相联系,加速了活动资本的积累,从而使商业和工场手工业集中于一个国家,并通过超过一国生产力的世界性需求,引起大工业的产生和私有制的发展。

---

①《马克思恩格斯全集》第 3 卷,人民出版社,1960 年,第 69 页。
②《马克思恩格斯全集》第 3 卷,人民出版社,1960 年,第 59 页。

大工业是一个新的发展阶段。"凡是它所渗入的地方,它就破坏了手工业和工业的一切旧阶段"[1],仅仅在社会关系上,它使工场手工业的资本家转变为大工业的资产阶级。资产阶级通过资本集中,吞并了它以前存在过的一切有产阶级,吞并了直接隶属国家的那些劳动部门和一切思想等级。"同时把原先没有财产的阶级的大部分和原先有财产的阶级的一部分变为新的阶级——无产阶级"[2],随之在工业发达国家和非工业国家之间,也发生了广泛的、不平等的经济和政治关系,这促成了典型资本主义私有制。

以上表明,行会、工场手工业和机器大工业是生产力发展的不同阶段,又是这些阶段上社会经济活动的主导形式。此外还有不同阶段上的商业,在大工业阶段上听命于资本利益的城市、国家和殖民地。《形态》所讲的"这些不同的形式",正是指社会经济活动的这样一些不同组织形式。"这些不同的形式"可以从不同角度考察:在把现存生产力结合起来进行社会生产的意义上,它们同时也是劳动组织形式。历史地考察这些形式的差别,要深入分析它们作为不同的劳动组织形式,在不同的生产力及其不同结合方式上的特殊差别,并作为全面科学分析的基础。

在不同的劳动组织形式中,人们的分工不同,所处地位和相互关系不同,并且在生产关系总体本质上形成了特定的所有制区别。例如,行会中是等级资本的或小资产者的所有制,工场手工业中是扩大了的资本或资本家所有制,大工业中是大资本或资产阶级所有制。《形态》说"这些不同的形式……也就是所有制的形式",有两重意义:其一,深入生产关系的总体本质即所有制关系上来看待这些劳动组

---

[1]《马克思恩格斯全集》第 3 卷,人民出版社,1960 年,第 68 页。

[2]《马克思恩格斯全集》第 3 卷,人民出版社,1960 年,第 60—61 页。

织形式;其二,表达了所有制存在于劳动——经济组织中,因而存在于社会经济活动中的思想。

按照这样的认识,不存在孤立的所有制。成文规定的所有制(经济制度或法权关系),只是对现实经济活动中所有制关系的反映和确认。所有制的实现形式,即是与现存生产力要求相一致的、现实经济活动中的劳动组织形式。具体地认识和解决所有制问题,只有理解了生产力对劳动组织,从而劳动组织对所有制的关系才是现实的。

四、国家和法同所有制的关系

这种关系已经超出了生产方式的范围,但也是所有制存在的一个重要条件。怎样看待这种关系,涉及唯物地还是唯心地处理所有制问题。

按照《形态》的阐述,每一时代的所有制和阶级状况不同,国家因而有着历史差别。最初,随着城市中出现适应一般政治需要的公共政治机构,开始形成国家。古代民族的一个城市里同时住着几个部落,部落所有制便有了国家所有制的形式。在起源于中世纪的民族里,部落所有制经过封建地产、同业公会的财产、工场手工业资本几个阶段,变为与现代资本相联系的、抛弃了共同体的一切外观,并消除了国家对财产发展的任何影响的纯粹私有制,也就产生了现代(资本主义)国家。现代国家获得了在市民社会之外的独立存在,"不外是资产者为了在国内外相互保障自己的财产和利益所必然要采取的一种组织形式"。①

由于"国家是属于统治阶级的各个个人借以实现其共同利益的形式,是该时代的整个市民社会获得集中表现的形式,因此可以得出

①《马克思恩格斯全集》第3卷,人民出版社,1960年,第70—71页。

一个结论："一切共同的规章都是以国家为中介的，都带有政治形式"。①社会经济活动中的所有制关系通过统治阶级的意志和国家,便被确立为以所有制为核心的经济制度,以及受法律规定的财产权利。

这时,很容易产生一种唯心主义错觉:好像法律是以意志为基础的,且以脱离现实基础的自由意志为基础。同样,体现统治阶级意志的法,随后也被归结为国家自行制定的法律文件。依照这种错觉,仿佛靠意志和国家对所有制的法律规定,就可以建立或者废除一种生产方式和所有制关系。马克思和恩格斯以古罗马和现代国家的例子,驳斥了由这种错觉产生的错误观点②。正确的结论是:以所有制为核心的经济制度和法律上的财产权,只有客观反映并确认现实的所有制关系和所有制形式,才能促进社会经济发展。相反,离开现实生产方式要求的所有制关系,仅仅凭主观意志规定所有制,只能流于意志和法律的幻想。

在所有制的法权表现上,又如何看待各国的法互相参照借鉴,或者历史上的法"恢复"起来的现象呢? 马克思和恩格斯即承认这些现象,肯定其作用, 又把是否适应本国生产方式或现实生产方式的需要,作为评价这些现象的客观基础。他们特别提醒到,"不应忘记法也和宗教一样是没有自己的历史的。"③这同他们一贯否认意识形态有自己独立历史的观点,是相一致的。所以,学习借鉴外国的、历史上的有关法律,关键要看它是否与现实的所有制关系相吻合。

除上述几方面外,《形态》在阐明所有制研究的一系列观点和方法之后,还通过现实生产力与交往形式的矛盾分析,得出了消灭私有制、实现联合的个人占有的结论。并且从占有的对象、占有的个人、占有方式的总体制约关系中,讨论了"联合的个人占有"这种新的占有

①②③《马克思恩格斯全集》第3卷,人民出版社,1960年,第70—71页。

方式的一般规定。所有这些,对于我们完整准确地认识所有制问题,防止就所有制谈所有制,就所有制改所有制,都有着现实意义。

总之,《形态》关于所有制的基本观点和研究方法仍然普遍有效。同时也要注意到,现代生产力和经济活动有了很大的新发展,社会主义经济发展也出现了许多新特点,要求对所有制问题进行更加深入细致的研究。例如所有制在产权大题目下的细化,涉及所有权、占有权、管理权、经营权、使用权等等,以及不同所有权或占有权构成所表现的混合经济等等。所以,我们应当把《形态》的基本观点同今天的实际结合起来,继续深化对社会主义产权制度的认识,积极努力地推进社会主义经济体制改革。

(本文发表于《社科纵横》1991 年第 6 期)

新制度经济学制度观及其对发展的意义

经济发展是一个国家赖以存在和全面发展的基础，也是代表社会整体利益的政府所应追求的首要目标。问题在于，如何实现经济发展。古往今来的经济学家们对这一问题有多种多样的观点和主张。今天的中国，正处于体制转轨、结构转换、经济转型的重要历史时期，关于经济发展的诸多观点对于我们有着不同的意义。这里讨论的是制度学派观点的借鉴意义。

一、新制度学经济学的由来与特点

制度学派，顾名思义是以制度作为研究和阐发对象，并强调制度因素在经济生活中重要作用的理论派别。在今天，主要指以诺贝尔经济学奖两位获得者科斯（1991年）和诺思（1993年）为代表的新制度经济学家们（或新制度主义者）及其观点。近现代西方经济学中，重视制度问题源于19世纪中期的德国历史学派，20世纪初出现美国的早期制度学派，下半叶逐步形成现代制度学派，直到20世纪晚期以来的新制度经济学家们。在他们的理论观点中，凸现制度因素且有一定的思想联系，值得注意的是不同时期的社会背景和经济问题，因而有不同观点的侧重或主张。

作为源头的历史学派，产生于德国资本主义和近代工业崛起的19世纪中期。当时德国从封建割据走向统一，新兴的资本主义与封建制度相冲突，后起的工业落后于英法等国。以李斯特为先声并由罗雪尔创立历史学派,强调国家的作用、干预经济和保护主义,与英法传统的经济学观点相区别,成为不同于世界主义、自由放任和抽象演绎的另类声音。19世纪和20世纪之交的德国新历史学派,代表人物施穆勒、桑巴特等针对当时德国的劳资矛盾,进一步研究经济制度、伦理道德、观念心理、法律制度、技术进步等对经济生活的影响,提出了"有组织的资本主义"和向"混合经济"过渡等改良主张,成为美国制度学派的重要思想来源。

美国早期制度学派兴起于20世纪初到30年代。当时资本主义从自由竞争走向垄断,社会矛盾日趋激烈,30年代初爆发了严重的世界经济危机。以马歇尔为代表的新古典经济学的自动均衡等观点陷入困境,以凡勃伦为首的早期制度学派则顺时而生,对资本主义制度采取批评态度,强调"制度"对经济发展的作用。他们认为,制度是在历史过程中产生和发展的,是社会经济发展的决定性因素;经济制度是社会文化体系的一部分,应当成为"进化论的经济学"的主要研究对象。他们主张国家对经济的干预,依靠国家力量从制度和结构上改革资本主义的缺点。他们进一步研究了"机器利用"(生产技术制度)和"企业经营"(私有财产制度)的矛盾及改进办法;法律制度和手段对资本主义社会的调节作用;资本主义经济制度与经济周期波动;股份公司股权分散带来的"所有权与管理者"相分离并成为两个对立的集团;"经理革命"和经理社会;技术变革在制度变化中的作用等问题,提出了许多重要观点。

20世纪下半叶的美国现代制度学派,在二次大战后的凯恩斯主义遇到科技进步加速、生产过剩、失业增加、物价下跌和经济"滞胀"等问题时,进一步发展了制度学派的思想。以加尔布雷思和瑞典的缪尔达尔为代表的现代制度学派,批评传统经济学是"封闭式"的,成了关于稀缺资源如何配置的"抉择科学",要求把经济因素同非经济因素都包括进来，成为"开放式"的经济学。他们认为，现实经济问题不是宏观经济学或微观经济学都能说明的，主张把研究重心从"量"的方面转到"质"的方面来，即进行跨学科的制度和结构的分析。他们分析了公共目标、企业权力结构和权力分配、集团利益和不同利益集团的矛盾、不同的经济组织结构、计划体系与市场体系的二元体系及权力不平衡、社会经济的"循环累积因果联系"及两种效果、社会平等和权力改革等现实问题，并且认为经济学的未来属于新制度经济学家。新制度经济学作为当代西方经济学的一个主要派别，被归入制度学派，但他们的思想观点远远超越了传统的制度主义者，对现代西方经济思想是一次新的理论综合和革命。他们用新古典经济学的分析方法研究制度问题，提出交易费用理论、产权理论、制度变迁理论、制度与经济增长理论等，创新并深化了制度分析的思想观点和方法，修正了新古典经济学的一些观点和方法，"为我们了解经济运行方式作出了突破性的贡献"（诺贝尔经济学奖评语）。

二、新制度经济学关于制度对经济发展作用的主要观点

新制度经济学以制度分析为特征，强调制度对经济发展的重要作用，主要观点可以整理归纳如下。

1. 制度对经济发展有重大作用，可以促进或者阻碍经济发展，有时甚至是决定性的影响。在新制度经济学家看来，制度是人们的行为规则，包括国家规定的正式规则、社会认可的非正式约束（意识形态和传统文化习惯）、实施机制。制度是经济的内生变量，与劳动、资本、知识和土地等要素互相作用，影响到经济发展。好的制度可以保护并促进发展，不好的制度可以限制并阻碍发展。某些时期或条件下，制度的作用甚至是决定性的。衡量好的或不好的制度，主要看制度成本（交易费用）的大小、促进还是阻碍经济发展。制度变迁能够带来潜在的利润。库兹涅茨甚至认为,经济增长就是生产能力提高、先进技术、制度和意识形态调整的相互联系与作用。

2. 经济活动的主体是人,但现实的人在制度环境中活动,受到制度的引导和约束。传统的西方主流经济学忽略制度的作用,把制度认作不变的前提而省略掉,假定经济人追求自身利益最大化,行为是完全理性的,具有完备的制度知识,而制度本身并不重要。在新制度经济学家看来,制度是不能省略的,不是不变的而是变化的,不只是外在前提而且是内在原因。新古典经济学对经济人行为的假定是抽象的、脱离现实的。第一,现实中的人既追求财富最大化,也追求非财富最大化,在两者之间寻找均衡点,而且非财富最大化具有集体行为偏好。制度既是人的这种双重动机均衡的结果,又在塑造这种双重动机中起重要作用。第二,人的理性是有限的,制度安排可以降低不确定性、提高人的认识能力,并且规范人的行为、建立良性的秩序。第三,"经济人"不都是"遵纪守法"的,而是具有随机应变、投机取巧、为自己谋取更大利益的机会主义倾向,制度能够一定程度上抑制这种倾向。总之,"实际的人是在现实制度所赋予的制度条件中活动的"(科斯)。

3. 产权制度依托于交易费用,影响到资源的配置效率,是最基本的制度安排。传统的产权观从资源或财产归属意义上分析问题,专注于有法律意义的"所有权",即依法占有财产的权利及相应的财产权。新制度经济学家则避开所有权问题,从产权的起源来解说建立产权制度的意义,认为资源稀缺时,相对价格发生变化,确立"产权"方式带来的收益大于不确立"产权"方式的收益,私有产权制度便出现了。他们对产权有不同的定义,主要指人们对财产的使用所引起的人与人之间的相互关系,是一组行为性权利。产权制度则是这方面的行为规则,它的设立有条件有成本有收益,可"计算"可比较可选择。一个社会的经济效率高低与否，最根本的取决于产权制度安排对个人行为所提供的激励功能。

"交易费用"（交易成本）是新制度经济学的核心范畴。传统经济学重视生产领域，研究了生产费用问题。科斯则研究提出了交易费用问题。他认为企业同市场是具有不同运作机制的两种组织，也是两种交易制度，可以互相替代。市场是有效率的，但组成企业的交易费用小于市场交易时，人们就选择了企业。企业"内化"市场交易也有边界，当企业规模达到其交易费用（成本）等于市场交易时，企业同市场之间的边界也就确定了。企业规模再扩大，交易费用就会大于市场交易。在这样的分析中，科斯认为，交易费用即是获得市场信息、谈判和契约等费用。后来，这一概念不断扩大为内容宽泛的广义范畴。一些学者认为，交易费用是经济制度的运行费用。诺思指出：交易费用即是决定一种政治或经济体制的制度基础。虽然由此带来了计算的困难，但人们从生产成本（人与自然打交道的生产活动）与交易成本（人与人打交道的非生产活动）的区别中，试图找出计算交易费用的方法，提出了多种意见。在这种思路上，产权制度同其他体制和制度对社会经济发展的作用如何，是可测度和可实证比较的。

4. 制度为社会经济活动"立规"，在与其他经济要素的作用中促进经济发展。制度在经济发展中起作用，主要表现在以下几个方面。

第一，制度可以降低交易成本，为经济活动提供服务。制度的制订、设立和变更都是有成本的，制度的执行也有成本。只要其成本小于没有制度、不执行制度、执行不好的制度或者制度不适时变更，那么这种制度就降低了成本，节省了交易费用。

第二，制度可以提供激励、保护和惩戒作用，协调自利行为和集体行为，更好地发挥人的积极性。那些能促使个人不断努力和创新，使其付出与收益相挂钩，并防止别人"搭便车"或不劳而获的制度，才是好的制度。

第三,制度可以提供信息,增强经济活动中的确定性、预期性和有效性,减少信息混乱和决策困难。

第四,制度有利于建立有效率的经济组织,解决好"委托-代理"、组织内部管理运行等复杂的契约关系问题,减少扯皮推诿和内耗。诺思说,有效率的经济组织是增长的关键因素,有效率的组织需要建立制度化的设施。

第五,制度有利于促进自由选择,创造专业化分工合作的条件,使资本和人的精力用于对社会更有益的活动。在制度确定的空间内,人们的经济活动是自由的、可选择的,更有效率和效益。

第六,制度特别是产权制度的确定,能促使人们更加重视在生产领域获得利益,而不是倾心于从分配中获利,有利于社会生产发展。

第七,制度创新为技术创新提供保证,"比技术创新更为优先更为根本"(诺思)。同样先进的机器设备,在不同的制度环境中使用效率是不一样的。有时生产技术没有大的变化,而制度的完善也明显提高了生产效率。

5. 制度是公共品,政府通过制度供给职能来规范和指导社会经济活动。制度是多层次多方面的,因而存在着制度结构。制度结构对于市场及价格偏失有矫正作用。许多具体的制度属于经济人双方和经济组织内部的行为规则,但一个国家或地区范围内的制度和制度结构,属于社会公共品。在社会公共品的意义上,制度供给是政府的一个基本功能。因而,政府必须履行自己的职能,研究提出并确立执行社会经济活动必需的那些制度,理顺各种制度之间的关系,形成合理而有效率的制度和制度结构。政府对社会经济活动的规范和指导,首要的是确立和执行制度,这是经济发展的基本条件。

三、制度分析方法对研究经济制度问题的借鉴意义

当代经济生活中，传统社会主义国家在进行经济体制及制度的变革，一些资本主义国家也顺应世界经济变化而作出制度性调整。经济全球化，南北差距，东南亚及南美的金融危机，美国安然等大公司"造假"、证券市场和信用风险问题等，都表明现实经济制度中存在着需要解决的问题。这样的社会时代背景，为新制度经济学提供了土壤，表明新制度经济学对认识当代经济问题有方法借鉴意义。

迈入新世纪的中国，正在实施现代化建设第三步战略构想，全面建设小康社会。怎样实现这个发展目标？回顾改革开放20多年来走过的道路和经验，经济体制问题的逐步解决，为我国经济发展注入了活力、提供了动力、确立了保障。实践证明，改革开放是推动现代化建设的强大动力，是富民强国的必由之路。改革开放，就是改革不适应经济发展要求的传统封闭的计划经济体制，全面建立社会主义市场经济体制。今天我们的体制现状，一方面初步建立社会主义市场经济体制的基本框架，另一方面仍然存在着体制性障碍，传统旧体制影响没有完全解决，转轨期的过渡性制度安排有待进一步调整，新的体制还没有真正配套落实到位并有效运行。因此，正视制度的正面和负面双重影响，继续深入解决现实体制中的障碍性问题，全面建立较为完善的社会主义市场经济体制，仍然是实现第三步发展战略目标必须解决好的重大课题。用制度分析的思路来探讨解决问题，有着实际意义。

在深化改革、促进发展的制度性调整中，应当注意这样几点。

1. 加强制度成本（交易费用）分析比较，在改革探索中提高制度变更的确定性和可预见性。区分制度的好坏、优劣非常重要。我们用生产关系与生产力相适应的观点来衡量，用经济发展的结果来衡量，

特别是"三个有利于"标准和"三个代表"重要思想,为定性把握改革方向起到了指导作用。在这个前提下,对一些具体制度的判断,一些可能的不同制度选择和改革探索试验,如住房制度改革、社会保障制度改革、财政公共支出制度改革、公务用车改革等,要进一步采取定量的制度成本比较分析,以增强制度选择决策的确定性、配套性和预期性,减少制度性调整的模糊性、随意性、局限性,尽可能降低制度成本和改革探索成本。

2. 重视制度结构,理顺制度关系,加强改革的协调配套。制度结构可以理解为一组制度的相互关系,其协同作用形成整体性的制度功能。我们为某种目的选择确定制度,往往是相关的几个制度或制度体系,制度之间的关系是否协调配套,还是相互抵销,将决定制度整体的功能。比如,社会主义市场经济体制是一个总的制度体系,由企业制度、市场制度、宏观调节制度、社会保障制度等组成。现代企业制度也是一个制度体系,由出资人、法人治理结构、法人财产、分配与激励、经营者选用等制度组成。其中每种制度还可以再划分为下一层次的几个制度性规定,像公司法人治理结构中的股东会、董事会、监事会等。在这样的制度构成中,如果有的制度规定是市场经济导向的,有的制度规定是计划经济导向的,那么制度整体上将出现功能性混乱。如果有的是认真执行、落实到位的,有的却是无法执行、难以到位的,那么这方面的制度将是低效率的。这提醒我们,要按照统一的目标要求和价值标准来选择一组制度,搞好配套改革,理顺制度关系,形成合理的制度结构与功能。

3. 建立健全高效率的产权制度,仍然是深化改革的重大任务。在所有权意义上,要继续探索国有资产代表者、集体财产实际拥有者到位问题,为非公有财产提供法律保护,尤其是保护知识产权。在资产使用和运营上,主要是庞大的国有资产经营,要建立统一的经营管理机构，同社会宏观经济管理的职能和部门分开；要建立出资人制度，统一规范出资人责任权力；要进一步探索"委托–代理"、法人治理结构等所需要的制度和机制，研究解决"内部人控制""公司经营管理层造假"和股权分散带来的问题等。要全面建立统一的资产经营责任制度，确定考核指标体系，强化激励和约束机制，解决"无人激励"和"自我奖励"等放任自流问题。建立起科学、明晰、高效的现代产权制度，将促进企业体制、投资体制、金融体制、财政体制、资本市场、分配制度等方面改革的深化，为我国经济更快发展提供动力。

4. 立足于社会主义现代化建设的整体性，在经济改革的同时探索推进政治体制改革和文化体制改革。社会主义现代化建设不只是经济发展，而且是社会全面进步和人的全面发展，包括建设物质文明、精神文明和政治文明。多年来的经济发展和改革，已经触及政府职能、行政管理、干部制度、人事制度、法制建设等政治体制方面的问题，以及发扬中华民族优秀传统文化和克服封建主义残余影响的问题，要求进行相应的改革，不断改进和完善这些方面的制度，以最广泛最充分地调动一切积极因素。

5. 研究解决制度的制订机制和实施机制问题，提高制度制订和实施的科学性、严肃性、有效性。现实问题主要是部门利益、政出多门、制度打架、制度缺位和制度失灵并存。一些部门自己制订、执行、监督有关的制度，集运动员、裁判员、监督员于一身，为本部门揽权揽利；本部门有利可图的抢着管，无利可图的无人问。隐藏部门利益的某些所谓制度，由于种种原因，甚至成了保护部门利益的法规。因此，必须明确提出建立制度的制订机制，包括由独立、公正、无利益关系的部门来牵头制订制度；加强调查研究、专家审议、社会公议和部门协商；强调责任清楚、权责对等、奖罚分明的基本要求；许多制度应先试行再正式实施等。在制度的实施机制上，主要是解决有法不依、执法不严、因人而异、久拖不决等问题。为此,应当设立一些关于制度的制订和实施的制度。

人类社会的发展是一部没有止境的历史,相应的制度变革也无止境,不会一劳永逸。任何制度在历史长河中都有两重性,其积极作用因与发展要求相适应而得以发挥,其消极作用因与发展要求相背离而得以暴露,由此发生制度变更。现实中的具体制度选择是有目的性和针对性的,要趋利避害,事先预计防止和减少消极作用的措施。

在肯定制度作用和制度分析方法的同时,我们必须看到社会历史的复杂性和阶段性,承认其他因素的不同作用和相互作用,强调历史与现实结合具体地分析问题。对于制度学派的观点,要在借鉴的意义上加以分析,看到国情和历史差异,不盲目照搬、全盘接收。即使在西方经济学的范围内,微观经济学对于厂商决策,宏观经济学对于政府实施经济调节等,都有各自的借鉴意义。在世界观的意义上,我们坚持马克思主义科学理论体系的指导作用。马克思主义关于生产力和生产关系、经济基础和上层建筑的思想,关于资本主义社会基本矛盾的思想,关于人与环境(制度)的关系的思想等,仍然是指导我们进行制度分析的基本理论框架。这并不影响我们肯定制度学派观点的借鉴意义,通过制度性调整的实践来促进经济发展目标的实现。

（本文第二、三部分载《甘肃体改内参》2002 年第 9 期；全文载《改革时代在甘肃》甘肃文化出版社,2003 年）

当前产权制度改革中一些问题的探讨

产权制度改革是当前深化改革、建立新体制的一个关键性任务，越来越受到各方面的重视。产权制度改革的逐步推开，实践中遇到不少问题，引起了不同议论。这里做些探讨。

一、为什么要搞产权制度改革

产权，是人们对财产的权利（即所有权和经营权），是对人们财产关系的法律认定。随着社会经济的漫长历史发展，产权由最初非常简单的所有概念，已经成为一个具有越来越丰富内容的经济学基本范畴，包括所有权、占有权、使用权、收益权、投资权、处置权、管理监督权等。古老单一的所有权已经演进为极其丰富而生动的现代产权。这些权利既互相联系和包含，又相互区别和独立，既可统一又可分割，构成了产权概念的完整统一体。产权制度就是关于产权的一整套成文规定。我们认为：产权制度是现代市场经济体制的核心和基础。我国确立建立社会主义市场经济体制的改革目标，必须抓住产权制度这个关键，一方面要改革过去计划经济体制下事实上存在的片面、模糊、混乱、虚置的"产权状态"，另一方面要建立适应市场经济和社会化大生产的明确而科学的产权制度。

1. 实践证明，我们在传统计划经济体制下，对产权缺乏明确认识，国有资产的管理运作是不成功的。苏联作为第一个社会主义国家，创建了一套计划经济管理模式，包括我国在内的其他社会主义国家都采取了这种体制。这种体制把国有资产作为生产资料，从实物形态来管理，甚至管到每一个厂房和设备，"打油的钱不能打醋"。由于对生产资料也就是国有资产（包括集体资产），实行统一所有、统一管理、统一使用的体制，国家变成了大工厂，各个企业只是"大工厂"的生产车间。在这种状态下，国有资产的价值形态及效益要求完全被忽视了，国有资产管理和运作的多层次责任主体非常不明确。因此，国家和企业的"两个大锅饭"及低效率低效益，以及企业"预算软约束"等问题，也就难免由此产生。严格地讲，传统计划经济体制下没有现代产权意义上的国有资产管理和运作，只是主管部门的生产资料和财政账户的财产数字。经过近二十年改革实践，我们深深感到，旧经济体制的根本弊端即在于此，尤其是企业体制上遇到的种种问题，都与产权制度有着密切联系。所以，必须深化产权制度改革，建立国有资产的产权管理和运作体系。

2. 从市场经济国家的成功经验看，产权的市场化、社会化成为一种普遍趋势。资本的自由流动是现代市场经济的一个重要特征，它有利于社会资源的合理配置，也有利于提高资本的运营效益。资本的自由流动和市场配置，在产权上产生了两个直接后果，其一是产权的市场化，使产权及其不同内容的流动和重组越来越成为一种追求更大效益的市场行为，进而产权的内容变得更加丰富并且具有可分割性；其二是产权的社会化，根本改变了由单一主体完成产权活动全过程的现象，使更多的社会主体参与到产权活动中来，分担起不同的责任，通过一定范围的社会分工来共同完成产权活动的过程。这就为社会公众及不同群体成为投资者和产权责任主体提供了条件，使产权的社会化水平不断提高。二战以后出现的这种产权市场化和社会化趋势，值得我们认真地研究和借鉴。

3. 从我国经济跨世纪发展的要求看，今后完全依靠国家来投资是不现实的。增强综合国力,提高人民生活水平,世纪性的国际竞争,都要求我国经济更快更好地发展,但国家财富的积累和再投资能力是有限的。解决这个矛盾,既要合理地确定发展速度,又要在国家投资之外寻找新的投资主体,尽可能实现我们的发展目标,这是其一。其二,我国国民经济覆盖领域非常广泛,完全靠国家投资来控制所有行业既不现实也不必要。因此,国有资本在保持对某些特殊领域垄断地位的同时,有必要逐步从一些竞争性的生产经营领域退出,进行资本分布结构调整,由其他投资主体进入国有资本退出来的生产经营领域。这也必然要搞产权制度改革。

4. 随着社会公众收入水平的不断提高,其中部分收入转化为生产经营性投资,并使公民成为新的投资主体。这是已经存在和发展着的事实:公民的部分收入转为直接投资,而不是用于挥霍性的消费;公民由劳动者发展为投资主体,更直接地成为国家经济生活的主人。这两个变化是根源于经济发展的社会进步,其意义十分深刻和长远。它要求国家放开某些投资领域,实行鼓励投资的经济政策,发展并规范债券、股票等各类资本市场。它及其所引起的投资主体多元化和社会化趋势,同样要求进行产权制度改革。

二、产权制度改革要达到什么目的

产权制度改革的目的,就是适应市场经济和社会化大生产的要求,建立起关于产权界定、管理、运作、变更、终止等一整套制度规范。有些同志对产权制度改革表示担心,担心国有资产流失和私有化。因此,对产权制度改革有一个正确理解和操作问题。

实际上,我国产权改革的重点主要是建立适应市场经济要求的国有资产管理和运行体系,形成有人高度负责的责任制度,形成严格的激励和约束机制。长期以来,我国计划经济体制的一个主要弊端是政资不分，一方面表现为政府对国有资产即生产资料及其投入的高度集中统一管理，另一方面又表现在企业国有资产的无人负责、存量呆滞、盲目投资和低效运行，即通常说的"所有者缺位"，以及由此导致的责任不清、激励不够和约束不力。近年来党中央提出，国有资产实行"国家统一所有、政府分级监管、企业自主经营"的原则。当前在建立出资人制度、企业法人财产制度、确定国有资产保值增值指标、国有企业的公司改制和组建资产经营公司、国有企业兼并破产试点、国有资产（资本）的结构调整、企业经营者的任用和考核等方面进行的探索，都对国有资产的产权制度改革有着重要意义。同时，国有资产的产权制度改革，必然涉及投资体制改革，促进投资主体多元化；涉及所有制结构调整，促进多种经济成分的发展。此外，也要改革集体资产的产权制度，确立关于个体、私营、合资企业的产权制度规范，从而形成我国的一整套产权制度。

如上所述，产权制度改革的目的和内容十分明确。它与私有化根本不是一回事，也不是国有资产流失的原因。但是目前存在一个认识误区，就是把产权制度改革等同于私有化。产权制度改革与私有化是完全不同的两个概念。私有化的本意是使社会财产彻底成为私人所有的，它属于所有制的范畴。产权制度改革则是要改变产权缺位、运作混乱的状态，建立一套科学的制度规范，它属于财产（资产）管理制度的范畴。在实践中，产权制度改革与所有制改革有交叉。所有制变更意义上的私有化，是指无偿地瓜分国有资产，使它们转化为私有财产。产权制度改革中，对国有或集体小型企业的资产、股份等的转让、出售、拍卖都是有偿的，国家或集体在放弃对物质形态资本占有的同时，应当收回等量的货币资本，这不是私有化。换个角度讲，国有和集体的小型企业的职工拥有部分企业资产是一种社会进步，它与历史上的私有制根本不同。历史上的生产资料私人占有制，与极少数人所有、大多数人没有和无产者雇佣劳动相联系。而企业职工拥有部分资产(股份),既是资产占有者又是劳动者,实质上是对传统私有制的否定。广大劳动者在社会经济发展的同时,基本解决了衣、食、住、行问题,又有了劳动所得形成的个人资产,这是人类历史的进步。至于国有资产流失问题,它不但不是产权制度改革造成的,反而是产权制度改革所要解决的。现实的教训告诉我们,如果不能尽快建立起国有资产的产权制度,那么国有资产的多渠道流失将会愈演愈烈。当然,我们也要警惕有人假借各种改革的名义,实际上搞化公为私。一定要在改革政策制定和实际操作中,堵塞各种可能出现的漏洞,防止工作失误,确保国有资产不流失。

三、实事求是地认识和解决实践中遇到的具体问题

当前,一些地方和企业进行产权制度改革的新探索,也引起了一些不同议论。全面分析和认识这些问题,要把它们放到我国经济生活的历史过程和建立社会主义市场经济体制的大背景中, 从目前正处于体制转轨的实际出发来考虑,实事求是地看待和解决问题。(略)

当前,产权制度改革中也存在"一股就灵""一卖了之",不尊重职工意愿等偏向,要认真加以纠正。我们讲产权制度改革很关键,不能把它讲成"唯一的"任务,同时要重视并且配套做好其他方面的工作。总之,产权制度改革是一项极其重要而又艰巨的任务。我们一定要坚定不移,大胆地在实践中去探索,不断地研究解决实践中遇到的认识问题和操作问题,逐步建立起适应市场经济要求的产权制度。

(本文作者孙晓文、王素军,原载《甘肃体改研究会年会文集(1998)》;《改革时代在甘肃》甘肃文化出版社2003年)

关于产权制度理解的十点认识

建立健全现代产权制度，是党的十六届三中全会提出的一项重大改革任务。以往的社会主义经济理论只讲所有权，不讲产权；党的十四届三中全会讲现代企业制度时，提出产权清晰；这次又明确提出现代产权制度问题，表明我国改革和市场经济实践正在出现一个新的突破。

从所有权到产权的更大社会历史背景，是社会生产及生产关系的日益市场化、社会化和现代化，原来相对简单的所有权也随之逐步拓展为更复杂的产权。实践是理论形成的基础，必要的认识又是实践深入的前提，两者互相推进。产权制度的题目很大，达到科学理论和自觉实践的程度要有一个过程，还需要理论、历史和逻辑相统一的阐述。这里仅就几个问题简要谈点初步认识。

1. 产权与所有制。传统经济理论把生产关系分为三类：生产资料所有制关系、狭义生产关系（实际生产活动中的关系）、分配关系。所有制是关于生产资料所有制关系的一整套制度规定，党的十六届三中全会《决定》提出，"产权是所有制的核心和主要内容"，表明把产权归入所有制范围，在所有制这个范围来看产权：用产权进一步解说所有制，不是停止在所有制层面上讲所有制；在现代产权的意义上，产权是所有制的核心和主要内容，是所有制在现代的表现方式。

2. 产权与财产权。财产权即人们对于财产的权利，是人们之间财产关系的法律表现和法律用语。《决定》讲产权"包括物权、债权、股权和知识产权等各类财产权",从物质及价值形态上指明产权进而所有制在现代的主要内容,既确认了产权是对各类财产权的概括,又暗含着所有制—所有权—产权—各类财产权及其他产权样式之间的相互关系。

3. 产权与所有权。社会生产活动中的生产资料占(所)有关系—所有制—所有权,是依次决定、表现和相互作用的。所有权即法律确认并保护的财产归属权及其支配权,它以法律形式揭示并规定着生产资料占(所)有关系和所有制的本质。产权归根到底源于所有权,是所有权在现实中的多种存在形式,但又不简单等于所有权。产权概念存在的理由及其特点,在于它是所有权的运用以及由此引出的一系列新的权利,即财产归属权下派生的一组权利。

4. 产权与所有权的运用。所有权的运用,从财产归属权及其支配出发,在现实经济活动的权利链条上产生了许多新的产权现象,如委托权、代理权、经营权、管理(监督)权、处置权、投资权、收益权等。随着社会生产及生产关系的市场化、社会化和现代化,这类现象越来越多、越来越复杂,出现了纵横交错的现代产权现象。如多层委托、多层代理、多层管理和监督等。这类不断发展着的复杂的产权现象,表现为传统所有权的进一步延伸和多角度多层次细分,不是以往的所有权理论所能直接回答的,而是要由所有权理论的发展即现代产权理论去揭示,由现实的产权实践去探索。

5. 产权与产权主体。人是财产的主体,也是产权的主体,包括自然人、法人。产权关系一方面是人与财产的关系,表明自然人或法人对财产的种种支配权;另一方面是人与人的关系,表明财产相关权利拥有人的独占权,以及对他人的排他权。产权主体问题的复杂性在于:所有权主体只有一个,对应着所有权的运用与分割,产权主体可能是多个;不同样式和意义的产权,可能属于不同的产权主体;不同角度、层次或意义上的多种产权主体,行使着不同的产权,对应的又可能是同一财产客体。随着财产(资产)活动过程及多种样式的出现,财产权演化成多样的产权及其产权主体,如物权、债权、股权、知识产权的产权主体;委托、代理、经营、处置、管理(监督)、投资与收益等产权主体;自然人主体、各种法人主体等。这些互相联系着的不同产权主体的关系,相互的责、权、利等,应依据法律法规并通过合同契约形式确定下来。

6. 企业法人财产权。企业法人财产权是一种特殊的产权,指企业法人对企业财产依法享有的独立支配权。它是在出资人出资形成的企业法人财产基础上产生的,依企业的存在而延续。虽然它与财产所有权有实质联系,但不是出资人授予的权利,而是依法取得的民事权利。企业在存续期间,企业法人对出资人出资和企业负债等构成的全部法人财产,享有以企业名义依法独立占有和使用,以及收益与处置的某种权利,同时相应承担财产保值增值和偿还债务的责任。出资人通过委派产权代表进入企业内部治理结构,行使和体现出资人的意愿与权利,最后贯彻在企业法人财产权的行使中。

7. 国有资产的产权问题。产权是所有制和所有权的现代表现形式,不是专对某种所有制而言的。由于我国国情,国有资产的产权问题带有普遍性和复杂性。国有资产只有一个所有者,即全国人民;只有一个所有权,即归属于国家;只有一个最终代表者,即国务院。在现行体制下,国有资产是政府分级分区域监管的,经营性国有资产投资于企业并形成不同企业的独资国有资本、合资的国有股或者国有法人股。因而,不同的政府或政府部门之间,政府与企业之间,不同的国有企业、国有资本、国有股或国有法人股之间,隐含着复杂的委托-代理关系和不同权益关系,有着具体的权、责、利差别。这种差别,不是不同所有制或所有权的差别,而是同一所有制前提下派生出来的产权差别。凡是国有资产存在的地方,都存在着同一所有权前提下不同形式的其他产权问题。正在建立的中央、省、市的国有资产监督管理委员会,是政府特设的专门行使国有资产产权的部门,同时在这一部门和系统之外还有其他国有资产,也还存在着其他国有资产的产权问题。

8. 产权与产权市场。产权是资本性权益商品。产权市场是资本市场的一部分和一种形式,是产权交换关系的总和,狭义指产权交易的场所及规则。在所有权运用并产生一系列产权的过程中,产权作为资本性商品的交换关系以及产权市场随之发展起来。产权的市场化流动,构成资本及其权益自由流动这个现代市场经济重要特征的一个方面,促进了社会资本及其权益的合理配置。在所有权日益采取现代产权形式,产权愈来愈市场化和社会化的过程中,产权市场的作用和更规范的产权市场运作也越来越重要。

9. 产权与产权制度。产权的简要规定是财产所有权和经营权。其具体表现形式多种多样,领域十分广泛,必须从法律形式上建立健全现代产权制度,才能保障产权及其活动的顺畅进行。产权制度的一般意义就是,以法律法规形式确定的关于产权的制度规范。在产权的物质和价值形态的意义上,它是关于物权、债权、股权和知识产权等各类财产权的成文法律规定。在所有者的产权发生意义上,它是关于产权形成、归属、保护、赠予、转让、继承等法律规定。在所有者的所有权运用的意义上,它是关于产权的委托(授权)、代理、管理(监督)、经营(占用)、转让、投资、分配激励与约束等法律规定。在市场经济的产权活动意义上,它是关于产权设立(确认)、运作、交易(流转)、变更、终止等法律规定。不同意义上的产权划分和确定,可能有交叉有重复,但不能矛盾和冲突。不同意义上的产权制度规定,要相对封闭起来、相互对应、逻辑一致,才能保障现代产权活动的顺畅进行。

10. 实践中的一些提法及含义。当前的改革实践中,一些提法的含义是明确的,有利于规范的产权活动。"产权清晰""归属清晰",主要是明确并理顺产权关系,包括不同所有制所有权和同一所有制所有权下的产权。"产权结构调整""产权多元化",主要是改革所有制单一、产权单一和国有独资公司太多的状况,建立多种经济成分、多个出资人的产权构成的企业资本结构,实行公司制和股份制;"产权(制度)改革""以产权制度改革为核心或突破口",主要是建立健全现代产权制度、调整国有企业产权结构等广泛的改革措施。如果把产权还原或等同于某种所有制所有权,就容易出现"国有资产(经济)全部退出""国有经济不存在产权问题"等误解或失误。因此,当前在产权制度改革和产权结构调整方面:第一,要建立健全对任何所有制都适用的现代产权制度,特别要抓紧建立包括国有资产监管体制的国有资产产权制度;第二,要清晰产权,理顺产权关系,主要是国有经济和集体经济的所有权问题,最突出的是所有权以外的其他产权问题,都要明确规定、理顺关系;第三,要按照企业和经济发展需要,继续调整所有制结构、调整国有经济布局、调整企业的产权结构和资本结构(主要实行股份制),有进有退、有增有减、合理配置、提高效益;第四,要建立健全产权保护、产权流转(交易)处置、产权市场管理运作等具体操作制度,促进全社会资产的高效规范配置和有效运作。

(本文载《甘肃体改内参》2004 年第 1 期)

积极推进国有资产监管的探索

由于国土的自然资源禀赋和国家财产的历史承继，特别是新中国 50 多年建设的积累，我国形成了数量庞大并且不断增加的国有资产。怎样管好用好国有资产，事关国家和人民的根本利益，也是实践中提出的一个重大体制问题。党的十六大明确提出了建立健全国有资产管理和监督体制的任务，在逐步完善市场经济体制的过程中，需要理论的深入研究和实践的进一步探索。

一、监管对象：国有资产的范围与分类

资产是具有价值的物质财富和知识，能够用于投资并形成新的价值。它既是以往劳动创造的结果，又是新的劳动创造的要素。由于社会生产力发展水平和社会历史等原因，所谓社会资产一直随不同的社会生产方式和占有关系而归属于不同的社会群体或个体，形成与不同财产主体相联系的不同的所有制。以国家为主体，由其占有和归属的资产，就是国有资产。我国的国有资产，是在历史基础上和新中国成立以后形成的，是归全国人民所有、国家行使所有权、实践中由国务院代表统一行使或最终行使所有权（包括中央政府和地方政府分别代表国家履行出资人职责）的资产。依据社会实践的不同需要，对我国国有资产可以作出不同的划分。

从物质和精神两方面来区分，国有资产可以划分为物质性资产和精神性(知识)资产。

从国有资产的物质形态上,可分为土地资产、自然资源资产、产业资产(技术装备和设施等固定资产及流动资产)、金融资产等。

从国有资产的占有和使用方式上,大体分为企业单位经营性资产、行政事业单位非经营性资产(行政性资产、事业性资产)。事实上,现在投资于企业的经营性资产中有一部分非经营性资产,各类行政、事业单位占用的非经营性资产中也有一部分在用作经营。

从国有资产的国境内外分布上,可以分为境内资产、境外资产。

从国有资产的财务构成上,资产是资本和负债的总和,既包括国有资本(净资产),也包括国有(资本)负债。

国有资产按不同的监管主体分类,可以划分为中央政府监管的国有资产、地方政府监管的国有资产。

二、监管权设置:统一与分级

在过去长期的计划经济体制下,我国的国有资产管理和监督,一直被纳入政府行政管理体系,被混同为国家财政体制的一部分,完全与行政管理相重合,采取行政方式来管理。资产在财产形式上纳入财政账户,成为财政账户的数字;在行政主管部门的业务管理中,成为实物形式的固定设备和厂房等。这种体制在实践中越来越暴露出弊端,如"出资人缺位""产权不清""无人对国有资产高度负责""国有资产流失严重"等。经过20多年的改革开放,特别是党的十四大以后总结改革探索过程和正反两方面经验,我们越来越意识到这个问题的严重性和紧迫性。党的十六大和十六届三中全会明确提出,建立健全国有资产管理和监督体制,对此问题形成了一些基本认识。

(一)国有资产及其管理和监督必须统一

我国的国有资产是统一的,所有者是全国人民,由国家行使所有权。现实中国有资产所有者和终极所有权的统一代表是国务院,由其代表国家履行出资人职责。要在国务院领导下,建立健全统一的国有资产管理和监督体制及其体系,实行统一的管理、监督和运作机制。

(二)国有资产实行分级(分区域)管理和监督

我国地域广阔,国有资产数量庞大,在坚持国家所有前提下,从发挥中央和地方两个积极性考虑,要制定法律法规,建立中央政府和地方政府分别代表国家履行出资人职责、享有所有者权益的体制。由于我国的同级地方政府都是在确定的行政区域内行使管辖权,所以地方政府对国有资产的分级管理和监督,也是分区域管理和监督。在中央政府和各级地方政府之间、同级各地方政府之间,要按分级分区域的原则,明确划清国有资产以及管理和监督的职责。

(三)国有资产监管必须建立特设的专门机构

中央政府和地方政府分别代表国家履行出资人职责,要解决好几个基本问题:一是坚持政府的社会公共管理职能与国有资产出资人职能分开;二是在政府之下建立特设的国有资产管理机构,代表政府行使出资人职能,专门从事国有资产管理和监督职责;三是政府的国有资产管理专门机构退出行政序列,不再具有行政职能,政府的社会行政公共管理部门不再从事国有资产管理并取消这项职能。

(四)国有资产管理和监督必须实行权利、义务与责任相统一,管资产、管人与管事相结合的原则

这样的原则,是在总结长期实践经验的基础上,针对过去国有资产管理中权利过于分散、责任不清、权责不对应、重人事轻资产、管人管事相脱离等弊病提出来的。在建立健全国有资产监管体制及其体系的实践中,必须贯彻落实这些原则,理顺体制关系,职责措施到位,确保新机制的形成和有效运行。

三、监管机构:国资委的监管范围与其他机构

目前,中央政府和省、市(地)两级地方政府设立国有资产监管机构的决策逐步落实,对国资委监管对象和范围的讨论也在继续,基本共识是监管经营性资产或产业资产。

从国务院层面看, 国务院国资委现在主要监管一批中央企业的国有资产,不是这一层面经营性国有资产或产业资产的全部,如铁路等国有资产由其他部门监管;对人和事的监管,实行国资委主办制或参与制;土地资产、自然资源资产、金融资产以及行政和事业性资产,分别由国务院有关部门监管,有关部门的社会公共(或行业)管理与国有资产监管的身份,事实上还是合一的。

现实情况表明:(1)从国有资产监管机构的横向设置上看,在国资委这个特设专门机构之外,还有一些其他部门承担部分国有资产的监管职责。这些部门的监管范围和职责,以及与国资委的关系,应当按照国有资产监管的总体思路进一步明确。目标是全部的各类国有资产的监管,没有盲区或空白点。(2)从国有资产监管机构的纵向设置上看,国务院国资委与省、市(地)两级地方政府的国资委的工作关系,以及所分别监管的资产的关系,也应当明确下来。(3)在国有资产监管的方向、原则和总体思路下,继续鼓励从实际出发的积极探索。

四、建立健全国有资产监管体制及体系的未尽探索

国务院国资委的设立是良好的开端,以此为开端理顺各种体制关系,建立健全国有资产监管体制及其体系,还要有一个实践探索和认识完善的过程。(下略)

(本文发表于《甘肃理论学刊》2004年第3期)

国有经济的行业选择及其管理

随着改革的深入，在国有经济占主导地位、其他多种经济成分并存的条件下，国有经济怎样更好地发挥作用、更快地发展，愈来愈引起人们的重视。这涉及许多方面的问题，其中一个重要方面就是国有经济的行业选择及其管理。

在高度集中的计划经济体制下，由于社会经济成分单一化，这个问题与国民经济的行业（产业）分布及管理基本合一，不需要也不可能从国有经济的角度提出来并进行讨论。现在则不同，国有经济与国民经济的行业布局是有区别的两类范畴，分别有着各自的意义。国有经济作为我国市场经济的主体，应当如何选择行业，怎样进行相应的管理操作，怎样与国民经济的行业布局相协调，都值得深入进行研究。

在建立社会主义市场经济体制的背景下，国有经济的行业选择及其管理问题，有着一定的特殊性和复杂性。国有经济的所有者代表是政府，政府具有国有资产所有者代表的职能，同时具有社会经济管理者的职能。政府的这两类职能有区别又有联系，对应着国有经济与国民经济的相互关系。国有经济从出资人资本投资的角度看，应当贯彻资本效益原则，考虑投资回报和资本保值增值。但国有经济是社会主义社会的经济基础和社会性质的经济表现，作为其代表的政府兼有两类职能，因而又要贯彻社会效益原则，考虑产业（行业）结构平衡、提高综合国力和巩固社会主义制度等重大问题。总的讲，国有经济的这两种地位和作用是一致的,但不能说没有矛盾。问题是我们怎样处理好这两方面的关系。

国有经济目前的行业分布状况,几乎遍布国民经济各个行业部门,所起的作用也不尽相同。从不同的划分方法来讲,分为一、二、三产业和几十个行业部门,有基础产业和加工业、长线产业和短线产业、朝阳产业和夕阳产业等。按市场经济观点划分,国有经济可以区分为经营性与非经营性行业、垄断型与非垄断型行业、竞争型与非竞争型行业等。今后的社会经济发展,一方面由于有大量的社会资金和国外资金存在,要充分发挥各方面投资建设的积极性,必然会出现投资主体和社会经济成分的多样化。另一方面,国有经济的资本总量及其增长毕竟有限,即使它的地位重要,比重较大,也难以全部覆盖整个国民经济。因此,为了国民经济的快速健康发展,也为了国有经济的高效发展,有必要对国有经济进行战略性改组,适当调整其行业分布。

(一)主动地进行国有经济的行业选择和布局

可以有这样几种考虑。

第一,考虑到增强综合国力、跃居世界高科技领先地位和我国的跨世纪发展,应当对电子工程、生物工程、海洋工程、航天工程、国际尖端技术等新兴领域,加大国有资本投入,以提高国有经济的技术先进性和国际竞争力。

第二,考虑到国家的经济和政治利益,对涉及国家安全、稀有资源开发项目等,国有资本应当保持绝对的垄断地位,实行垄断型经营;对获得高额垄断利润的项目,即使国家不能得到高税收,也应由国有资本垄断经营。

第三,考虑到国计民生的基本需要,对重要能源、铁路、航空、通信、基础原材料等行业,应当保证国有资本的主体地位,有关企业应由国有资本控股,对大型的、先进的加工业项目,可由国有资本控股或者参股。

第四,考虑到发挥其他多种投资主体发展经济的作用,对一般加工业、传统服务业应当放得更开,国有资本可以参股经营,也可以经产权转让而退出经营。

第五,考虑到消费者的基本生活需要,对供水供电供气供热等服务网点等某些公用服务型及非经营性项目,在政府给予财税等政策支持的前提下,可以由多种经济成分来投资并提供服务。

如果对国有经济的行业分布作出上述调整,那么目前国有经济不分主次、轻重,遍布各行业的状况就会有较大变化。同时,国有经济仍将在国民经济中处于主体地位,具有主导作用。这是从全国来看的。具体到不同的省区经济中,国有经济的行业选择还要考虑当地实际情况,带有一定的地域特点。

(二)适应国有资本经营和国有经济行业分布的新变化,传统的国有经济行业管理方式也应当进行改革

基本前提是,把国民经济的行业管理同国有经济的行业性管理区别开。国民经济的行业管理,一般属于政府指导下的同行业企业间的自主式管理。国有经济的行业性管理,按国家有关规定则是行政性的资产监管或者经营性的资本营运。国有经济的行业性管理可能有几种不同的情况。(下略)

按照上述设想,国有经济的行业性管理突出资本或资产经营的监管,考虑其行业分布的不同情况和管理办法,力求在国有经济的行业性管理上实现国有资产监管、运营同产业政策的对接。这也是经济分类管理的一个方面。

(本文为《发展》杂志组织的"分类指导国有经济讨论之三",载该刊 1996 年第 11 期)

共同营造市场
——甘肃省改革新阶段的重大任务

党的十四大提出的建立社会主义市场经济体制的改革目标,高度概括了社会主义国家几十年的实践经验, 特别是凝结了我国改革14年来的基本经验,为今后深化经济体制改革指明了方向。根据这一目标要求,结合甘肃实际,改革新阶段的一项重大任务就是共同营造市场。

一、我们要营造的市场

市场是社会生产和商品经济发展的产物, 是经济学的一个基本概念。关于市场概念的具体理解,可从两个角度进行双重界定。

第一,市场概念的狭义规定和广义规定。狭义的市场是商品交换的场所,指各类市场组织。广义的市场是商品交换关系的总和,除各类市场组织外,还包括市场主体(生产经营者和消费者)、市场调控组织及调控手段、市场管理组织及管理手段、市场机制及运行规则。

第二,市场概念的主体性规定和客体性规定。主体性规定的市场即市场主体,指能动从事市场活动的生产经营者、消费者和政府。客体性规定的市场即市场客体,指对象性存在着的各类市场组织。

本文讨论"市场",主要是在狭义和客体性规定的意义上进行的,即它们共指的各类市场组织。同时,也会涉及广义和主体性规定的市场。对于各类市场组织,有不同的划分方法,如以境域范围为尺度划分的全国统一市场与区域市场、国内市场与国际市场；以交易方式为尺度划分的现货市场与期货市场；以交换内容为尺度划分的农副产品市场、工业消费品市场、生产资料市场、生产要素市场；以城乡区别为尺度划分的城市市场与农村市场。从商品形态逐渐扩大和商品经济历史发展的过程看，市场既是商品交换的产物，又是商品交换进一步发展的条件。

市场经济就是商品经济的现代形式。由此可以把市场划分为两大类：一类是同传统商品经济形态相联系的一般商品市场，包括消费品市场、生产资料市场、传统服务市场等；另一类是同现代商品经济形态即市场经济相联系的特殊商品市场，包括资本市场、劳动力市场、技术市场、信息市场、房地产市场、产权市场等要素市场。各类市场构成的市场体系及市场机制，就是我们要营造的市场。

二、营造市场是甘肃发展与改革的共同要求

营造市场，首先是甘肃经济发展的要求。自原始社会解体以来，商品经济作为社会经济活动所采取的普遍形式，既是社会生产和分工发展的结果，又通过反作用构成社会经济竞争发展的重要原因。纵观甘肃历史，商品经济不发达是造成经济落后的一个重要因素。新中国成立前，甘肃长期处于农业社会的自然经济状态，商品经济极不发达。新中国成立后，以国家投资为主的经济建设促进了工业发展，但又形成了产品经济状态的传统计划经济体制，商品经济发展既受到很大限制，发展又很不充分。改革开放以来，随着经济体制的变动，甘肃的社会生产和商品经济发展进入一个黄金时期，但由于受生产力状况、自然地理和历史文化因素的制约，生产的商品化程度和商品经济发展水平远远落后于发达地区。

在近现代商品经济社会，商品经济形式对经济发展的促进作用，

主要是通过流通环节和市场体系的功能表现出来的。按照马克思关于社会生产过程四环节的理论,生产、分配、交换(流通)和消费是一个互相制约并互相促进的统一过程。生产出来的产品只有通过交换(流通),才能完成"惊险的一跳"实现其商品价值。现代商品流通远远突破了传统商业范围,表现为一个庞大的市场体系。社会商品生产不仅需要通过市场体系来实现,而且必须以市场需求为导向。由于甘肃市场发育慢、市场体系不健全,加之相当一部分企业的生产活动不能以市场为导向,很大程度上阻碍着经济的更快发展。目前,粮食、苹果等农副产品时常出现"卖难",全省工业品积压占用的资金达 20 多亿元。从发展要求看,如"八五"期间基本建设的资金缺口有 40 亿元,需要通过金融市场来解决。所以,必须营造市场,发展市场经济,以适应经济更好更快发展的需要。

其次,营造市场是甘肃改革和建立社会主义市场经济体制的要求。在社会主义市场经济体制框架中,市场体系是重要组成部分。同时,企业成为市场主体,政府宏观调控从管理企业为主转到调控市场为主,社会经济运行机制进一步发挥市场对资源配置的基础性作用,都要求建立健全甘肃的市场体系。

经过 14 年改革,甘肃市场建设有了一定进展。到 1991 年底,(1)全省城乡各类集贸市场达 1451 个,城镇居民主要副食品供求 90% 以上是通过市场实现的;(2)工业消费品批发市场 800 多个,零售商业机构近 12 万个,社会商品零售总额中的市场调节价占 50% 以上;(3)生产资料市场除物资系统的 800 多个销售网点外,还有汽车、木材、钢材等市场 40 多处,市场购进和销售的物资占 70% 左右;(4)金融市场以 4700 多个金融机构为依托,开展了证券交易、资金拆借、票据贴现、外汇调剂业务,仅每年资金拆借的融资额就达 30 亿元左右;(5)技术市场(100 多个)、劳务(人才)市场(600 多个)、房地产市场、产权市场、信息市场等要素市场也有所发展。

市场发育促进了经济发展。许多地县的事实都证明:"建一处市场,带一门产业,活一片经济,富一方群众。"凡是市场建设搞得好的地方,经济就有活力,发展也比较快。如兰州市东部市场是经营 13 大类商品的大型专业批发市场,辐射范围达 17 个省、自治区和直辖市。1991 年成交额达 2.64 亿元,等于 2 个兰州民百大楼或 3 个兰州百货大楼的年销售额。张家川县皮毛市场是闻名全国的四大皮毛市场之一,带动了皮毛贩运和加工,促进了各类乡镇企业和当地经济发展。1991 年全县工农业总产值比 1985 年翻了一番多,贫困面大幅度下降,皮毛市场所在地的 3 个乡镇,户均年收入近 2 千元。县财政收入中,市场零散税占 50%,其中皮毛市场的税收又占 50%。此外,甘谷服装市场、临洮地毯和毛线市场、张掖蔬菜市场、广河皮毛和茶叶市场等等,都有这样的生动事例。

市场发育又促进了新的经济运行机制的形成。从企业经营机制看,目前,企业生产任务的 80% 左右是自主确定的(含指导性计划),市场调节的产值比重占 40% 以上。全省非全民企业和大多数全民小企业已经走上市场,半数多的全民大中型企业也开始立足于市场求发展。从宏观调控方面看,省列指令性计划的工业品已由 1985 年以前的 342 种减为 9 种,省管的 2023 种轻工产品价格已经全部放开,224 种重工产品价格已经放开 209 种。围绕市场发展需要,建立社会服务组织,已有会计师事务所 22 个,注册会计师 100 多人,从业人员 300 多人;审计事务所 37 个,从业人员 200 多人;律师事务所 108 个,从业人员 510 多人。

总之,甘肃市场体系发育一方面已具雏形,另一方面也存在需要解决的问题。主要是:其一,没有统一的市场建设规划,难以指导和协调全省的市场建设工作;其二,市场建设的某些政策不到位,如市场管理费返还 20%用于市场建设的政策;其三,各类市场发育不平衡,特别是生产要素市场发育滞后;其四,市场发育程度低,缺少具有地方经济优势、跨省辐射的大市场,市场设施和信息手段简陋;其五,市场运行和市场管理还不规范。同这些问题相联系,许多企业还没有真正自主经营、自负盈亏并成为市场主体;政府宏观调控还存在脱离市场经济要求的现象,对企业干涉过多,对调控市场不适应;社会各方面的商品经济观念、市场观念和竞争观念还不强,营造市场没有成为一种共同行为。整个经济体制改革正处于走出传统经济体制和市场经济体制并存的"双轨制"阶段,实现建立社会主义市场经济体制目标的新阶段还有一段路要走。所以,一定要按照新经济体制的目标要求,紧紧抓住营造市场这个基本环节,社会各方面一起动手,推动甘肃的市场体系建设。

三、政府和企业共同营造市场

市场经济和市场经济体制是社会性的,要求全社会与其相适应,共同营造市场。其中,最主要的是政府和企业。

(一)政府营造市场

政府是国民经济的组织者和社会经济运行的调控者,也应当是营造市场体系的主要角色。甘肃商品经济欠发达,市场发育障碍较多,政府的参与和有力推动是完全必要的。城乡集贸市场发展的经验已经证明了这一点。政府营造市场,应着重抓好这样几点:(1)组织上,明确全省市场建设主管部门,加强组织领导,协调有关各方面的市场建设工作,研究解决全省性的重大问题。(2)政策上,在继续实行搞活流通 15 条和"谁建、谁管、谁受益"的市场发育政策的同时,进一步落实市场管理费返还 20%用于市场建设的政策,视发展需要制订一些鼓励招商扩大市场规模的新政策。(3)规划上,统一制订全省市场建设规划,并纳入"八五"规划、当年计划和城乡建设规划。(4)措施上,实行市场建设责任制,主要由政府各有关部门承担营造要素市场的责任,并随着政府职能转变和机构改革,分流出一部分人员专门从事市场经营,与政府部门脱钩。(5)调控上,立足于市场运行,实行以市场形成价格为主的价格机制,同时综合运用各种经济杠杆,及时而又灵活地调控市场运行。(6)管理上,制订市场组织、市场竞争、市场管理等方面的法规,搞好各类市场组织的自律管理,加强以工商行政管理部门为主的执法监督、管理工作,保证市场的有序运行。

政府及其各有关部门在抓市场建设的同时,必须推进其他方面的改革。重点是全面贯彻实施《企业法》和《全民所有制工业企业转换经营机制条例》,深化企业改革,落实企业 14 项经营自主权和自负盈亏责任,推动企业走向市场;深化国有资产管理制度改革,理顺产权关系,落实国有资产保值增值责任,深化计划、财政、金融、税收等专业部门的管理体制改革,进行行政管理体制和机构改革,促进政府职能转变。深化其他配套改革,搞好注册会计师事务所、审计事务所、律师事务所等社会服务组织和社会保障体系的建设。通过各方面综合配套改革,整体推进甘肃的市场体系建设。

(二)企业营造市场

企业营造市场就是面向市场,积极投入市场运行,全面参与市场竞争,充分发挥市场主体作用。同时本着互助原则,为市场建设提供资金、场地、人员和信息等支持,促进各类市场的发育。应具体实现这样几个转变:一是从靠政府转变为靠市场,在市场竞争中求生存,求发展;二是从生产型的产、供、销转变为生产经营型的销、供、产,以市场销售为龙头组织企业的各项活动;三是从产值第一转变为效益第一,围绕效益目标搞好生产、经营、管理和开发;四是从产品进市场转变为全部经济活动以至企业本身进市场,在市场竞争中实现资源优化配置和企业组织结构调整;五是从进入区域市场、单一市场变为进入全国大市场、多种市场以至国际市场,在国际竞争中赢得一席之地;六是从顺应市场、走进市场转变为创造市场、引导市场,不断提高市场竞争的能力、层次和范围。

企业在营造市场中发挥积极作用,必须深化内部改革,转换经营机制。要按照《全民所有制工业企业转换经营机制条例》的规定,深化企业财产制度和财务制度改革,建立健全自负盈亏机制;深化企业管理机构及有关制度改革,建立健全市场营销机制,深化用工、人事、分配等制度改革,建立健全激励机制;深化内部经济责任制等项改革,建立健全约束机制;深化企业信息、决策和指挥系统的改革,建立健全产品结构、组织结构和企业行为的调节机制。上述微观机制,是企业经营机制的主要内容。企业经营机制的"四自"(自主经营、自负盈亏、自我发展、自我约束)目标,就是企业在市场上生存和发展的机制,是企业生产经营的内在动力和活动方式的总和,其关键是企业走向市场,成为市场主体,这应当作为深化企业改革,发挥企业营造市场作用的基本要求。

(三)当前营造市场的要点与操作(略)

(本文发表于《开发研究》1993年第1期)

首要因素将是管理者的个人特质

——重读《有效的经理》札记

"在纷繁复杂、瞬息万变的世界中，企业管理者成功的首要因素将不再是专业知识和业务技能，而是个人特性。"

——杰弗里·科尔文

从前读过美国管理学博士蓝斯登的名作《有效的经理》。对于书中关于经理人影响力的分析，尤其是关于经理的知识（技能）、特质（特性）、态度（作风）等因素对管理的影响的探讨，留下了深刻印象。最近又在美国《财富》杂志（中文版 1998 年第 7 期）上看到杰弗里·科尔文的题为《管理者最富价值的素质》的文章，文中提出："在纷繁复杂、瞬息万变的世界中，企业管理者成功的首要因素将不再是专业知识和业务技能，而是个人特性。"文章把经理者的个人特质问题提到如此高度，真有发聋振聩之感。索性再把蓝斯登的书找出来，比照着一读。

蓝斯登的《有效的经理》中指出：有效的经理人追求的是，用适当的方法做适当的事。正视经理的影响力，实行影响力管理，既要求工作绩效，又要求给人鲜明的印象。影响力的基本内容包括：（1）经理人的知识、技能及运用能力。（2）经理人的个人特质及运用能力。（3）经理人每日的言行举止，对工作对人及对自己的态度。影响力不完全属于个性问题，而是整个的人，是真实的情景。影响力有正面的也有反面的，有增强的也有削弱的。所谓影响力，既是就经理人而言的，也是就他对管理职位和管理的能力而言的。

在蓝斯登看来，经理人应当具备相当的知识和技能，但这还不够。经理人的个人特质和态度也是影响力中的主要因素，不但与上层及同层之间的关系是如此，与下层的关系也是如此。探讨哪些特质可以造就一位有效的经理人，哪些行为可以引起良好的反应，是非常值得做的事情。蓝斯登共举出 12 个方面的个人特质：(1)注重仪表，不是奇装异服，而是与公司一致。(2)亲切与活力。(3)感知和探究，重视各种信息和咨询，并作为决策的基础。(4)彻底而有条理的工作，尽量把工作制度化。(5)决策与行动，迅速而不是仓促地做决策。(6)极目远眺从长远看事情，分出轻重大小，有眼光。(7)让别人了解你，不要难以捉摸。(8)耐心和冷静。(9)主动创新，有创造力。(10)正直本身就是报偿。(11)保持敏锐的记忆力。(12)乐观与幽默感。蓝斯登说，经理人的特质，不管是天生的或是后天培养的，我们一定要将必须有的特质，视之为管理技能，作为增强影响力的重要因素。

杰弗里·科尔文的文章则更加强调经理人的个人特性。这显然是由当前和今后时势走向引出的看法，他的文章中指出：百年后的历史学家们将会把 90 年代视为工商管理发生革命的时代。20 世纪 90 年代初，信息技术发展迅速，许多行业管制放松，世界范围贸易壁垒减少，机构投资者持股比重不断扩大。各方面发展变化的冲击力十分强大，促使企业发生巨大的、艰难和痛苦的历史性转变。这对每一个人来说都是显而易见的。唯一的问题是有人愿意根据形势发展进行必要的调整，有人则不愿意改变自己。因此，至少在今后的 10 年中，管理者最重要的素质将不是营销才能、信息技术或其他任何专业知识，而是个人特性——愿意甚至渴望采取重大而又痛苦的决策。

对于时势所要求的经理人的这种个人特性，杰弗里·科尔文的文章认为它非常重要，却又难以实现。因为我们司空见惯、人所皆知的事实是：该采取的措施不去采取，由于这些措施会导致不愉快的后果。这个问题源远流长,已经成为哲学和许多宗教信仰的核心问题。其原因又何在呢？文章引用了哈佛商学院迈克尔·简森教授的观点：人有一半时间笼罩在痛苦规避模式下,这是非理性的模式。沿着现有痛苦避让道路发展,将可能带来更大的痛苦。如果我们看不到自己的错误,我们就无法汲取教训。如果管理者不愿意采取不愉快的行动,他们所要规避的痛苦,实际上就是采取必要措施所必须承受的痛苦。由于企业将为所采取的措施付出代价, 这也就是许多企业像许多个人和民族一样,非到生死存亡的紧要关头,才不得不进行扭转乾坤但令人不愉快的变革的原因。

鉴于事情的严峻和问题的严重,人们可以改变自己的个性,也需要改变自己的个性。杰弗里·科尔文的文章进一步指出,这里有一条很有价值的分界线：敢于采取必要痛苦措施的企业管理者将会存活下来,而那些具有根据自己独到的判断作出令人不快决策的、有勇气的管理者将占据主导地位。或者,他们可能会失误,他们的判断可能是错误的。但这为我们占据市场主导地位提供了唯一的希望。我们别无选择,只能着眼未来,打开新的视野,找出必须作出的最痛苦的决策。

由上述一书和一文的比较来看, 蓝斯登是由全面解释经理人的影响力,提出其个人特质问题的,肯定问题的重要性;而杰弗里是由当下时势强调个人特性问题的,指出经理人的自主创新、勇担风险的决策力的现实意义。有趣的是,经理人的个人优良特质,在其事业成功与失败上的概率有多大呢? 杰弗里·科尔文引用波士顿管理决策公司两位专家(恩莱伍斯基和莫里森)的意见,大概是 60%~85%。至于经理人和企业现时应当作出哪些决策,就是要另外探讨的问题。

（本文署名　益中,发表于《化工管理》1999 年第 1 期）

用改革办法解决发展中的突出问题

——从甘肃的发展差距谈起

甘肃同东部发达省份发展差距不断拉大，是"八五"即将结束时摆在我们面前的一个基本现实。它既是全局性问题，更是甘肃自己的问题。如何用市场经济思路来分析问题，尝试用改革办法解决问题，推动新体制新机制长入经济，这是加快发展、缩小差距的要求，也是深化改革的一个重要任务。世纪之交的甘肃改革，应从这方面进行更多探索，以使改革和发展紧密结合，在建立新体制进程中有效地促进甘肃发展。

上篇　差距拉大的现实及我们应采取的态度

改革开放 16 年，甘肃经济迅速发展。到 1994 年，国内生产总值、工业总产值和财政收入分别达到 446 亿元、643 亿元和 62 亿元，是1978 年的 3 倍、8.5 倍和 3 倍，年均增长速度都在 8%以上。但横向比较，甘肃与全国的差距逐步拉大。经济增长速度比全国低 2 个多百分点，主要经济指标的比重占全国 1%左右，位次由 20 位左右后移到25 位左右。分析起来，差距不断拉大是多方面原因造成的。由于这些原因在短期内不可能有大的改变，因此到 20 世纪末差距还会进一步扩大。

首先，国家优先发展东部沿海地区的政策仍在起作用。改革开放以来，国家经济重心逐渐东移，对沿海地区放宽建设项目审批权限，增加外汇使用额度,给予财政、税收等方面的优惠政策支持。资金投向上,从"五五"开始加大对东部地区的投入力度,带动了当地投资增长,如广东一年投资额是甘肃"八五"时期的4倍。价格机制上,多年来实行"放开制成品、管住原材料"的政策,使甘肃重型工业结构出现利益转移的"效益漏斗",长时间内原材料90%以上被指令性计划调往全国,同时70%的日用工业品以市场价销往省内,利益双重流失;而加工业为主的东部地区,则通过廉价原材料获得较高的增值效益。地区倾斜政策也导致了甘肃人才、资金等的外流。这些情况近年有所调整和变化,但短期内不可能根本改变。

其次,东部沿海地区经过改革以来的发展,有着更有利的体制优势和经济基础,发展条件更加优越。一是东部地区有得天独厚的经济地理优势,交通、通信便利,靠近海外市场,加上十几年来大规模的基础设施建设,为经济发展和引进外资创造了较好的硬环境。二是东部地区思想解放,改革开放步伐较大较快,初步形成了一套适应国际惯例和市场规律要求的政策及管理办法,政府办事效率普遍提高,体制状况大为改善,经济环境更为宽松。三是东部地区经过多年的调整和发展,产业结构趋向合理,科技实力雄厚,加工业愈加发达,企业改造步伐加快,新的经济增长点不断涌现,具有较强的综合实力和发展后劲。四是企业市场化程度高。外资的大量进入和乡镇集体企业等多种经济成分的迅速发展,既缓解了当地的资金压力,带来了先进的技术、管理经验和经济机制,又推动了当地国有企业改革和要素配置市场化,加快了东部经济的市场化进程。总的看,这些地区是我国率先发展的地区,今后不但不会停滞不前,而且将有更大发展,保持高于西部的发展速度。

最后,从甘肃来看,将进一步加快改革开放和发展,但区位劣势、结构性矛盾、财力薄弱、改革开放滞后等问题依然存在,增加了与东部地区缩小发展差距的难度。甘肃地处内陆，偏离海外和全国大市场，交通、通信等诸多不便，需要有更多的基础设施投入，改善基本条件和经济环境的难度大，任务十分艰巨。农业上，甘肃自然环境严酷多样，农民生活水平低，仍有 400 多万人没有脱贫，扶贫开发是重要任务，而东部地区已向小康迈进，甘肃脱贫与东部致富之间存在着明显差距。工业上，甘肃以能源、原材料为主的重型工业结构，产业链短且大部分处于初级产品为主的后项产业，企业老化问题突出，地方工业薄弱。财政上，基本是"吃饭"财政，86 个县中约 70 个是补贴县，年净补贴达 4 亿元，能够用于建设的资金很少。社会发展上，教育比较落后，国民文化素质偏低，人才缺乏和外流现象突出，社会保障体系尚未建立起来。改革开放上，总的是市场化程度较低，主要表现在：多元市场主体发育迟缓，非国有经济比重比全国低 20 多个百分点，国有企业转机建制慢；社会商品购销量小，生产要素进入市场的障碍多；外贸出口额占全国的 0.3%。一千户"三资"企业占全国的 0.5%，其中外商投资比重仅占全国的 0.2%（1994 年）。上述多种因素，使得甘肃区域投入比较成本偏大，比较效益偏低，改革开放效应发挥滞后，存在着改革开放差距与发展差距相互制约的现象。

我们必须正视而不回避上述现实问题。在全国经济发展的基本格局和总趋势，甘肃所处地位低和差距扩大这种事实面前，应当采取的基本态度是：进一步解放思想、转变观念、立足自身、争取支持、艰苦奋斗、求实效，主要通过自己的努力，加上外部条件的改善，实现甘肃经济的更大发展；从而减弱差距继续扩大的势头，减缓差距继续扩大的速度，减小继续扩大中的差距，争取将差距控制在社会心理可以承受的范围内。具体有三个方面：

一是对自己，要眼睛向内，继续发扬"人一之、我十之，人十之、我百之"的奋斗精神，紧紧抓住制约甘肃发展的突出问题，在改革开放和发展的结合部上进行重点突破,探索具有自己特色的发展路子。

二是对外部,要进一步放开政策,放手引进各类生产要素,借助外力发展甘肃经济。要克服"肥水不外流"等陈旧观念,放宽投资限制,在项目审批、土地征用、注册登记、生产经营条件等方面尽可能提供方便,大胆给予政策支持,提高办事效率,创造更宽松、更规范的投资环境,使来甘肃的各类投资者有发展有所得,并促进甘肃的结构调整和经济发展。

三是对国家,要积极争取各种支持。甘肃的发展离不开国家支持,过去是这样,今后还是这样。一定要多方努力,积极争取国家和有关部门在政策、资金、项目以及改革开放试验等方面的支持。对国家给予的支持,要用好用足,抓好落实,确实见到效果。应当把这样的态度,贯彻到经济工作的各个方面。

下篇 抓住经济发展中的突出问题进行改革探索

改革开放,是发展的推动力,兴省富民的必由之路。这是我们十多年来的一条重要经验。东部沿海地区这些年发展快,基本原因之一就是改革开放搞得好。甘肃同东部差距拉大,不只是发展的差距,也有改革开放的差距。所以,通过加快改革开放来缩小发展差距,应当作为甘肃今后改革的一个重要任务。今后改革,总目标是建立社会主义市场经济体制。从甘肃实际情况看,可以区分为两个大的方面:一方面是全面实施国家出台的各项改革措施,研究分析这些措施对甘肃的影响并相应提出解决办法,结合甘肃实际抓好落实,使甘肃改革进程基本上与全国保持同步,争取到2000年建立起新体制。另一方面,抓住甘肃经济发展中的突出问题,以加快改革开放促发展,摸索加快发展的新思路新办法,形成改革开放和发展相促进的新局面。这里,仅就后一方面的问题做点探讨。

1. 基础设施建设问题

近年来,甘肃电力、交通、通信等基础设施建设有了很大改善,但同不断增长的需求相比,仍然是制约发展的薄弱环节,而且也是能否有效吸引外资的一个投资环境问题。从电力供求看,近年的缺口预计每年是30多亿度;交通运输上,宝天段铁路仍然是卡脖子路段,境内公路国道和省道以及航空港的改造任务艰巨。解决这些问题,需要有大的投入,同时也要有好的体制和机制,来解决多方投入和有效管理、运营、使用的问题。基础设施建设,究竟怎样建立一套与市场经济相适应的"建、管、营、用"新体制?如,打破垄断,允许多方投资,尝试股份制办法;发行债券,设立基础设施发展基金;公路建设中允许农村集体或农民以土地入股,或者采取一定年限内还本付息的借贷方式;争取各种国外贷款,引进BOT建设方式等。管理体制上,进一步尝试并完善行政性管理和具体经营相分开的办法,在总体规划和宏观管理的前提下引入市场机制,把建设和管理结合起来,"谁建、谁管、谁收益",促使基础产业走向市场。基础设施的经营和使用,也应运用灵活的价格杠杆,调节短缺情况下的供需矛盾。如电力,在国家和省上统一管理的前提下,实行峰谷分时电价,区别政策性和经营性供电,采用计划价、统一价和市场浮动价等多种定价方式,促使企业节能降耗、农业和其他用户节约用电,使电的使用逐步向商品化方向发展。

2. 农业水利和扶贫开发问题

甘肃农业的根本问题在于水。全省人均水资源约占全国的1/3,降雨量小,蒸发量大,且区域和季节降雨不均,农作物播种和生长期缺雨严重。多年来狠抓水利建设,搞了刘家峡水库、引大入秦等大型水利工程,但远远满足不了农业发展的需要。水利工程具有投入大、生态和社会效益好等特点,但引水灌溉项目的投资回收难度大。综合解决水的问题,也要尝试一些新的机制和做法。如开发滴灌等节水农业项目,旱区推广"121"雨水集流工程等,其中就有技术开发、转化和推广的机制问题。包括如何调动科技人员积极性,如何筹措开发和推广应用资金等。水利建设上除以工代赈等办法外,还可采用股份制或股份合作制的办法,鼓励农村集体、农民个人兴建中小型水利工程,拍卖、租赁山荒地,发展小流域治理。水的管理和使用也应按商品化、市场化方向来改革,对水利设施可实行企业化管理,加强成本核算,促进水资源的商品化、资本化;工程性引水供水,除对贫困地区给予政策性扶持外,对其他用户可逐步实行成本价和市场价,促使节水农业、节水产业的发展和其他用户节水。

扶贫开发是甘肃今后的一项重要任务。甘肃农村现有 22% 的人口生活在贫困线以下,人均年收入不足 300 元。虽然比 1978 年下降50 个百分点,但扶贫任务仍然艰巨。这方面已经探索了一些新做法,如把扶贫开发同河西奔小康结合起来,省内的配对帮扶,移民和劳务输出等。但进一步形成并完善扶贫与开发结合的新机制,仍是一个未完的课题。特别是如何用好国家和省上给予的资金支持,建立统一规划、科学管理、有效使用、滚动发展的机制,注意防止资金使用"撒胡椒面"、资金沉淀和效益不高的现象,把扶贫开发资金的使用更好地同开发当地优势资源、发展乡镇企业和农副产品加工结合起来,形成贫困地区的造血机能,还需要进行新的探索。

3. 培植优势企业和增强地方财力的问题

目前甘肃大中型工业企业 189 户, 占乡及乡以上独立核算工业企业户数的 2.8%,但固定资产原值、产值和利税分别占 80%、65% 和74%,是全省的经济支柱和财政收入的主要来源。要增强甘肃实力,改善财政状况,在占领国内外市场、出口创汇等方面取得新进展,今后主要还是靠这些企业。但是,甘肃大中型企业存在着产品技术含量低、机制不活、竞争力差等问题,在国内 500 家最大工业企业中只有 11~12 家,且位次靠前的不多。所以,怎样使大中型企业进一步壮大规模、增强实力和市场竞争能力,是甘肃能否加快发展的一个关键问题。为此,必须实施"优势企业工程",就是在一批大中型骨干企业中,按照现代企业制度要求改制,并且把改制同改组、改造和加强管理结合起来,加快产品开发,新上改造项目,择优配备企业领导人,完善内部管理机制,逐步配套解决过度负债等历史遗留问题。通过综合措施,集中力量培植优势企业群体,以此为突破口来带动诸多经济问题的解决。要顺应新税制的变化,多发展一些税在地方的地县企业,采取活大放小、以大带小、由小变大等多种办法,大幅度进行结构调整,盘活存量资产,鼓励地县之间采取联合、股份制的办法,共同开发优势资源,兴建具有规模优势的新型企业,从而壮大地方工业和地县财力。在发展经济、增加收入的同时,还要加强财政管理,处理好吃饭与建设的关系,尽量挤出一部分资金用于建设;加强预算内和预算外资金的统一管理,实行社会财力的综合运筹;理顺省地县三级的财政体制,减少补贴;压缩行政事业开支,提高科技和教育等财政开支的使用效益,逐步改善甘肃的财政状况。

4. 资金问题

资金短缺一直是困扰甘肃经济发展的突出问题。按国民生产总值每年增长 8%~9% 的需要测算,今后几年建设资金缺口约数百亿元,流动资金缺口每年约 20~30 亿元。同时,资金使用不好、信用不高、周转不灵的现象也较突出,如产成品资金占压,三角债、连环债很严重。解决这些问题,要按市场经济思路来探索新办法。如广开筹资渠道,在逐步改善投资环境的同时,对国家投资、银行贷款、企业自有资金、债券和股票、当地居民的闲散资金、省外剩余资金、国外各类贷款等,各条渠道、多种方式都积极争取,大胆利用。外省进来的资金可否视同外资？要扩大资本和资金市场，发展长、短期融资，扩大融资规模。资金的有效使用上，如何把来自多渠道、总量却不多的资金协调起来，在兼顾各方利益前提下，适当集中地用于基础设施和重点项目建设、优势企业发展、畅销产品开发等，以提高资金使用效益。这要进一步改革投融资体制和管理办法。金融体制改革中，要摸索根治债务拖欠、信用不良的有效办法，以提供更好的融资环境。

　　5. 对外开放和开发区问题

　　以扩大开放促开发、促发展，是东部地区多年来的一条重要经验，也是甘肃今后经济工作的一条重要方针。甘肃扩大开放，首先要进一步解放思想，转变观念；关键是以效益型的出口创汇为导向，加速转换各类企业的对外经营机制，发展一批在国际市场竞争中有优势的大企业和"三资"企业；重点抓好兰州市、国家和省级开发区、铁路沿线城市、西北五省区联合"走西口"的对外开放，进一步把文化、旅游资源开发同外经贸工作结合起来，充分发挥各类驻外机构的作用；打造较好的投资软、硬环境，为开放引资做好保障。总的看，开放方面要解决的问题不少，重要的一条是用市场观念、改革意识来调整并拓宽对外开放的思路。由过去单纯依靠优惠政策招商引资，转变到以建立与国际市场运行规则接轨的体制为主、辅之以政策鼓励上来；由涉外部门搞开放，发展到社会各方面全方位推进对外开放上来；由向国外开放，扩大到向国外、国内其他地区、省内地县之间、企业之间的多层次对外开放上来；由招商引资的开放，拓展到资金、资源、资本、技术、人才、生产加工、市场流通等全要素全过程的对外开放上来。创造甘肃对外开放的新格局，其中开放区怎样办好，是一个难点问题。前几年办开发区确有"过热"却"热不起来"的问题，据有的部门调查最多时全省达 70 多个，但真正成气候的很少。今后甘肃经济发展，仍需要区域性的增长极，开发区仍为一种有效形式。但要从条件和可能出发,先集中力量办好少数几个,关键是全面实行新体制新机制和新办法,使其真正成为甘肃改革的试验区、开放的"窗口"、发展的增长极。

6. 企业家队伍问题

甘肃经济发展的中心环节是企业,能不能办好一批优势企业,很大程度上取决于能否形成一支合格的企业家队伍。建立一支具有市场经济意识、战略发展眼光和经营管理才能的企业家队伍,是今后的一项重要任务。为此,一要积极培养企业家队伍,实施培养厂长(经理)的"企业家工程"。对现有的厂长(经理),要创造尽力发挥他们才能的工作条件,采取学习培训、到好企业挂职学习等办法提高其水平,并在年龄、待遇上适当放宽有关限制;从企业基层发现人才和选拔人才,尽快把年轻人推到领导岗位,推动企业管理层的年轻化和专业化;结合各级机构改革,选拔一批有较好知识基础、工作能力和发展前途的中青年干部到企业去挂职锻炼,条件基本成熟的可转到企业任职;采取智力和人才引进方式,从省外和国外聘请有经验的企业管理者来甘肃企业任职。二要培育和发展企业家市场,允许有才能的企业家经营几个企业,允许企业家和企业双向选择,促进企业家合理流动。三要改革管理和使用办法,建立严格的聘用、考核、奖惩和离任审计制度。可试行企业家年薪制,适当提高企业家的工作和生活待遇,对确有贡献的企业家大胆给予奖励。

7. 科教兴省问题

甘肃今后的发展,十分关键的是靠科技进步,说到底是靠人的素质提高。这就要把发展科技和教育作为长远战略任务,摆到重要位置。过去仅仅把科技和教育当作社会事业来看、来办,现在必须作为发展现代经济的组成部分,使其同经济发展紧密结合起来。特别是在甘肃这样一个比较贫困的省,一定要按市场经济思路,着眼于发展经济,来推动科技和教育体制改革。适应"科教兴省"要求,建立能够促进甘肃经济发展的新体制新机制。科技体制改革,应突出科技开发和推广应用体系建设,打破条块分割和部门隔离状态,协调全省科研力量,加强高新技术和应用开发型研究;推动科研单位和企业联合与协作,发展各类科技企业,组建民办科研机构;改革科技人员管理办法,放活科技人员,实现科技成果和服务商品化、社会化。教育体制改革,应突出培养适合甘肃经济发展需要的实用人才和多层次人才。

应该说,用改革办法解决经济问题是一个很大的题目。我们在这方面还缺乏经验。这里也主要是提出一些问题,谈了一点初步想法。为在这方面进行更有效的探索,一方面在推进改革的时候,要更多地了解和熟悉甘肃经济情况,在解决实际经济问题上下更多工夫;另一方面,在推进发展的时候,要更多地考虑市场经济背景和建立新体制新机制,尽可能采取新思路、新办法来解决难点问题。应当提倡这两方面的互相学习、互相补充,努力在工作中把改革和发展结合起来,促使新体制新机制长入经济, 收到加快建立新体制和实现经济大发展的更佳效果。

（本文作者　孙晓文　王素军,发表于《开发研究》1996 年第 1 期）

关于甘肃经济体制改革的几点认识
——庆祝改革开放 30 年

　　30 年前,党的十一届三中全会开启我国改革开放的历史航程。30 年来,我国成功地进行了从高度集中的计划经济体制到充满活力的社会主义市场经济体制,从封闭半封闭状态到全方位开放并融入世界经济的伟大历史转折,推动经济社会全面繁荣发展,进入了全面建设小康社会的新的历史时期。经过 30 年改革开放,甘肃的经济体制和经济社会发展同样发生了翻天覆地的历史性变化。

第一点认识:改革开放 30 年,我省实现了经济体制除旧布新和经济社会快速发展

　　按照中央的改革开放决策和部署,在历届省委、省政府领导下,全省各族人民不断解放思想,坚持以发展为目标、为基础、为主题,基于发展进程推进改革探索。30 年来,经过 20 世纪 80 年代以打破旧体制为特点的农村和城市经济改革探索,90 年代以建立新体制为特点的国有企业和宏观体制改革实践,新世纪以来以完善新体制为目标的国有企业改革攻坚、农村综合改革和相关配套改革,使我省在经济体制创新和经济社会发展两个方面取得了巨大成就。

　　(一)在经济体制创新方面:30 年改革开放使传统计划经济体制转变为基本确立社会主义市场经济体制

　　(1)"大、公、纯"的传统公有制逐步转变为公有制为主体、多种所

有制经济共同发展的所有制结构,非公有制经济从无到有,占国民经济的三分之一以上。

(2)农村长期实行的"一大二公"人民公社体制被家庭承包责任制为基础、统分结合的双层经营体制所代替,以乡镇机构改革、义务教育改革、县乡财政改革和农村金融改革为主要内容的农村综合改革取得重大进展。

(3)国有企业从计划经济的生产车间和政府附属物转变为市场经济主体,特别是全省国有工业企业经过改革攻坚,基本建立以股份制为主要形式的现代企业制度。

(4)城乡商品流通体制从过去单一的实物调拨配给方式转变为统一开放、竞争有序、多层次多渠道的市场流通体系,各类要素市场逐步建立,市场决定价格为基础的机制基本形成。

(5)经济发展的封闭局面转变为不断扩大开放的对外经济体制,全省累计实际利用外资51.8亿美元,2007年进出口总值54.96亿美元,是1978年的159倍。

(6)以行政手段为主的计划经济管理方式转变为市场配置资源为基础、运用经济和法律等多种手段的宏观经济调控,投资体制、财政体制和金融体制发生重大变化。

(7)城市就业和收入分配体制由过去的政府包揽就业转变为政府指导、市场择业、劳动者和用人单位双向选择,由平均主义大锅饭转变为按劳分配为主和其他多种分配方式并存。

(8)社会保障和住房制度由国家与单位完全包下来转变为国家、单位和个人共同负担,城镇职工社会保障制度基本形成,基本养老保险、基本医疗保险、失业保险和生育保险的覆盖面及覆盖人数逐年扩大。最低生活保障制度在全省城乡初步建立。同时,与经济体制密切相关的科技、教育、文化、卫生、体育等方面的管理体制和运行机制,在实践探索中也发生了重大转变。

(二)在经济社会发展方面:改革开放解放和发展了生产力,2000年以来的西部大开发加快了基础设施和生态建设,全面促进了经济增长和社会进步。从1978年到2007年:

(1)经济总量。我省国民经济总量达到2699亿元,是1978年的42倍,年均增长9.45%,"十五"以来年均增长11.02%;大口径财政收入达到391.6亿,是1978年的19倍,年均增长10.7%,"十五"以来年均增长20.14%;社会固定资产投资达到1310.4亿元,是1978年的141倍;社会消费品零售总额833.3亿元,是1978年的40倍。

(2)农业。农林牧渔业增加值达到386.4亿元,是1978年的4倍多,年均增长5.48%;历史性地解决了吃饭问题,粮食总产稳定在800万吨以上,比1978年超出300万吨;肉类产量85.7万吨,是1978年的7倍;棉花、油料、甜菜、水果、牛奶、禽蛋等农产品产量也是数倍到数十倍的增长。

(3)工业。全部工业增加值达到1066.7亿元,是1978年的30倍,年均增长8.28%,"十五"以来年均增长13.51%;省属工业企业近五年连续保持30%以上的增速。

(4)基础设施和重大项目建设。全省公路通车里程达到10万多公里,高速公路超过1300公里;铁路营运总里程近4000公里,西陇海线和兰新线甘肃段基本实现复线化、电气化;兰州、敦煌、嘉峪关、庆阳机场全部为新建,天水、金昌、甘南、陇南等机场正在筹建;引大、引洮、石羊河治理、甘南黄河水源地保护等一批大型水利和生态工程,先后建成或开工建设;石化、煤炭、电力、有色、钢铁等一批工业重点改造调整和重大项目陆续完成发展后劲明显增强。

(5)人民生活。全省城镇居民人均可支配收入10012.34元,是1978年的24倍多;农民人均纯收入2328.92元,是1978年的23倍多；城镇居民家庭恩格尔系数从30年前的近60%下降到35.9%,农村家庭的恩格尔系数从近70%下降到46.8%。覆盖城乡的义务教育体系基本建立,公共卫生体系和基本医疗服务不断健全,城乡社区卫生服务体系得到完善, 文化事业以及文化产业协同发展的格局初步形成。

30年的改革实践中, 我省坚持社会主义市场经济体制改革方向,坚决贯彻中央改革决策部署,深入认识省情,从甘肃实际出发,探索推进甘肃改革的具体思路和做法, 实现了经济体制大转变和经济社会大发展。可以说,30年巨大成就的取得,关键在于改革开放;新的历史时期再创辉煌,仍然要靠改革开放。

第二点认识:我省要实现又好又快发展,必须继续推进改革开放

改革开放30年,我省经济社会发展取得巨大成就,同时发展水平在全国尚处于后位,发展过程中遇到许多矛盾和问题,现状经济体制与又好又快发展的要求仍然存在较大差距。站在新的历史关口,我们必须进一步深化省情认识, 准确理解又好又快发展对深化改革和体制创新的客观要求,增强继续推进改革开放的坚定性和自觉性。

(一)我省发展条件差、经济总量小、人均水平低、贫困比重大的基本省情,要求进一步推进改革开放。(略)

(二)现阶段我省解决经济结构、生态环境、思想观念等突出问题,要求进一步推进改革开放。(略)

(三)我省现状经济体制不完善,改革对发展的推动力和体制保障能力不足,要求进一步推进改革开放。(略)

第三点认识:加大我省改革创新力度,
努力建立适应科学发展的体制机制

现在,我省正处于加快发展和实现又好又快发展的一个关键时期。总的是,坚持改革与发展紧密结合,基于科学发展要求推进改革探索,努力建立科学发展的体制机制。重点围绕发展市场经济、转变发展方式、提供公共服务、转变政府职能这四个方面,抓好改革创新。

(一)围绕发展市场经济,推进改革创新

重点发展壮大市场主体,完善繁荣市场体系。(略)

1. 继续培育多元市场主体,增强企业的市场竞争能力和自我发展能力。

2. 继续健全市场体系。

(二)围绕转变发展方式,推进改革创新

重点推进自主创新和结构调整,建设资源节约和环境友好型社会,统筹城乡和区域发展,逐步形成可持续发展的体制机制。(略)

1. 推进自主创新和结构调整方面。

2. 建设资源节约和环境友好型社会。

3. 统筹城乡发展方面。

4. 统筹区域发展方面。

(三)围绕提供公共服务,推进改革创新

重点探索建立基本公共服务由政府负责、公共财政支撑、多种方式提供,其他公共服务通过社会和市场提供的体制,促进和谐社会建设。(略)

1. 推进户籍、就业和收入分配制度改革。

2. 深化教育卫生、文化、社会保障及住房等领域的分层次改革,建立健全"幼有教、病有医、居有屋、老有养"等基本公共服务体制。

3. 不断改善劳动者和居民的生产生活环境,健全安全生产监管体制和落实安全生产责任制,健全环境监管体制。

4. 发展完善城市社区居民委员会、小区业主委员会和农村村民委员会等自治组织,不断提高城市居民和农民的自我管理与自我服务能力。健全社区配套服务设施,增强社区服务功能。

5. 加强政府主导的灾害应急救援和恢复重建体系建设,不断完善相应的体制机制。要进一步研究制定这些方面的改革措施,解决好人民群众关心和反映强烈的突出问题。

(四)围绕转变政府职能,推进改革创新

以加快政府职能转变为关键,调整机构、理顺职能、强化服务、提高效能,建设服务政府、责任政府、法治政府和廉洁政府,打造行政高效、服务良好的发展环境。

1. 按照国务院机构改革部署,搞好新的机构改革。实行职能转变,改善经济调节,严格市场监管,加强社会管理和公共服务。

2. 深化行政审批制度改革,加强政务服务中心建设并完善运行机制,探索建立网络审批系统。继续推行政府部门工作责任制和问责制,健全科学民主决策机制和行政监督机制,健全重大事项协调机制。加强电子政务建设,推行政务公开。

3. 继续落实国家关于财政税收体制、金融体制和投资体制改革的措施,进一步健全并改善国有资产管理体制,结合实际进行新探索。

4. 积极推进事业单位分类改革探索,促进社会公共事业发展。对经营型、准公益型、公益型的不同事业单位采取不同的改革措施,健全并落实相关政策。

(本文为"2008·改革30年回顾与展望"甘肃经贸论坛上的发言,发表于《甘肃经贸》2008年第9期)

法国、意大利中小企业发展与扶持措施考察
——赴法国、意大利考察报告

　　2002 年"十一"前后,参加中国经济体制改革研究会组团考察法国、意大利中小企业发展与扶持措施。我们先后访问了法国的财政部、中小企业联合会(CGPME)、沙特尔市工商会、巴黎大区外贸局、中央银行和中小企业发展银行,意大利的中小企业联合会(CONFAPI)、拉齐奥大区中小企业协会和有关企业,听取有关专家、企业家和政府部门人士的介绍讲解,就关心的问题进行了座谈。现将考察情况和一些感想写下来,用以讨论和交流。

一、欧盟标准和法、意两国中小企业基本情况

　　1. 中小企业划分标准。1993 年欧盟正式成立后,统一了有关国家中小企业划分的不同标准,法、意两国都执行这一标准。按欧盟标准,中小企业是指:员工人数在 250 人以下;年营业额在 4000 万欧元以下;所有者权益(净资产)在 2700 万欧元以下;有经济独立性,外人控制的股权不超过 25%(超过的被视为大公司控制的子公司,不属于中小企业)。其中,员工人数 50 人以下、年营业额 700 万欧元以下、所有者权益(净资产)500 万欧元以下的,属于小企业。按此标准算,法国有中小企业 244.4 万家;意大利有中小企业 420 万家(其中 12%的企业,员工不到 15 人)。他们特别重视中小企业的经济独立性,除对外人控股比例作出限制外, 强调中小企业的经理必须个人去履行财

务、技术、道德等多种意义的义务。

2. 组织形式。法、意两国中小企业的组织形式是按本国情况确定并划分的。企业组织形式分类,指依据企业的法律地位、资本来源、股权转让方式、股东对债务负责的方式等,对企业形式作出的划分。在法国,企业组织形式大体分五种:个人公司、合伙公司、集体名义公司、有限责任公司、股份有限公司。其中,前三种属于无限责任公司,后两种是有限责任公司。在意大利,企业形式大体分为两类,即自然人公司(负无限责任)、资本公司(负有限责任)。

考察中我们注意到,两国中小企业大多数选择了无限责任公司的形式。据统计,法国中小企业中的无限责任公司比重达61%,有限责任公司占33%,股份有限公司仅占6%。意大利的中小企业,80%为负无限责任的自然人公司,负有限责任的资本公司占20%。

3. 家庭和家族企业。尤其意大利,在传统手工业、家传技艺和现代个人专利的基础上,许多中小企业仍然采取家庭和家族企业的形式,很有生气和活力。他们认为,家庭式是小企业中一种小巧灵活、发展很快的形式,在国家框架下有利于解决许多问题。拉齐奥中小企业协会人士说,许多小企业就是一家人,有亲情,技术诀窍私传,订单急时加班十几个小时,大企业雇工做不到(违反劳动法)。在意大利南部,30%~40%的中小企业由创建人作董事长,直接领导,其他企业则为第二、三代领导的形式。在法国,家庭企业老板退休时,子女接任的一般占5%~10%,主要是中型企业有一定规模和出口能力,子女愿意接受父业,小企业的不愿意子承父业。

4. 行业分布。法国中小企业有55%从事服务业,23%从事制造业,22%从事商业,同时属于手工业的占70%。意大利中小企业除从事服务业、商业外,在制造业有实力、很活跃。资料显示,意大利制造业企业总数中有99.87%为中小企业,在发达市场经济国家中首屈一指。意大利中小企业的竞争力比较强,机器制造、纺织和服装、制革和制鞋、金银首饰、家具制品、玻璃制品、卫生陶瓷、大理石制品等意大利出口创汇的主要部门,都是以中小企业为主的。另外,在法、意两国的大学周围有许多科技型小企业,是创新之地。

5. 地位和作用。法、意两国的中小企业及行业在国民经济中占有十分重要的位置。2001年底,法国中小企业及行业的就业人员占全部就业人员的88%,销售额占销售总额的65%,产品增加值占全部增加值的61%,出口额占全部出口额的50%,投资额占全社会投资额的62%。在意大利,中小企业的就业人员占全部就业人员的70%,工业产值占工业总产值的66%,出口额占出口总额的50%。据拉齐奥中小企业协会蒙泰西先生介绍,近十多年市场越来越变成国际市场,给中小企业带来两个变化:一是中小企业模式迅速发展、完善起来,二是中小企业成了迅速发展的大企业的供货商。15%的中小企业都在国外建立自己的生产基地,特别是去那些原材料和成本便宜的地区,一些企业家正在到中国去寻找机会。40%的中小企业作为大企业零配件的供货商(采取"下承包"方式形成产业链),正在争取成为世界性的供货商。

正是由于中小企业在国民经济中的重要地位和作用,法、意两国都把扶持中小企业发展作为本国的一项基本经济政策,多年来形成了一套有效的配套扶持措施。法国中小企业银行的人士讲到一些国家的不同特点,英国、美国倾向于小企业,德国倾向于中型企业,法国则倾向于中小企业,欧洲正在接受法国的观念并专门来研究中小企业问题。

二、扶持中小企业发展的机构与主要措施

法国和意大利对中小企业发展的扶持,是在欧盟框架下进行的,

包括欧盟—本国政府—大区—省—市等不同层次的行政机构，也包括政府—金融部门—民间联合会等不同身份的机构，形成一个多层次分工协作的组织体系。

(一)欧盟在扶持中小企业发展中的地位和作用

随着《马斯特里赫特条约》(1993.11.1)正式生效和欧洲联盟(简称欧盟)成立，以及欧洲统一货币(欧元)正式启动(1999.1.1)，欧洲经济一体化进程加快，欧盟成员国内部的政治、经济架构发生了重要变化。欧盟的规定成为有关国家制定和执行政策自觉遵守的前提，影响到各成员国经济、政治和社会活动的方方面面。在中小企业发展方面，据初步了解，欧盟主要是制定企业标准，制定限制和禁止性规定，对有关国家的扶持政策进行批准、监督和纠正，简化审批手续等。欧盟从90年代初开始，每四年制定一次中小企业发展计划，同时设有社会基金(FSE)，中小企业可以申请培训费用等支持。

欧盟对成员国政府支持中小企业的政策规定，从保护自由公平竞争、坚持市场配置资源的基础作用、禁止非市场因素干预的基本原则出发，分为"禁止"和"例外"两类。禁止性规定就是禁止各国政府对企业实行特殊支持，被禁止的支持有四种标志：(1)政府向企业转移某种资源，给企业带来直接的经济收益；(2)政府的支持没有其他渠道可以获得；(3)政府对企业的帮助不一视同仁(不能有选择)；(4)影响企业公平竞争的政府政策。在"禁止"以外的"例外"扶持措施，要经过欧盟批准同意，有三类情况：一是有利于落后地区发展的，如企业所在地区生活水平不到欧盟平均水平的75%；二是帮助中小企业的人员培训等；三是农业、远洋船舶建造等特殊行业的补贴。欧盟成员国政府在这些方面采取扶持措施，事先向欧盟申请并予以说明，先斩后奏不行。欧盟进行调查，一般两个月答复，有些调查一年半才答复。如果政府对某个项目的资助数额比较小，三年内不超过10万欧元，可以不经审批,但事后欧盟审查。

特别需要说明的是,欧盟看到了扶持中小企业发展的必要性,把中小企业作为特殊主体,在政策的禁止、例外、豁免上作出特殊规定。欧盟扶持中小企业的目标,主要是针对经济发展的区域不平衡,并分别对低于一个地区平均水平、一个国家平均水平、欧盟平均水平的政府扶持政策,作出不同的具体规定。成员国政府对中小企业的扶持通常可以豁免,因为中小企业比较弱小。同时有严格的监督,如对中小企业的政策,大企业不能享受;防止有人分别在三个国家各搞一个小企业,骗取政府的支持,要合起来计算;区别政府的政策支持行为与经济投资行为,给政策或者当股东的单一行为都是可以的,但政府对企业搞两种行为,既当球员、又当裁判员是不行的。如果发现违反规定的行为,欧盟就下令纠正。

(二)法国、意大利中央政府及其部门的扶持措施

法、意两国对中小企业的扶持,首先是中央政府及其部门的职责和工作。法国政府每2—3年制定一个新的计划来支持中小企业,本届政府确定的未来几年目标是帮助企业创建和企业转让。在帮助创建方面,主要是使有关程序和手续更简单、更快捷,以及税收上的减免、简化。如法国正在讨论的一个法律——"福莱尔草案",就是关于减少企业主设立企业时许多部门的繁杂审批手续,减轻企业负担的。在帮助转让方面,因为人口趋向老化,中小企业老板面临退休,有企业转让、转移的问题,以使企业能继续运行下去。政府要做的是简化转让、转移手续,提供一些财政援助。

在法国,财经与工业部是政府管理中小企业的综合部门,办公机构为其下属的中小企业商业和手工业秘书处,主要职能是完成对中小企业的政策支持。在意大利,国家加工业部(原工业部)、外贸部是扶持中小企业发展的主要部门。

法国财经部门的对外经济合作司，负责执行政府的对外经济政策。该机构在驻外大使馆、领事馆和各大区、省都派有人员，设在大区的是外贸局。其隶属的机构，如对外交易会、对外交流中心、海外外贸保险等。这套机构负责扶持中小企业拓展海外业务，帮助中小企业寻找并评估国外合作伙伴，有目的地进行国际贸易等。其资金扶持业务分两类：一类是直接对中小企业的补贴，如海外市场调查，政府补贴50%的费用（上限不超过1.5万欧元），到海外参展也是补贴50%（上限4000欧元）；另一类是政府财政提供资金，委托法国对外贸易保险公司（已改为私人公司）管理运作的，扶持中小企业外贸的无息、低息贷款和补贴等，针对不同业务设有上限规定。巴黎大区外贸局因其优良服务，获得了政府服务的质量认证体系（ISQ9000）认证。

以上这些政府部门进行扶持工作的内容和方式主要有：研究中小企业运行情况和出现的问题，在政府制定国民经济发展规划与有关政策时，反映中小企业的情况和意见；分析研究扶持中小企业发展的财政制度，制定投资计划，为国家确定年度财政预算提供中小企业的有关咨询意见；制定行业性政策法规，鼓励有利于改善地区经济结构、开辟就业岗位的中小企业发展；简化行政申办手续，实行一次性申办；为中小企业提供咨询、培训和信息；加强对企业产品质量的监督等。具体扶持工作有两种情况：一是面对中小企业群体的集体性共同支持，如制定统一政策，组织海外学习考察、到海外参展等；二是个案支持，即一户企业一户企业地研究解决其提出的申请和有关问题。

（三）国内大区和省、市的扶持作用不断增强

大区不是一级政权，而是由中央政府授权经济管理职能、介于中央政府和省之间的行政组织。法国是中央—省—市这三级政权，但有23个大区（如巴黎大区），每个大区有4—8个省。现在中央政府的管理重点越来越不在中小企业，大区、省和市政对中小企业的扶持作用

愈来愈大。对中小企业的支持很多来自大区,省、市随之锦上添花,省、市的支持还要有大区的允许才能进行。大区、省和市政的帮助,有直接和间接的:直接的像帮助企业技术改造、产品更新、进入市场、提供贷款贴息,间接的像以低于市场的价格为企业提供厂房和工业用地(如1欧元1公顷土地)。

从省一级看,在省议会有一个当选代表组成的经济扩张委员会(CE),负责制订本省经济增长、产品推销的策略和法规,以尽可能引进投资、推动出口。它努力把本省的相关企业联合起来,促使他们采取一致的生产、销售策略,确定共同的质量标准和环保标准,共同培训人员、建立机构,联合起来保护环境,推动企业共同去打市场。各地都愿意发展中小企业,多吸引一些企业来本地落户,并存在着竞争。地方政府的积极性与税收制度有关。据介绍,法国企业有两种税收,一种按利润来的税收交国家(可能是所得税);另一种是地方税,有行业税、土地建设税等。企业交纳的行业税占地方税的50%左右。行业税(按厂房和设备实际价值、工资总额等的不同比例分别提取)的50%归市政,余下部分归大区和省。最近有意见想取消行业税,由此造成的地方收入缺额由中央政府拨补,但地方人士表示,如果这样,扶持中小企业就不会那么努力了。

在市镇,各种民间机构活动在为中小企业服务的第一线,除联合会、协会外,还有国家工商会(CCI)、手工业商会(CM)、农会(CA)等在各地的分会,为企业提供工程、贸易、进出口、金融、会计、审计等方面的免费咨询服务。

(四)金融机构的扶持作用特别重要

法国中小企业发展银行是国家控股的投资银行,1996年创立,在全国各地设有37个分支机构,专门为中小企业提供信贷服务与担保业务(及处理挂账问题)。其股权结构是:财政部的股份占50.53%,

国家信托银行股份占 39.66%，法国人民银行（私人银行）股份占 7.87%，国家发展署股份占 1.94%。该银行下设两个子公司，中小企业设备贷款银行和中小企业担保银行。中小企业设备贷款银行为全资子公司，负责全国中小企业的金融信贷业务，主要靠自身经营来运作。中小企业担保银行为有限责任公司，其中中小企业发展银行出资 43.39%，商业银行出资 46.79%，中小企业设备银行出资 9.82%，主要负责全国中小企业的投资担保业务，国家给予资金支持。

由于国家控股，该银行执行政府的经济政策，受政府委托开展有关中小企业的业务。国家财政每年为其提供 1.25 亿欧元的经费支持（主要用于贷款担保）。中小企业贷款及担保的申请、发放，通过因特网来进行，降低了申请办理的费用。

目前的工作重点，是在企业创建、转让时提供帮助。为创建中小企业的一种贷款，贷款额一般为 3000~8000 欧元。企业创建时的贷款担保服务费用低于商业银行，一般占贷款额的 0.6%，对赢利企业则再收取一定费用。正在考虑的帮助中小企业转让的一种贷款，可达 3.2 万欧元。十分重要的工作是提供风险贷款的担保，以帮助中小企业从商业银行获得贷款。以前商业银行不愿意给小企业贷款，因为存在着风险，中小企业创建 3 年后，有 60% 都消失了。现在有中小企业发展银行的担保，商业银行也愿意介入这种贷款了。担保时，也要求企业提供一定的抵押，注意避免用老板私人财产来抵押。贷款担保企业万一破产清算，要承担 50% 的损失（其余由商业银行承担）。从统计结果看，中小企业发展银行每年提供中小企业需求资金的 20%，顾客 60% 是 9 人以下的小企业。2001 年帮助创建企业 2.5 万个，帮助转让企业 4 千家，分别占全国新创建和转让企业的 10% 左右。给予担保的占中小企业贷款的 50%，企业创建时可达 70%。企业创建时 1 欧元的担保可以起到 4 欧元的扶持发展作用，企业扩大发展时则可以起到

20 欧元的作用。过去每年有 6 万家企业倒闭,现在每年有 4 万家企业倒闭。这说明扶持效果明显。

银行为企业提供金融服务,要先了解企业情况和有关风险,这类数据信息、分析评估方法及结果,由中央银行系统提供,并在全国银行系统内部上网。法国中央银行内部设有负责金融分析方法论的机构,关于企业评估的方法由统计数据(企业规模、资产负债、偿债表现)和专家打分等组成,下属分行具体操作。中央银行的这种功能,表现了它在为中小企业服务和整个金融领域运作中的特殊地位及作用。

(五)民间机构为中小企业的自我服务

民间(中介)机构主要有企业的各种联合会、协会及其创办的"康采恩(CONCERN)"组织。这类机构由企业、企业家自主创立,以代表并保护自身利益、进行自我服务、争取自己创业的更好环境为宗旨,在有关法律法规之下执行自订的规则,受政府部门指导和支持,参加各级政府部门的有关会议并表达意见。

法国中小企业联合会(CGPME)成立于 1944 年,是一个代表中小企业及其行业利益的、跨行业跨地区的全国性民间机构。其成员都是中小企业家(不是单纯持股人)。该联合会包括两类机构,一类是按区域划分的,如 100 个省的省联合会;一类是按行业划分的各种行业公会,主要研究协调行业性特殊问题。总共有 400 个联合会、行业(专业)和跨行业机构,以及下设的 3500 多个不同行业和地区的组织。该联合会也是欧洲手工业、中小企业协会(UEAPME)和国际手工业、中小企业协会(ULARME)的成员,通过与本国、其他国家的公共权力机构和社会合作者进行交流,与欧洲、世界性组织交流,来维护法国中小企业及其行业的利益。它的工作内容与方式包括:在公共权力机构制定有关法律法规之前,与总统、总理、部长交涉或者向社会合作者咨询；参加全国跨行业会议、谈判和有关社会体制管理，如失业保险、社会保障、劳动市场、劳动仲裁委员会（普鲁东理事会）、技术咨询委员会、上诉委员会、商业法庭、员工培训机构、补充津贴等；参与官方委员会有关国际经济和社会领域的对话，如欧洲经济和社会委员会、全国消费委员会、国际就业组织等。在众多工作中，该联合会把主要任务确定为：实行以客户为中心的发展战略，帮助中小企业与中小行业开发新的产品和服务市场。

意大利中小企业联合会（CONFAPI）是适应战后环境变化，为维护中小企业利益于1947年成立的。该联合会下设不同行业、地区的分会，成员涉及6万多家企业和近百万会员。其主要职责表现在：通过分布广泛的制度网络，积极参与意大利的经济、政治和社会活动，与国家制度层面的政府、国会、议会、政党等保持密切联系；与各级政府部门、部长办公室、经济委员会、外贸协会、研究会、社会安全机构、职业培训协会等互相沟通联系；与雇主协会、贸易联合会等其他民间机构在新的工业联系体系中共同工作。同时，该联合会在布鲁塞尔的欧洲手工业、中小企业协会中设立永久性办事机构，以了解欧盟立法活动和有关中小企业的法规部署。

在意大利，有关人士还介绍了拉齐奥大区企业家联盟创立的对外出口康采恩（CONCERN）联合体。该组织成立于1986年，由同行业的企业联合起来去开拓国外市场，并以帮助企业走向国外市场、提供有关服务和法律依据为任务。主要工作有：帮助出口产品、进口原材料、人员培训、进行咨询，与欧盟的部门、国家外贸部门、地方政府部门、其他民间机构和外国民间机构保持工作联系等。其活动经费支出，40%由政府支持。据介绍，20世纪70年代以来的康采恩或合作社形式，由企业联合起来设立基金，用于解决贷款担保的困难，能解决信贷需求的50%。现在，建立在信用基础上的康采恩形式被普遍采用,用于开拓国际市场和业务国际化,用于支持年轻人创业等。我们过去从书本上了解的金融寡头控制的康采恩,与此差别很大,还需要更深入的实际调查研究。据了解,上述民间机构的活动经费来源,一般有三个部分,即会员会费、活动收入、政府的财政资助。各种机构经费来源的具体规定不尽一致,如法国工商会的会员费,从有关税收中提取很小一个部分,具体由工商会的企业家代表大会决定。中小企业及企业家们往往既是联合会成员,又是行业公会会员,有的还是康采恩的成员。企业家自愿选择是否参加,还是参加哪个民间机构。没有参加的,也可以请求民间机构的帮助和服务。联合会等民间机构负责人的工作是公益性、义务性的,收入靠自己的企业和工资,但可以有调研费、报刊费等补贴,个别人领取最低工资。

(六)各层次各方面扶持政策的配套

从中央政府到市政,从金融机构到民间机构,对中小企业的扶持政策相互连接配套并适时调整。各方面的有关扶持政策主要是:出资办企业实力不足,政府给予一定的补助(对不同区域有资金补助的上限规定);为创建企业者提供专业性建议和帮助,根据其能力、财力、物力帮助设计和修改创业方案,实行跟踪指导;咨询服务费、资源转让费、培训费、参展费等的减免;土地和厂房使用费的优惠;技术创新、海外贸易时的帮助;无息、低息或减息贷款,利息差额部分由政府财政补贴,政府协调的担保贷款;设立扶持基金,如法国的企业创新基金,由大区、省和市政、企业共同出资设立的培训基金(其中企业从工资总额中提取不低于1%的员工培训费,员工终身享受免费培训)。据介绍,政府对中小企业的各种补贴不胜枚举,但中央政府、大区、省和市这四级扶持中小企业的各种政府补贴,加起来不能超过欧盟规定的标准。总之,法、意两国扶持中小企业的政策措施,是集中各层次各方面意见、统一制定的,又是各层次各方面分工协作、配套实施的,并根据新的需要不断调整修正，收到了比较好的效果。

三、考察归来的几点感想

通过考察法、意两国的中小企业与扶持措施，结合我们中小企业的有关情况，觉得扶持中小企业的工作要升位、要到位，有以下几点应当给予重视。

第一，进一步提高对中小企业地位和作用的认识。法、意两国人士从不同角度谈到中小企业的地位和作用，可归纳为几个有利于：(1)有利于市场自由竞争和反垄断；(2)有利于创新和技术进步；(3)有利于社会就业；(4)有利于解决发展不平衡和落后地区问题；(5)有利于经济调整；(6)有利于未来发展。扶持中小企业，表面看是扶弱、扶困，实质上是坚持市场竞争和创新发展，是创造企业、扶持未来(企业都是从小到大甚至从生到死的)，对一个国家的经济和社会发展具有重大意义。我们对中小企业，往往从某个方面、某个时期或当前需要讲得多，缺乏全面的、长远的、战略性的科学认识和评价，实际上降低了中小企业的地位和作用。比如"放小"，就其具体针对性而言是合理的，但不加限制地放大和泛化，会带来不少问题。对公有制中小企业，既要讲"放"，也要讲"扶"，放开后更要扶持。从全社会来讲，基本方针应当是扶持中小企业发展。这方面的认识、方针和措施，都需要进一步转变。有必要加强对中小企业问题的战略研究，研究家庭和家族企业等适合中小企业存在的形式，进一步揭示我国中小企业发展的规律，增强扶持中小企业发展的科学性和自觉性。

第二，积极探索政府扶持中小企业职能的转变。在我国传统计划经济全面转轨到市场经济，并且加入世贸组织的背景下，政府应当怎样扶持中小企业，原有的职能和工作方式需要创新转变。

(1)基本职能和工作思路的转变。确立鼓励市场竞争、鼓励创新、鼓励发展的原则，在这个原则下提出扶持中小企业发展的具体工作方针和措施。要从单纯的"放小"转为全面扶持，从出资人身份扶持转为社会公共管理者身份扶持，从面向国有和集体中小企业的扶持转为面向全社会中小企业的扶持。要朝着全面建设小康社会的目标，鼓励个人创业致富，全面制订"从头起步、伴你终生"的配套扶持措施。政府部门有必要研究提出扶持中小企业工作的中期规划和工作重点，突出中小企业的特殊性，做过细的工作，拿配套的措施，促稳定的实施和有效的落实。

(2)政策制定依据和制定方式的转变。全国人大颁布的《中小企业促进法》，为扶持中小企业发展提供了法律依据。在政策制定工作中，要从忽视或不了解国际规则转为重视并不违反国际规则，促使政府行为与世贸组织条款等国际规则对接；从无法可依、有法不依搞政策，转为立法守法优先、依法搞政策，强化法制意识，提高政策制定的严肃性；从各行其是订政策，转为不违反"上位法"订政策，改变部门文件管政府文件、下级文件管上级文件的现象，提高政策的统一性和权威性；从过去搞"允许"性政策，转为搞"禁止"性政策规定，"法不禁止则自由"，扩大企业的自由活动空间；从按所有制性质订政策，转为统一制订中小企业政策，一视同仁，促进企业公平竞争。当前尤其要针对中小企业发展中的一些重点问题，如企业创建、咨询服务、贷款担保、技术创新、开拓国内外市场等，配套制定政策措施，抓好实施和落实。

(3)管理原则和管理方式的转变。按市场经济原则，政府做事要着眼于个人、企业、市场不能做、做不了和做不好的那些事。比较起来，大企业更有力量去发展自己，保护自己不被侵权，中小企业更弱更无助更困难，才需要政府的更多扶持。要在鼓励中小企业对其存在形式、发展道路等进行积极探索的前提下，从以往单纯"扶大扶强扶优"转为扶大与扶小、扶强与扶弱、扶优与扶困并举,分类指导,各得其所,加强扶持中小企业。要顺应市场经济要求,从重管理、轻服务,转为立足服务的科学管理,为企业创造公平竞争的市场环境、法治环境和社会环境;从政府直接给企业投资,转为政策引导、经中介环节扶持企业,改变资金扶持与政策扶持相脱节的现象,改变政府资金扶持的使用方式,提高资金扶持的科学性、公正性和透明度;从突出政策优惠,转为政策引导、资金跟进同体制机制创新、各层次各方面配套服务相结合,健全扶持中小企业的政策体系、组织体系和社会工作体系。

第三,努力拓宽中小企业融资渠道。当前,中小企业贷款和担保难的问题比较突出,应当从机构、体制和政策措施等方面配套入手,综合地予以解决。一是鼓励国有独资、控股银行扩大面向中小企业的信贷业务,摸索适合中小企业活动特点的贷款种类和方式。二是进一步改造城市合作银行、农村合作银行、信用社和部分基金会,放宽民营银行的设立和市场准入条件。三是鼓励地方设立中介性的中小企业贷款担保机构。四是探讨设立由财政支持的中小企业发展银行的可能性,从机构和体制上根本解决贷款担保问题,有条件的地方可进行试点。五是深入研究提出扶持中小企业贷款和担保的配套措施,完善贷款种类和担保办法,完善企业和风险评估方法以及有关数据、信息的使用办法。

第四,大力发展为中小企业服务的民间和中介机构。企业自我服务的民间机构和市场中介机构,是市场经济体系的重要组成部分,其发育程度也是市场经济成熟程度的一个重要标志。这方面的发育滞后,很大程度上受制于行政管理体制改革。为此,要加快行政管理体制改革步伐,促进这方面问题的解决。一是全面改革现有的国民经济类的协会、商会、联合会、行业公会以及信息咨询、技术服务、质量检验、鉴证服务等机构,彻底与政府部门脱钩,国家公务员一律不得在其中兼职,使其脱去"二政府"形象和官办色彩,恢复其民间和中介机构的本来面目。二是鼓励企业和企业家创办行业民间机构,进行自助、自律和互助服务的探索。三是鼓励社会力量发展信息、技术、咨询、培训、会展、会计师事务所、律师事务所等市场中介和社会服务机构,规范其行为,严格按市场经济规律和法律法规运作。四是在我国体制转轨期,政府有必要指定一个"超脱"的部门,对与国民经济相关的民间机构、中介机构的工作,进行统一研究、制订政策和具体指导,促进其发育、规范和走向成熟。

（本文发表于《甘肃社会科学》2003 年第 2 期,中国人民大学书报资料中心复印《国民经济管理》2003 年第 6 期）

第三部分
区域经济与发展规划

甘肃重型产业结构的历史使命及合理调整

甘肃作为一个自然地理条件并不优越的内陆省份，全省经济发展的效益水平和长远后劲如何，始终受制于产业结构。甘肃的产业结构以重工业尤其是原材料工业占主导地位。怎样看待这一产业结构，怎样按发展要求来调整这一产业结构，谈谈自己的认识。

一、五十年建设造就我省的重型产业结构

甘肃的重型产业结构，即重工业尤其是原材料工业占主导地位的产业结构，其形成经历了一个过程。新中国成立初期的甘肃是一个农业省，所谓工业除玉门油矿等几户企业外，有近千家手工作坊。从"一五"时期到六七十年代"三线建设"，国家分几个阶段把大批工业项目和基础设施摆在甘肃，奠定了甘肃工业的基础，也形成了农业仍占较大比重并以重工业为主的产业结构。

经过改革开放 20 多年建设，甘肃经济有了很大发展，但产业结构变化不很明显。以 1978 年和 1999 年比较，三次产业构成上，由 21:60:19 变为 27:48:25；轻重工业比重上，由 18.5:81.5 变为 17.9:82.1；重工业中的采掘和原材料工业，两个年度分别占 73%、72.08%。可见，甘肃重型产业结构即原材料为主的重工业在工业结构中占大头，甚至高于产业结构中一、三产业的比重。

多年来分析甘肃的重型产业结构，人们一般给出两重评价：一方面肯定它带动甘肃经济从农业阶段进入工业阶段，促进了经济社会

发展,为进一步发展打下了基础;另一方面认为它结构不合理,效益不理想,需要调整。

二、轻型化不是重型产业结构调整的出路

对于甘肃的重型产业结构,20世纪80年代中期以来引起人们的注意,普遍认为"重重、轻轻"是我省产业结构不合理和效益水平不高的一个重要原因。但是,如何调整重型产业结构,如果仅仅归结为加快发展轻工业以使产业结构轻型化,并不切合实际。因为,这忽略了甘肃省情和全国生产力布局,不利于我省重工业在调整中发展,也不利于依托重工业这个现实基础来加快全省经济发展。多年来的实践证明,虽然我们采取了一些加快轻工业发展的措施,而轻重工业比例没有更大变化。看来,单纯的轻型化并不是甘肃重型产业结构调整的现实出路。

为什么甘肃的重型产业结构呈现较强的稳定性?人们采取措施以求改变这种结构时,什么力量强化这种结构而抵销了调整的努力?这要进一步分析甘肃产业结构的成因。其一是自然富源即资源条件,在现有原材料为主的重工业企业,都能看到资源背景及链条。如油田—兰炼、兰化—兰石厂,水力、煤炭—电厂—铝冶炼厂,金川公司、白银公司、酒钢公司及其资源依托等。当资源型企业面临当地资源枯竭时,存在着继续寻找资源供给的惯性动力。其二是资本投向,甘肃原材料为主的重工业长期以来是投资重点。从1950年到1984年我省农轻重的累计投资额分别是24.99亿元、8.06亿元、142.48亿元,其比例为14.3:4.3:81.4。1990年、1995年、1998年、1999年这四年,我省国有工业基本建设投资中,重工业投资比重分别是95.65%、97.5%、98.4%、93.4%。其三是全国生产力布局和国家经济政策,需要甘肃原材料为主的重工业与全国相配套。甘肃国有基本建设投资中,

中央投资比重大且主要投在以原材料为主的重工业。20世纪50到70年代的中央投资一般占90%左右,80到90年代占50%左右。中央投资项目一般形成中央企业,近年部分下放地方管理。这批企业往往是国家后续资金和政策投向(如技改和国债扶持)的重点。这几个原因构成强化甘肃重型产业结构的方面。

甘肃轻工业增长主要靠地方经济力量,但地方经济自增长自调整能力较弱,表现在:地方工业由于多种原因没有真正成长起来,农业尚未实现产业化现代化并与地方工业相促进,社会资本积累、人才培养和集聚、技术开发创新和其他资源开发能力低。加上交通、信息、市场以及自身观念与环境的制约,吸引外来投资的比较条件也差。由于促成并强化重型产业结构的力量大,调整的力量小,两方面多因素的共同作用,历史地塑造了甘肃的重型产业结构,对今后的产业结构调整和经济发展也有重要影响。

三、合理调整的走向:效益型与高加工度化及技术密集化

情况表明,加快发展轻工业是调整我省产业结构的一条重大措施,但轻型化不是甘肃重型产业结构调整的现实出路。在今后较长的时期内,重工业仍将是甘肃工业化的重要依托,是甘肃经济发展的主力军和宝贵财富,重型产业结构仍将起重要作用而难以更替。这是我们考虑甘肃经济发展和结构调整问题时,必须正视的现实。那么,甘肃重型产业结构怎样调整呢?其方向是效益型与高加工度化以及技术密集化。

区域经济学认为,总体评价区域产业结构是否合理,应注意这样几个方面:一是区域的产业结构同资源结构是否适应,能否发挥资源优势;二是区域产业系统是否能承担起全国地域分工的重要任务,对全国产业结构的优化和协调作出独特贡献;三是区内产业之间的关

联度如何,主导产业与非主导产业之间的关系是否协调;四是区域产业结构的转换能力和应变能力如何;五是结构性效益的高低是根本标准。这启示我们:看待和调整区域产业结构,不能封闭起来考虑,而要放在全国市场经济的开放格局中来认识;不能孤立起来静止地看,而要联系起来动态发展地去认识;不能只看比例关系,而要关键看效益。尤其在市场经济条件下,经济效益如何才是判断和选择区域产业结构的标准。

区域经济学的研究还表明,工业化一般从投资少、见效快的轻工业开始,工业结构从以轻工业为中心向以重工业为中心发展,即重工业化。工业结构进而产业结构中,轻工业为主走向重工业为主,是工业化过程中的进步。工业结构重工业化的进一步发展,将走向高加工度化、技术密集化。高加工度化,就是由原材料工业为重心的结构,向以加工组装工业为重心的结构转化。技术密集化,是以高新技术改造传统产业部门,并形成依托高新技术的新兴产业部门。这种发展过程和规律,在世界主要工业化国家已经得到证明。

综合上述认识,在我国经济走向市场化现代化的背景下,甘肃经济发展要实现工业化的历史任务,加快重型产业结构调整,必须顺应经济规律,从省情实际出发,坚持市场导向和效益型目标,积极推进工业高加工度化并逐步走向技术密集化,同时加快农业产业化现代化,大力发展以农产品为原料的轻工业,配套推进甘肃工业化进程和产业结构调整。

四、调整甘肃重型产业结构的若干措施建议

按照市场导向和效益型目标来调整甘肃的重型产业结构,要遵循市场经济规律,围绕提高经济效益来进行结构调整,改变拼资源(我省资源状况尚待恰当估价)、拼扩张、拼速度的粗放增长方式,改

变重工业内部结构不合理、初级产品多、加工链条短、制造业薄弱和转换能力差的状况,改变重工业技术装备水平、资本收益率和劳动生产率"三低"的状况,努力走上高加工度化以及技术密集化的工业发展路子。

1. 加强技术创新,用高新技术改造重工业(包括采掘工业、原材料工业和制造业)。要大规模地进行技术改造和技术研发,高起点地采用国内外先进的技术、工艺和设备,提高企业的技术装备水平,提高职工技术素质,提高自主开发和创新能力,争取在一定时间内使主要经济技术指标、效益指标达到先进水平。

2. 延伸产业链,提高原材料产品的深加工能力。对有色、钢铁、石化、煤炭等行业,要在初级产品深加工上做文章。有色、钢铁行业的原材料,应在"锭、板"的基础上,发展多种"带、管、材"加工能力,进一步探索发展工业终端制成品(如高速公路护栏、车用轮箍、轻金属建材)。石化行业应在有机化工原料、合成材料、天然气后加工,特别是精细化工及高浓度复合肥等方面有新进展。煤炭行业应从原煤生产,进一步走向洁净煤产品、煤化工和煤电联营等。

3. 加快发展制造业,改善重工业内部结构。我省的制造业以兰石、兰电、兰石研究所、天水电传所、天水海林、星火机床、天水长开、213电器、兰驼、长通、兰新、兰光、长风等为代表,有一定的实力和基础,应更多重视。改善我省重工业内部结构,走向高加工度化,也必须依托这批企业来制造工业终端产品。作为老国有企业,加上市场竞争激烈,它们遇到的困难比较多。应一户一户地深入研究,有什么问题解决什么问题,促使它们在机床、电器、农机、环保设备、电子信息产品等方面形成新的更大的生产能力,以培植我省组装加工工业新的增长点。

4. 依据市场需求,合理发展采掘工业和能源原材料工业。受市场需求和后备资源限制,甘肃采掘和原材料工业要采取可持续发展、资源开发和保护并重的思路,在内涵式发展和提高效益上下工夫,改变"有水快流"和外延式扩张的传统做法。以质量、效益见发展后劲,不以产量、数量论高低成败。在加强地质勘探,增加资源储备的同时,依据市场需求和价格变化,及时调整有关产品的品种、产量和规模;尽可能提高资源综合利用率,减少资源浪费,使有限资源带来更大效益和长远效益。积极开发高技术产业所需的新材料,尽快形成工业生产能力。电力作为一个特殊行业,应与全省经济社会发展需要相配套,增强预见性,适当超前发展,努力形成多能源互补的电力供应体系。

5. 开发以农副土特药(材)为原材料的加工业,促进农业产业化和轻工业发展。这是提高甘肃农业综合效益、促进农产品向工业品转化的一个出路,也是推动更多农民和农业经济融入工业经济、城市经济的重要措施。它有资源可再生利用、生态和环保等特点与优点,有利于甘肃产业结构的根本调整,在经济发展中有长远的生命力。例如,甘肃的酒类产品、卷烟基本占领省内市场。当归、党参、红(黄)芪等中草药的种植和初加工,贞芪扶正冲剂(胶囊)等品牌中成药和奇正藏药的开发等,展示了甘肃药业的潜力。台商开发的"正林"瓜子卖向全国和海外。定西的"洋芋产业"和"花卉产业"开发,河西的蔬菜加工和草业发展等初见效果。这方面的潜力巨大,前景广阔,尚待进一步开发。

6. 推进产业结构的信息化,带动甘肃经济跳跃式发展。随着信息技术的发展和应用,传统产业部门正在发生重大变化,信息部门在产业结构中的比重也不断提高,表现着产业结构的信息化趋势。在发展电子信息产品制造、信息服务业的同时,十分重要的是传统工业部门和企业要广泛应用电子信息技术,主动迈入信息化行列。要将电子信息技术引入生产技术领域,发展电子自动控制,实行产品开发设计的电脑化、生产工艺流程和设备的自动控制;引入管理域,发展电子管理,改变传统的生产、技术、设备、工资、人事等管理方式;引入营销领域,发展电子商务,开展网上市场信息收集、网上购销活动。力争使甘肃工业化、工业高加工度化同信息化更好地结合起来,进一步提升产业结构的技术层级。

7. 以市场分析预测为先导,实行"产品—企业—行业—产业"的结构调整序列。产业结构调整是一个宏观中长期的复杂的社会经济工程。在市场经济条件下,谋划产业结构调整要以市场分析预测为前提,进一步分析产品结构、企业状况、行业结构等,然后形成产业结构的总体把握。实施产业结构调整,关键在产品和企业。抓产品、抓企业,既要看到现有产品和企业的改造、升级、创新,也要善于发现市场竞争中涌现出来的好产品、好企业,把它做精做强做大,形成龙头带动的新行业,促进产业结构调整。甘肃省产业结构调整,必须依托产品结构调整,从产品结构、企业结构、行业结构到产业结构形成序列配套,还要有互相配套的产业(调整)政策,全面配套付诸实施。

8. 体制创新和管理创新,营造开放引资促调整的好环境。(略)

(本文第四部分发表于《发展》2002 年第 10 期;全文载《改革时代在甘肃》2003 年)

甘肃省工业化进程面临的三大任务

人类社会从农业社会成长并转入工业社会，国民经济逐步实现工业化，进而步入信息社会并实现知识化、信息化，是社会发展的一般自然规律。现在，我省总体上进入工业社会并处于工业化初期的发展中，同时省内还有很大的区域和人口仍然处于农业社会。甘肃工业化的现状，由不同经济要素和发展水平复合构成，决定着工业化进程的主要任务有三大类：现有工业的改造提升和壮大，传统农业的工业化改造转型与分流，实行信息化引导并发展信息经济。我们贯彻落实中央提出的"坚持科学发展观""走新型工业化道路""完善社会主义市场经济体制"等新要求，实施省第十次党代会、人代会确定的"工业强省"战略，必须加强对甘肃工业化问题的总体结构分析和实践分类解决的探索。

一、甘肃工业化的现状构成与问题分析

甘肃现代工业始于新中国成立初的"一五"时期，但长期存在着吃饭和农业问题的沉重压力，工业化并没有真正成为全省发展的首要任务。经过40多年不懈努力，20世纪90年代我省基本实现粮食生产总量大体平衡和丰年有余，为实现工业化创造了条件，特别是改革开放和现代化建设20多年取得的重要经验，"无农不稳、无工不富、无商不活"，证明了主导产业转换对经济社会发展的极端重要性。因此，实现甘肃工业化，逐步达到全面小康，历史性地成为甘肃21世

纪发展的首要课题,成为全省上下的普遍共识。我省目前的工业化程度,大至相当于 10 年前的全国平均水平,与工业化中期的全国现有平均水平差一个大台阶。甘肃近年的工业增加值,约占工农业增加值的 63%,占 GDP 的 35%;非农业劳动力约占全社会劳动力的 40%;三次产业比重大体是 19:46:35;城镇化率为 27%。故全省经济总体上进入工业社会,处于工业化初期发展和向中期过渡的阶段。但具体指标构成中反映的一些突出问题,是工业化进程中必须解决的。

1. 从社会劳动力构成看,农业劳动力比重过高。目前甘肃全社会劳动力和从业人员 1500 万人,农业劳动力约占 60%。按非农业劳动力占 50%的工业化中期指标和全国现有水平算,甘肃现有农业劳动力需减少 10 个百分点、150 万人,意味着约 1/5 要转移出来。如果按农业规模化生产人均至少 10 亩地计算,全省耕地 5100 万亩,需 510 万人,现有农业劳动力就要转移 300 万人,约占 1/3。今后如何实现 150~300 万农业劳动力的转移,是甘肃能否顺利进入工业化中期和实现农业现代化,必须解决的一个重要问题。

2. 从城镇化率看,城镇人口比重低和乡村人口比重高。甘肃 2003 年城镇人口 712 万,乡村人口 1890 万,城镇化率为 27.38%。按工业化中期和全国目前 40%左右的城镇化率计算,不考虑自然增长率,甘肃现有乡村人口至少还应有 300 万人进城。相当于两个兰州市区或六个天水市区的现有城镇人口,相当于新增 6 个 50 万人的中等城市或者 15 个 20 万人的小城市,或者是新建 400 个小城镇(我省现有建制镇 458 个,镇区平均人口约 7000 人)。

3. 从工业化程度的区域构成看,部分市(州)处于农业社会。据甘肃省统计局施伯强和周立荣的测算分析(2001 年数据),14 个市(州)分为三类:(1)兰州和嘉峪关的工业化程度系数为 1,率先进入工业化社会,高于全省水平;(2)金昌、酒泉、白银、天水、庆阳的工业化程度系数为 0.56—0.72，基本与全省同步，进入半工业化社会；(3)平凉、张掖、武威、定西、陇南、临夏、甘南的工业化程度系数为 0.3—0.19，仍处于农业化社会。主要原因是工业增加值比重偏低，农业劳动力比重太高。解决这些问题是全省半数市州跨入工业社会的关键。

4. 从产业构成看，第二产业和工业增加值占比偏低。三次产业构成上，甘肃 2003 年第二产业比重为 46.7%，较全国水平低 6 个百分点。2003 年工业增加值 450 亿元，占 GDP 的 34.6%，比工业化中期 40% 的指标低 5 个百分点，比全国现有水平低 10 个百分点左右。主要是工业总量小，折算下来大概缺百亿的工业增加值，相当于再有 4 个金川公司的年工业增加值(2003 年 24.3 亿元)。

5. 从工业化的覆盖面以及对农业的影响力看，二元结构问题突出。目前甘肃城镇人口 712 万，城镇就业人员 333 万，城市市区和城镇镇区建成面积约 3000 平方公里(占全省面积 0.7%)。初期的工业化，主要覆盖这个范围，还不能对占全省 73% 的乡村人口及 78% 的乡村劳动力有更大影响。尤其是城市工业与乡村农业的产业关联度低，两者基本各自平行运转。以农产品为原料的工业产值仅占全部工业产值的 15% 左右，即现有工业的 15% 与农业有直接的产业联系。

6. 从工业自身结构看，传统产业比重大、产业链短，影响工业综合效益和反哺农业的能力。甘肃现有工业以采掘和原料工业的重工业为主，重工业产值占全部工业的 76%，其中采掘工业和原料工业又占全部工业的 55%。这种结构特点带来的问题：一是加工工业比重低(占全部工业的 21.3%)，其与采掘和原料工业的比例为 28:72，即使加上以非农产品为原料的轻工业产值也仅为 39:61，表明原材料加工转换的能力低，总体比较效益差；二是属于资金密集型工业，一次性投入大，吸纳就业的能力低于劳动密集型工业；三是资源和能源依赖较强，在省内资源不足和加工不足的条件下，形成"两头在外"格局，影响就业、效益和长远发展;四是环保成本高;五是吸收新技术和技术改造难度大,技术进步速度慢,同时电子(占限额以上工业增加值的 1.56%)、医药(占限额以上工业增加值的 1.54%)等其他技术含量高的新兴工业发展慢、比重低。现有工业的这些问题,在工业化进程中应当得到解决和改善。

二、甘肃工业化进程的主要任务:现有工业改造提升壮大、传统农业改造转型分流、信息化引导并发展信息经济

新世纪新阶段,甘肃实现工业化和实现全面小康的发展方向完全一致。走新型工业化道路,是实现全面小康的现实途径和物质基础。按照通行指标要求,甘肃工业化从初期阶段向中期阶段迈进,总体上应当达到:人均 GDP 1000 美元左右;非农业劳动力占全社会劳动力的比重、第二产业占全部产业的比重都为 60%左右;工业增加值占 GDP 的比重为 50%左右;高新技术和新兴产业产值占工业增加值的 10%以上;城镇化水平为 40%以上。这个实现过程可能需要 10 年左右时间。受甘肃经济现状构成的影响,实现上述目标的任务和措施,应当是一个结构性系统工程,主要分为三个方面。

(一)现有工业的改造提升和发展壮大

现有工业是甘肃实现工业化的前进基础和宝贵财富,也是加快全省工业化进程的带动力量。应当以提高效益和增加总量为目标,采取技术创新、调整结构、扩大增量等措施,对现有工业进行改造提升。

(1)走技术创新之路,用高新技术和先进技术对现有工业进行改造提升,实现从资金密集型向资金技术密集型的转变,争取用 10 年左右时间使主要经济技术指标达到全国中上水平。要大规模推进企业技术改造和技术研发,高起点地采用国内外的先进技术、工艺与装备,提高企业技术装备水平,提高研发和自主创新能力,提高职工的

技术业务素质,提高科技进步贡献率,提高企业的核心竞争力。

(2)走结构调整之路,对现有工业进行产业、行业和企业结构的改造提升,提高工业整体效益水平。一是调整加工业与采掘和原料工业的比例,加快发展装备制造业为代表的加工业;二是调整传统产业与新技术和新兴产业的比例,加快发展制药、电子、新材料、生物制品等产业;三是调整轻重工业比例,加快发展以农产品和省内重化产品为原料的轻工业;四是调整资金密集型、劳动密集型和技术密集型企业的比例,加快发展劳动密集型和技术密集型企业,促进就业和技术创新;五是调整大、中、小型企业的构成比例,加快发展中小企业以促进就业,加快发展"专、特、精、深"的中小企业以促进社会化专业分工与协作;六是调整传统产品与新产品的比例,加快开发市场需求新产品,使新产品产值率达到10%以上。

(3)走增量扩大之路,以增量投入促存量优化和效益提高,实现工业总量扩大和效益提高的良性循环。要鼓励具有市场优势的产品、企业和行业加快扩张发展;积极引导省内外社会资本参与公有企业的改造重组,特别是在甘肃工业短腿的加工业、新技术新产业、劳动密集型行业上,加快项目选择和投资发展。

(二)传统农业的工业化改造和转型分流

解决好量大面广的"三农问题",是甘肃实现工业化和全面小康的真正难点所在,也是甘肃经济实现可持续发展长远后劲的关键所在。甘肃经济实现工业化,很大程度上是要实现传统农业的工业化,不只是现有工业领域的工业化。对传统农业的工业化改造,应当考虑两个方面。

(1)加快现有农村工业和整个二、三产业发展,在发展中吸引分流乡村人口和农业劳动力,争取逐步分流转移15%~20%的乡村人口和农业劳动力。为此,要有针对性地发展广义农产品加工业、劳动密集型中小企业、传统手工业、三产服务业,加快发展小城镇,更多地吸纳乡村人口和农业劳动力。

(2)对传统农业和继续保留在农村的乡村人口与农业劳动力,通过农业产业化、工业化和市场化措施,提高农业生产效率和经济效益,提高农民收入和生活水平,转向现代化农业。在保证粮食生产总体基本平衡的基础上,争取逐步将我省乡村人口比例降到50%~60%,将农业劳动力比例降到40%~50%。要加快发展现代高效生态农业,有针对性地发展旱作农业和节水农业,发展粮、菜、药、花、草、林、牧、渔和其他土特产品等多种种植养殖业,发展特色优势农产品规模经济。继续推进农业机械化和采用工业化生产方式,通过农业专业化组织、市场机制和信息手段发展规模集约经营。鼓励城市工业企业向农业投资,用工业方式办现代农业,携手推进甘肃农业现代化。

(三)以信息化引导工农业改造转型并发展信息经济

信息化是在工业化基础上和进程中,随着科技进步以及信息产业比重不断提高,经济社会发展进入以信息技术为表征的新阶段。信息化"硬件"方面指信息技术装备,"软件"方面指知识信息。按照信息经济和信息社会的发展思路,在发展电子信息产品制造业和信息服务业的同时,要在传统工业部门和农业领域广泛应用电子信息技术,引入生产现场、技术开发、经营管理、商务运作和市场开拓等经济技术活动,逐步改变工业、农业及其他经济领域的生产力基础和生产方式。

要特别重视知识信息这种崭新的财富和资本,尊重知识,尊重人才,尊重创造,尊重和保护知识产权,充分发挥知识信息在工农业发展中的创造性作用。通过用信息化引导工业化进程,使甘肃的工业化发展同农业现代化、经济信息化紧密结合起来,在某些方面取得后发优势,以加快甘肃经济社会发展进程。

三、积极采取推进甘肃工业化的综合配套措施

工业化国家和地区的经验告诉我们：工业化不是局限于工业领域，不仅是工业技术应用和工业本身的扩张，而且是整个国民经济和社会的全面改造。甘肃的工业化进程，要继续实施"工业强省"战略，配套采取工业化必需的综合推进措施。

（一）坚持科学发展观的指导，树立正确的工业化观念

按科学发展观的要求，坚持以人为本，在加快发展中处理好经济发展与生态、资源、人口的关系，加强对全省工业和农业、城市和乡村、经济发展和社会发展、自我发展和对外开放、开发发展和扶贫救济的统筹协调，各得其所。在科学发展观的指导下，努力探索新型工业化道路，摈弃不关心人，不顾农业和生态，"村村点火、处处冒烟""全民大办"，被淘汰的"五小"到处泛滥等老式工业化道路和做法。从我省地域广阔、差别较大、总体落后、实力有限的实际出发，在一定时间内，甘肃工业化和经济发展还需采取重点倾斜式发展的非均衡战略，实行效率优先和兼顾公平的方针。集中力量优先发展一些重点产品、重点项目、重点企业和重点区域，让部分条件较好的企业和地方率先发展起来，形成点上突破的发展极，形成辐射扩散机制和效应，拉动全省经济更快发展，逐步过渡到均衡发展。为此，有必要加强甘肃工业化进程的总体规划，突出产业创新和产业发展重点，配套制定产业经济政策，把工业化的普遍要求同各地实际情况结合起来，引导并鼓励从全省各地实际出发的积极探索。

（二）加强工业化必需的基础设施建设，铺垫工业化发展的"快车道"

工业社会从蒸汽机开始，以铁路交通为标志，既是工业革命的成果，又为更大规模的工业化创造了条件。甘肃地处内陆、地域广大、地形狭长、交通不便。近年交通状况虽有较大改变，但比较全国和周边

省区仍然落后。发展经济,交通必须先行。"要想富,先修路"。开发甘肃各地的各种资源,发展各类产业和旅游经济,"衣、食、住、行"走出去,对外开放请人来等,都要先修好路。要抓住中央和全国支持西部大开发的机遇,率先加快交通业的发展,把标志工业社会的铁路与标志信息社会的高速公路结合起来,把陆路同空路结合起来,全面规划和构建我省的现代交通网络。同时,配套加快电力、通信、水利等基础设施建设,进而为我省工业化打造坚实的基础、便捷的通道。

(三)加强技术创新,提供工业化必需的科技动力

工业化首先是一场技术革命,是技术革命的结果。我省近期应以"拿来主义"为主,大规模地进行传统工业的技术改造,推进技术研发应用机构与企业的融合,鼓励发展民营科技企业,积极引进知识产权搞项目、办企业。要高度重视知识产权的开发、保护和竞争,鼓励科技人员进行技术创新并形成自主知识产权,加快发展少数特大型企业的研发中心以提高自主创新能力。

(四)加快培养工业化所需的各类人才,发展相关教育事业

工业化需要工业知识和技术武装起来的人才,需要相关的各类人才。甘肃工业人才相对短缺,包括高级技术研发创新人员、多工种的高级技术工人,以及工业管理、规划、设计、环保、营销和策划等各类人才。应有针对性地发展多层次的工业教育体系,办好理工科大学、各类技术院校、职业技术培训学校。针对当前的"技工荒",加强技工培养培训。长远考虑农村劳动力转移的需要,抓紧普及农村九年义务制教育,在此基础上推进工业、服务业等多种技术教育,源源不断地提供技术型的产业后备军。

(五)加快工业化必需的城市和小城镇建设,创建工业化发展的区域载体

城市起源于商业,发展壮大于工业。城市是工业的区域性载体,

工业是近代城市的经济支柱。20世纪50年代以来的我省工业发展过程中,涌现了白银、嘉峪关、金昌等新兴工业城市,兰州、天水、酒泉、武威、张掖等老城市也得以扩大。甘肃的进一步工业化,要与城镇化发展相辅相成。继续研究制订并实施城市和城镇发展战略规划,合理配置特大和大、中、小城市,加快发展小城镇。在城市和城镇中科学规划设立工业园区,为工业化发展搭建城市和城镇区域平台。

(六)加快改革和体制创新,提供工业化必需的体制动力和机制活力

工业经济和城市经济体制,不同于农业经济和农村经济体制。推进我省工业化和城镇化,必须适应工业经济和市场经济发展的要求,在一些具备条件的地方,率先实行从农业和农村经济体制向工业和城市经济体制的转轨,逐步建立起以工业和城市为主导的经济体制。要不断改革完善工业经济体制和城市经济体制,按照中央和省上部署,重点抓好企业体制、投资体制、分配体制、工业管理体制、国有资产监管体制、政府行政管理体制的改革;加快发展非公经济和企业自律的行业协会;加快发展要素市场和市场中介服务组织;加快建设社会保障体系、社会诚信体系和法制环境;积极扩大对外开放。同时,进一步深化农村经济体制改革。今后一个时期,要加强投资体制改革探索,鼓励和吸引省内外各种投资,在改造发展原有工业企业的同时,积极创办和发展各类新的工业企业,努力壮大民间工业。着眼长远协调发展,逐步探索城乡一体化的发展和改革道路。

(本文发表于《甘肃经济与信息》2004年第11期)

甘肃工业成长的主要阶段及今后走向
——产业形态演进及其评价的启示

改革开放 40 年来,甘肃经济发展加快,年均增速 10% 左右。在增速变动曲线图中,依据增速前后变化的特点,可以将甘肃经济运行发展状况分作几个时段:(1)1978—1991 年发展较快,但运行很不稳定,有 14.9%、13.8% 的高峰,也有 -8.44%、1.41% 的低谷,波动起伏较大。(2)1992 年以来特别是 2000 年实施西部大开发后,进入经济发展加快和较高位运行的阶段。1992—2013 年保持每年 9% 以上的稳定增长,期间,2003—2013 年实现 10% 以上的两位数稳定增长。(3)"十二五"后期到"十三五"期间经济下行压力加大,增速陆续下降。从 2014年的 8.9% 到 2017 年的 3.6%,2018 年上半年略有回升为 5%。再具体看三次产业构成情况,2010 年二产占比 48.7%、2017 年 33.38%,同期二产增速由 9% 以上降至 -1.5%,2018 年上半年二产增速 2.5%、规模以上工业增长 3.6%。

这表明,二产尤其是工业,长期以来是甘肃经济增长的主力和支柱,其波动增长、稳定增长、较快增长、下行和跌至低位等状态,直接反映在同期全省经济增速上;近年来其增速和占比逐年下降,拖动全省经济增速不断下滑。

甘肃工业发展与运行如此表现,除国内外形势变化影响外,现状工业及其发展过程又有哪些原因,产业形态分析评价带给我们许多启示。

一、甘肃工业成长的主要阶段

（1）甘肃近代工业的百年蒙昧萌芽期（清末到民国,19世纪中叶—1949年）。从手工作坊到兰州制造局;抗战时的"西部开发"和玉门油矿;陇东解放区和兰州解放时的工业等。

（2）新中国成立后的甘肃现代工业奠基期（"一五""二五"时期,1950—1962年）。"156"中的16个项目;上海迁兰51家工商企业;酒钢公司等国家和地方的新建工矿企业;兰新铁路等。

（3）社会主义建设中的甘肃工业配套成型期（"三五"至"三线建设"时期,1963—1980年）。金川公司,白银公司,长庆油田,一大批军工、冶金、机电等"三线企业";国家建材和煤矿等企业;地方轻工、农机和"小工业"企业;工矿城市及工业镇的成长等,形成较完整的地方工业体系。

（4）改革开放后甘肃工业的改革调整期（"六五"至"九五"时期,1981—2000年）。国有企业改革调整,集体企业较快发展;一批重化工业项目建设;市场竞争和"三线调迁"的企业双重调整,轻工企业、地方工业企业等明显减少。企业状况"两极分化",强者恒强,弱者更弱甚至关门破产。

（5）西部大开发以来甘肃工业的转型发展期（"十五"至目前实施中的"十三五"时期,2001—2020年）。重化企业代表的优势支柱产业持续发展,农产品加工和制药工业逐步发展,新能源新材料等新兴产业崛起。同时传统优势工业遭遇"经济过剩"下的"规模增长边界",企业转型创新步伐慢;战略性新兴产业成长较慢,农产品加工和制药等特色新型工业发展不快;多因素的企业效益和再投资下降,工业创新等要素投入不足,工业企业特别是创新型企业的数量偏少。

总的看,当前国内外经济形势复杂多变,不确定性较大,宏观经济低速运行。甘肃工业新的投入和增长力量不够,处在转型创新发展的摸索和积累过程中,特别需要加大转型力度和加快创新步伐,不断加大转型创新的项目和要素投入,努力实现质量和数量、速度和效益的同步增长,进一步增强对全省经济发展的支撑力和带动力。

二、产业形态评价视角:对甘肃工业发展的启示

在甘肃工业发展的过程及阶段背景下,借助产业形态评价方法的分析,可能会涉及产业组织形态,产业链、供应链和价值链形态,产业结构形态演变,产业活动的业态和模式,产业新技术创新扩散的全产业"覆盖式演进"方式,企业引领的产业创新发展路径等。从这样的视角,采用产业形态分析来看甘肃工业,会有许多启示。

(一)现状甘肃工业的静态分析

(1)主体形态特征是资源开发加工型,工业体系已经"不完整"。(2)工业内部结构特征是以重化工业为主、大型企业为主、国资企业为主的资金技术密集型。(3)产业链上处于产业前端的原材料和初加工位置,产业链短,距离终端产品市场远;供应链上,原材料供给和产品销售,多数企业以省内和周边省区为主、全国和境外市场为辅;价值链上,初级产品增值能力较低,多数产品处于缺少话语权和定价权的低端,利润空间和附加值小。(4)三次产业构成动态变化,由"一三二""一二三"到"二一三"反映着工业化的一般进程;近年为"三二一",二产和工业支撑力相对减弱,处于三次产业及产业结构的发展和演进过程中。(5)产业新技术创新和转化扩散进程较慢,研发和创新型企业少,自主创新成果少,成果转化的障碍多,数字技术等高新技术应用覆盖面较低。(6)企业模式和产业业态的转型创新不够,传统生产经营模式仍然有较大影响,甘肃工业和企业的转型创新发展还存在较大差距。

（二）甘肃工业的动态分析

在产业活动的科技评价这个层面，依托着更大背景的经济系统及其要素的分析解说。产业活动受技术进步规律、市场经济规律、一般经济规律、国内经济运行和全球化趋势等相互作用的合力影响。产业的科技评价，需要与产业经济评价、社会经济评估结合起来，才能更贴近现实，评价结果也更为科学有效。甘肃工业的产业成长发展过程表明，应当重视下列因素的影响作用。

（1）计划和市场两种资源配置方式的深刻影响。两种资源配置方式，也是两种经济体制。计划经济的惯性作用和"路径依赖"，市场经济竞争的优胜劣汰，对企业微观体制机制的自主性和灵活性的更高要求。今天的甘肃企业，唯有在市场竞争中增强生存能力、赢得发展。

（2）区域区位及资源环境的客观影响。甘肃的区域区位、资源禀赋、环境空间等，对企业的影响是正面负面双重的。要充分利用有利条件和发挥优势，努力克服和弥补劣势，防止过分的"资源依赖"，积极探索高质量发展的新路径。

（3）要素供给、产业链和产业生态的直接影响。甘肃工业的要素供给（包括资金、技术、人才、信息等），如何进一步完善提高，是企业自主、市场建设和政府服务面临的共同任务。产业链的延伸，供应链的配套，价值链的提升，需要有一批相关企业和科技力量的共同成长与成熟配套。产业生态，涉及产业内相关企业的关联度和聚集程度，产业与资源环境的交换循环能力，产业与经济社会系统的互动协同状态，是产业发展所处的一个更大的自然的、经济的和社会的系统，如同一个充满活力的生物群落。在省区经济的地域范围内，产业生态的形成是一个由点到面的自然过程。现实选择应当首先抓好重点开发区，如国家级和省级开发区及县级工业集中区的产业生态，工矿企业较为集中的城镇的产业生态，由相关企业的集中、集聚走向聚集式发展,配合以友好的产业生态外部环境,共同形成良好的产业生态。

(4)技术进步与学习创新能力的关键影响。科学技术是人类社会发展的"独门秘笈"。从科学技术不断创新,到转化为现实社会生产力,促使人类社会呈现原始经济、农业经济、工业经济到信息(知识)经济的形态转变发展;社会需求的增长又推动科学发明和技术进步,如此循环推进,形成科技引领经济发展和形态演进的社会规律。

目前,信息技术、人工智能、新材料、生物技术、航天技术等新技术革命势头强劲,数字经济崛起,再现着新技术向产业演进的"覆盖式发展"现象。如,工业技术及方式对农业的覆盖,信息技术对所有产业的覆盖,产业高端对低端的覆盖,三次产业间的"逆覆盖"。这要求我们高度重视技术进步和科技支撑的领先作用,一方面把技术进步摆到工业及产业的先导位置,另一方面把技术进步归于人的积极能动作用,落实到学习创新能力上。

科学的产业分析,见物更要见人。新技术和产业技术的进步,只有靠人的能动作用和学习创新能力,才能得以实现。必须尊重、重视和发挥好科技人才的作用,不断激发并提高人们的学习创新能力。这是产业经济发展的一条成功经验,也是甘肃工业的一个弱项短板,应作为今后努力改进的一个方向和重点。

(三)市场范围扩大和全球化的长远影响

这是产业的开放性和再生产循环发展的市场空间"边界"问题。改革开放以来,尤其 2001 年我国"入世"后,经济活动的市场范围不断扩大,从区域市场、全国市场到全球市场和国内外两个市场,开放领域进一步扩大,开放合作方式进一步增多,逐步参与到世界市场体系和全球产业分工。

全球性的产业分工合作,各类产品和经济要素在世界市场流动与配置,产业经济活动的市场空间更为广阔多样。产业分析评价的框架随之放大和变化,分析评价的尺度、对应结论和前景预测也在同步变化。开放系统条件下的产业分析评价,变量增多、不确定性增加,不同框架下评价结果的不可比性明显,评价工作的难度显著增大。在对外开放基本国策和全球化基本趋势的引导下,开放的产业经济活动与开放式产业评价(耗散结构理论认为封闭系统导致熵减、最后走向死寂),是我们必须面对的一个挑战。由于多种原因,甘肃工业经济活动长期囿于区域性市场,市场空间范围较小,开放度(对外关联度)低,进出口值比重远远低于全省经济占全国的比重,成为长期存在的一个重大制约。今后甘肃工业的发展,必须抓住各种机遇,不断扩大对外开放,走向更广阔的全国市场和全球市场,以扩大开放促进企业转型升级和产业创新发展。

(四)营商环境及综合环境成本的选择性影响

企业是工业和产业经济主体,也是市场经济主体,企业外部条件的总和就是营商环境。营商环境,广义上包括基础设施等硬环境和办事的软环境,狭义就是指企业与政府、与社会各方面的办事关系,涉及政策、法律、相关体制机制与制度保障,各类服务与配套支撑。

从企业角度讲,生产经营研发等经济活动是有成本的,可分为内部成本与外部成本。外部成本,就是企业与外部各方面打交道的各种费用支出。企业外部成本的总和,也就是其营商环境的成本,即综合环境成本。对于企业来讲,内部成本一定的条件下,外部成本大小更重要,不同地方的外部成本即综合环境成本不一样,这是可以比较和选择的。良好的营商环境与合规的适当的企业外部成本,是企业及工业经济活动的必要条件。对于政府部门来讲,为吸引企业、招商引资和发展经济,必须创造良好的营商环境,推进"放管服"改革,帮助企业降低外部成本,打造区域性综合成本洼地。这是甘肃工业经济和企业发展的一个重要条件,必须全面解决好营商环境问题。

三、甘肃工业发展的必然选择：改革开放和转型创新

甘肃工业一路走来，今天仍然是甘肃发展进入工业时代、实现新型工业化和经济现代化的引领与主力军，是全省经济发展的重要支柱和希望所在。要向着全面小康和"两个百年"的目标，按照高质量发展的新要求，继往开来，继续改革开放，推进转型创新发展。

一是必须坚定转型创新发展的基本思路和举措。（略）

二是必须坚持保护好企业发展的积极性和创造性。（略）

三是必须实行技术创新引领和科技与产业的结合。（略）

四是必须推进产业结构高端化和发展数字经济。（略）

五是必须突出产业集聚与聚集和园区经济发展。（略）

六是必须深化改革和创造良好的营商环境。（略）

七是必须加强全社会学习建设和提高学习创新能力。（略）

要坚持发扬光大"人一之、我十之，人十之、我百之"的甘肃精神，准备好具有务实精神和韧性耐性的持久战，积以时日，甘肃工业发展将获得新的成功。初步预想：今后的甘肃工业，在高质量发展引导和转型创新发展的推动下，传统的重化工业为主、原材料加工为主和资金技术密集型为主等产业特征，将会有新的表现；可能形成信息技术等新技术引领的、市场导向和更加开放的、多主体构成和有创新活力的、地方特色优势产业与某些战略性新兴产业结合的、企业业态更趋完善和产业链提升的、质量效益与速度规模相协调的、支撑全省产业构成和经济总量的、生态与环境自觉约束的等多种特点。我们期待着甘肃工业转型创新发展的实现，为甘肃的现代化作出新贡献。

（本文为在国家科技评估中心举办的全国科技评估研讨会上的主题发言（有删节），2018 年 10 月 23 日）

产业链:甘肃工业发展路径的重要转变
——推进甘肃工业产业链发展的几点思考

一、发展产业链:甘肃工业发展路径从横向扩张为主到纵向延伸为主的重要转变,推进转型创新和高质量发展的现实选择

地方工业及其企业发展,在计划经济和社会主义市场经济两种宏观经济体制背景下,表现出两种不同路径。计划经济时期,那时的省区行政经济和"省自为战"的备战经济,更重视工业门类齐全的横向发展,形成比较完整的地方工业体系,如县级"五小工业(小钢铁、小机械、小化肥、小煤矿、小水泥等)"。改革开放以来,全国经济逐步形成统一开放的大市场,地方工业发展走向发挥比较优势和发展特色经济,从横向扩张为主转到纵向延伸为主,推进特色优势产业发展,在竞争中逐步发展形成地域特色经济。

长期以来,甘肃工业在资源禀赋、区位地缘、要素配置、国家布局和市场经济等因素共同作用下,形成了以原材料重化工业为主体的工业结构和较为完整的工业体系。经过40多年改革开放,甘肃一些偏弱的工业门类和产品在竞争中退出市场,具有相对优势的原材料重化工业加快改造提升和扩张发展,依托地方特色资源的新能源和农产品加工业等较快发展,成为甘肃工业的特色优势产业。同时,企业微观上一段时期内还保持着产能规模扩张的惯性增长,大约10年前甘肃主要工业品产能产量达到一个临界(主要工业品产能和产量:

原油 700 万吨,原油加工 1600 万吨,煤炭近 5000 万吨,发电 1000 亿千瓦小时,钢和钢材各 1000 万吨,10 种有色金属 400 多万吨,水泥 5000 万吨)。这一方面实现了长期以来数倍到数十倍增长的愿望,是企业和各方面持续努力的发展成果, 奠定了甘肃工业继续前进的重要基础;另一方面,总量增长横向扩张的路子难以为继,产业链延伸发展明显滞后,影响着企业转型创新和更快发展。这种状况,既有认识转变滞后的因素,也有宏观经济形势和环境背景的原因。

形势比人强。随着我国经济由国内市场转向国内外两个市场,短缺经济变为经济过剩和淘汰落后"去产能",以及全球金融危机和经济危机的冲击, 党的十九大报告明确指出我国经济已由高速增长阶段转向高质量发展阶段,"十四五"发展要以推动高质量发展为主题。甘肃省第十四次党代会,全面部署新时期的高质量发展,要求走产业兴省富民的路子,其中重要一条就是落实发展产业链的措施。

发展产业链,通过补链、延链、强链,推进跨领域的新产品新技术开发,实现产业的纵向深入发展和高度提升发展,提高工业发展的质量和综合经济效益。这是甘肃工业发展路径的重要转变,也是企业转型创新和实现经济高质量发展的现实选择。从有关方面选取的一批龙头企业为链主的产业链看,目前有些还处在产品、行业或者产业层面,没有真正形成产业链,产品、产业和短链并存的局面也将持续一段时间。推进我省工业产业链的全面形成和发展,还要坚持不懈,狠下功夫,改革创新。

二、转型发展壮大特色重化优势产业链: 依托优势龙头企业及特色产业,加大转型创新力度

长期以来,甘肃工业的一些龙头大企业,支撑并带动着石化、有色和冶金、装备制造等特色优势产业发展。要依托这批龙头企业,

按照产业链模式,加快转型创新发展,推进特色优势产业链的发展壮大。

(一)石油化工产业链

主要有兰州石化、玉门油田、庆阳石化、甘肃银光等龙头和相关配套企业。石化工业地位重要,对甘肃经济影响大,估计年产值1500亿元(工业增加值600亿元)左右,是现实的一个重点产业。但是,受资源、交通、国内布局和管理体制等约束,石化工业的总量规模和产业延伸发展难度大,要积极争取新的发展机遇,力争有所突破(兰州石化现有乙烯产能70万吨,其榆林新厂80万吨)。陇东综合能源石化基地建设,要争取机遇,创新谋划,加快发展。石化产业链,包括从石油和天然气的勘探、设计、开采,到油品和天然气的加工,再到石化新材料深加工的产业全过程。产业链延伸的有利方向是石化新材料,应以几大企业为主体,政府部门加强协调、指导、支持和服务,促进产业链健康发展。

(二)有色和冶金产业链

甘肃有色工业在国内外有重要影响,钢铁和碳素(非金属材料)工业在西北乃至国内也有重要地位。总体上,从地矿勘探、采、选、冶到型材加工的产业链较为完整,后序制成品加工比较短缺和薄弱。有色冶金板块主要包括:金川公司为龙头的稀有贵金属产业(镍、铂、钴等有色金属和硫酸、烧碱等无机化工产品),金川公司和白银公司为龙头的铜及铜材产业,酒钢公司和西北铝为龙头的铝及铝材产业,白银公司和金徽矿业为龙头的铅锌产业,甘肃稀土为龙头的稀土材料产业。黑色冶金板块主要包括:酒钢公司为龙头的铁、钢、材产业,兰碳和郝氏碳素为龙头的碳素制品与碳纤维产业。有色和黑色冶金产业链,现在和今后对全省工业发展都有重大影响,应当持续推进产业链延伸和新材料新产品开发。在省政府领导和主管部门指导下,应加强省有色和冶金产业协会的协调与服务能力,以各龙头企业为链主,协同推进几大产业的产业链发展。

(三)装备制造产业链

甘肃的装备制造业,始于清末兰州机器局。现在,有一定实力的兰石公司石化装备,天水星火数控机床,天水的锻压、风动设备和工业轴承,兰州的高中压阀门和泵业制造等。专用机械设备方面,如酒泉奥凯的种子机械、大禹节水设备,以及其他农机装备、节能环保设备、真空设备、干燥设备、交通设备、矿山设备等。近年来,我省新能源装备制造发展较快,中车集团支持兰州机车发展的轨道交通装备、省磁研所开发的磁力密封设备、一些地方引进的汽车装配和航空器具及设备维修等,都有一定基础。总的看,甘肃装备制造领域门类多、较分散、力量弱,全国同行业竞争激烈。装备制造产业链的谋划,应当确立智能制造的长远发展方向,突出通用机械、整机主导产品与关联配件,石化装备、数控机床、轨道交通、磁力密封设备等可作为当前的实施重点。专用机械装备发展,要加强统一谋划,同时纳入相关产业应用领域,进入特定产业发展规划,多方面给予支持。

(四)电工电气产业链

甘肃的电工电气产业,是与机床工业和电力行业配套布局发展起来的。主要分布在天水和兰州,包括电机、电器、电器合金、电气传动与自动化、输配电成套设备等行业。其产业链发展,应当加强与装备制造产业链的同步规划和协调,支持关联企业间的主机与附件和零配件、上下游产品的紧密合作,实现共同发展。分布在兰州、天水、金川、白银等地的电线电缆、光纤光缆等企业和产品,既与电工电气产业紧密联系,也与电力、通信、交通、有色和新材料等多行业密切相关,应支持其参与主链并配套其他产业链的发展。

三、加快打造新能源新材料等特色优势新兴产业链：
开放融合省内外企业和科技力量，创新产业链发展机制

21世纪以来，甘肃抓住机遇，扩大开放，招商引资，推进新能源、新材料和新技术开发，正在发展形成一些新兴产业，具有良好的产业链发展前景。

（一）新能源产业链

甘肃的新能源产业，从资源禀赋、现状实力、国家导向和市场前景等多方面看，有利条件和综合优势突出，处于领先地位，包括风光电资源勘测、电场设计施工、企业运营到发电上网，以及调峰配套、省电外送的产业全过程。甘肃新能源装备制造业的依托和优势目前主要在省内市场，包括风力和光伏发电装备的制造、光热储能发电系统的研制等；以及相关的生产性服务业，如新能源装备研发设计、技术服务和设备维修更新等。新能源装备制造业在建设投入期，应纳入新能源全产业链，统筹规划布局和项目建设，以新能源产业需求促装备制造和技术研发，带动新能源装备制造业及其生产性服务业的发展。

要把新能源产业链发展摆到优先位置，着眼全产业链发展，加强政府领导和部门指导。瞄准全产业链发展，加快产业集聚与业务扩散，强化产业协作配套发展机制，提高产业链综合发展能力和领先发展能力，带动新能源上下游企业和相关产业发展，努力实现新能源产业发展的综合优势，并且继续促进和扩大新能源外送通道建设。在全省统一规划及指导下，联合省内外的相关优势企业、科研院所、高等院校等，建立产业和技术协会（包括企业、院校所、勘测设计和服务单位等）。可统一设立全省新能源产业协会，内部分设发电运营、装备制造、生产性服务（勘察设计、设备维护更新、电力调配和外送）等相关产业链协会。可采取设立股份制公司、健全产业协调机制、建立新能

源产需交易市场、举办大型主题研讨和推介活动等措施,促进新能源产业链发展壮大,承担起引领全省经济新一轮发展的重任。

(二)新材料产业链

发展新材料产业链,是甘肃原材料工业转型发展的一个方向。石化、有色和黑色冶金等行业的一批龙头企业,延伸发展石化新材料、有色新材料、钢铁新材料和碳纤维新材料,已有一定进展。在精细化工新材料、建筑建材新材料、电池新材料等领域,甘肃也有一些企业和科技力量。特别是近年来通过招商引资和承接产业转移,引进落地一些新材料企业和产品,如医药中间体、农药中间体、多种添加剂等。总体预示着甘肃新材料产业链发展的好势头。

应加强新材料产业链发展的全省统一规划和指导,既鼓励老的原材料企业走进新材料领域, 也支持招商引资和产业转移来甘的新材料企业发展,落实好各种鼓励政策和措施,加强各项目间的产业协调配合,进一步谋划和实施产业链的延伸发展,使政府的发展意图、企业的发展愿望、资源的有效开发、地方经济的高质量发展,更好地结合起来,实现多赢发展。

(三)电子与数字技术应用产业链

甘肃电子工业起步于"一五"以来的国家建设布局,历经坎坷,目前主要有兰州的几家军工电子企业, 天水的华天微电子、天光半导体,以及近年新建的华洋电子、中诺科技等。在电子信息和数字技术应用产业化背景下, 这些电子企业及张掖智能制造园和兰州新区等新建的电子企业,构成产业链上游制造企业。

省内开展信息技术和大数据服务的企业与机构数量比较多,大体属于生产性服务业。主要有几类:国家部门牵头的网络建设延伸到甘肃;一批信息技术服务、大数据和云计算企业落地甘肃;电信、移动、广电等部门增强信息服务功能;国家实施"新基建(现代信息网络)""东数西算"工程的甘肃落地项目;实施数字企业、数字政府与数字社会建设的项目等。近年来，电子信息和数字技术快速发展与应用，被称作第四产业的数字经济正在崛起，起步扩张阶段群雄并起。按照国家关于"数字产业化""产业数字化"的思路，要明确和突出甘肃的着力点,理清远近结合的近期发展重点(参见国家统计局《数字经济及其核心产业统计分类》〈2021〉)。要加强前瞻性务实研究,总体谋划,分类指导,协调配套,探索形成产业链发展机制,为全省高质量发展作出更大贡献。

(四)核技术应用产业链

甘肃核工业是国家的布局，基础条件好。从矿产资源、地质勘探、院校专业、基础科研、生产加工和制造,到核技术应用(核辐照、核医疗等),加上核乏燃料处理项目、企业研发的核设备配件(磁力密封、核阀核泵)等,可以形成一条较完整的产业链。应当加强组织与协调,发挥中科院兰州近物所、有关院校、企业和技术应用部门等多方面的积极性,积极推进核技术研发与应用拓展,深入谋划可行的中长期规划和当前具体行动方案,协调配套实施,争取收到更大成效。

四、大力发展特色优势食品工业、医药工业全产业链：立足特色农业资源加工,提质增效扩量实现新发展

甘肃地域广阔,资源环境差别大,各地各类特色农产品品种多、品质好,资源可再生可循环,有利于特色食品工业、医药工业的全产业链发展(注:在国民经济行业分类的工业制造业中,食品工业属于轻纺工业,医药制造业归于资源加工工业)。这两大产业链以甘肃农业资源为原材料,是农民利益、企业效益、地方发展和国家导向紧密结合的产业链,基础条件和市场需求前景好,但是发展得还不够充分。应当坚持不懈地推进,下定决心,积以时日,取得更大成效。

(一)特色医药工业产业链

甘肃医药工业,有中药(藏药)、生物制药、兽药、医疗器械与制药设备、传统化学药等板块,前四板块都有发展产业链的条件。

目前,甘肃医药企业中少数拥有品牌、市场和一定实力,总体产业发展空间较大,产业链发展前景看好。但医药行业各自为战,较为分散,多数企业发展不足。应当加大企业改革创新和调整发展力度,加快培育形成在国内同行业有影响力的大型龙头企业,带动省内医药产业链发展。要加强全省医药工业产业链发展的统筹规划,分类指导,力争有所突破,促使其成长为甘肃的一个重要支柱产业。

(二)特色食品工业产业链

食品工业及其各行业,紧密联系工农业、城市乡村、生产者和消费者,也是新农村三次产业协调发展的重要实现形式(注:按国民经济行业分类,农产品加工业属于食品工业,制种业属于现代农业)。我省的特色食品工业,依托各地农业种植养殖提供的原料,主要分为几类:(1)主食加工业(面粉、淀粉、小杂粮和面点制作等);(2)果蔬加工业(脱水蔬菜苹果、百合、核桃、花椒等);(3)食用油加工业(橄榄油等);(4)酿造业(葡萄酒、白酒、啤酒和饮料、酱油和醋等);(5)肉食品加工业(猪牛羊鸡、牦牛肉);(6)奶制品加工业;(7)清真食品加工业;(8)药食同源的保健食品加工等。它们各有一批代表性龙头企业,产业链发展前景光明。

应贯彻《食品安全法》等法律法规,加强产业链规划和指导,发展壮大各行业龙头企业,稳定产业链上下游合作发展关系,强化品牌建设,提高知名度和影响力,不断扩大市场营销范围,实现绿色安全和较快发展。

以上三类10条产业链,构成甘肃工业产业链发展的主要内容。此外,甘肃煤炭工业实力较强,主要是煤矿勘探和开采,直接作为传统能源使用,有提质增效扩量的空间(成本价格因素影响大),但产业链延伸余地小,煤化工受到约束。为增强全省原材料工业的矿产资源储备,要继续实施找矿行动。要积极关注生态与环境技术的研发、服务与装备需求,如草原、荒漠、河流、林业、地质灾害防治、生产和生活垃圾处理等,培育其产业发展能力。必须高度重视支持军工与军民合用技术及其产业化发展。

五、政企协同推进产业链发展:探索完善并落实产业链发展的工作机制与推进措施,努力取得新成效

产业链,是产业经济构成的一种企业群结构,也是产业经济发展的一个路径和模式。发展产业链,就是依托企业原有产品,沿着产业链上下游不同领域,以跨领域新产品开发为引导和新技术为支撑,实现产品链、供需链、价值链和企业链的延伸拓展,形成空间上多企业多产业密切关联的共同发展格局。依据产业链规范,要结合企业和产业现状实际,政企协同,有针对性地采取推进措施。

(一)坚持高质量发展方向,以新产品开发为引导、新技术研发为支撑,改革、开放、调整与发展措施相结合

发展产业链,依托现有产品和技术,加强跨领域新产品新技术开发,涉及企业产品、技术、体制机制、组织结构和发展战略等多方面,是一个系统工程。需要系统思维,整体谋划,采取发展、改革、开放与调整等综合措施协调配套地推进。产业链发展是企业转型发展的创新探索,也是对政府和社会各方面工作的新挑战,需要各级政府和综合经济部门、资产管理运营部门、行业管理部门、相关业务主管部门等各方面的支持、协调与配合。特别要争取有关央企和国家主管部门的理解与支持,主动做好重大项目汇报衔接、沟通协商等工作,争取更多项目在甘肃落地发展。

（二）鼓励支持链主和龙头企业的转型发展，探索创新发展模式和路径

改革开放40多年来，工业企业从生产型起步，发展路径和模式经历了重大变化。最初是生产型企业，到+加工转为生产加工型，再到+经营权（自主经营、多产品和多种经营）的生产经营型，+分业经营与横向联合（有分有合与建集团），以及+科技研发（院校合作、内设研发部门）等。随后的深化改革步骤，+资本运作（兼并重组、股份制和股市、企业债券）、+主业规模扩张（技改上新线、开展海外业务）、+金融（财务公司、期货、银企合作、入股银行）等，企业模式有了重大变化。从企业改革发展过程中，我们得到一个重要认识，就是企业形式随着市场竞争和发展需要不断创新、转型和变化，没有不变的企业和企业模式，不变化就会被形势发展和市场竞争所淘汰。

现在，国内外经济形势深刻变化，高质量发展成为新阶段的新要求。有些企业依托现有主导产品，探索+跨领域的新产品新技术研发，呈现产业链发展势头。也有许多企业存在发展路径惯性和模式转变滞后的问题，产业链发展很不充分。学习借鉴国内外企业发展的有益经验，结合甘肃实际，要从发展产业链入手，推进企业转型和高质量发展的新探索。

一是加强企业特色优势要素的市场化专门运作。如技术专利、产品和工艺标准、特有专用设备、特殊项目工程建设经验等，应当十分重视和珍惜，更有效地发挥其作用和价值，探索特色要素的商品化、平台化、市场化、国际化和专门运作方式，有些可以发展为其他新产业或者生产性服务业。鼓励支持企业的特色优势产业、特色优势新兴产业与现代服务业融合发展，探索新的发展路径与模式。

二是动态完善企业内部组织结构。适应产业链发展，如新产品新技术开发、市场服务、多业经营、人才配置等需要，探索权责利结合的

内部扁平化管理运行机制,全面提高对市场反应的能力和速度、特色和多样服务、运作效率和效益。

三是持续进行企业体制机制改革。适应新产品新技术研发、项目运作、资金和资本配置等需要,积极开放合作,动态调整企业财产组织形式,深化混合所有制改革,不断完善企业决策、管理和运营的组织形式和运作机制,使体制机制与发展需要相协调相促进,靠企业发展来保障资产收益优化。

四是企业主动研判自己的发展路径和模式问题。产业链链主和龙头企业,有责任认真研讨、谋划并探索转型发展的思路和方案。按照高质量发展和转型创新发展的思路,主动研究企业发展路径和模式转变的举措,深入谋划和论证发展产业链的综合实施方案,敢于实践探索,不断总结完善。

(三)建立健全科技型等中小企业及其产业发展的培育机制,壮大产业链发展的新生力量

各类科技型中小企业(含科研单位转制转轨、科技人员创办)、民营企业和规下企业,以及引进和产业转移的多数中小企业。它们是新技术应用、新产业孵化和新企业成长的摇篮,也是促进社会创业就业、培育新经济增长点的主场,应当作为各方面引导扶持产业发展和"强工业"的一个重点,进一步加大支持和服务力度。建议由政府部门牵头,有关方面参加配合,建立科技中小企业发展联席会议制度与协调机制,每年选择一批科技中小企业并针对需求采取具体措施,切实加大扶持力度,及时反映沟通协调和帮助解决遇到的困难问题,推进新企业和新产业链的成长发展。

（四）充分发挥国家和省级开发区的产业集聚发展作用，建成承接产业转移和引资企业落地发展的新家园（略）

（五）针对不同产业链发展的实际，务实探索多样有效的运作方式

一是链主企业与专家支持结合。选择链主和龙头企业，实行链长制，是一个好办法。发挥链主企业的带头作用，同时必须有科技力量和科研单位参加，有必要设立每个"链"的技术和经济专家咨询组。

二是探索产业链集聚发展的多种样式。如企业集群、企业集团母子公司及分公司等企业组织形式；龙头企业、主导企业与配套企业和协作企业的经济关联方式；经营合同、技术合作、品牌合作、资本合作等实现形式；一产与二产、二产不同部门、二产与三产，工业与生产性服务业配套发展等，产业链的多种融合发展形式。

三是建立健全有效的产业链运作机制。产业链运作是相关各企业的协同动作与协调配合，也涉及政府多个职能部门、资本运营部门和投资平台公司、企业协会和科技协会等，可能有多种运作机制和方式。要充分发挥链主企业和各成员单位的作用，明确发展目标和工作任务及相应权责，营造更好的产业生态。

（六）进一步完善落实支持产业链发展的政策措施（略）

1. 产品开发和品牌建设。

2. 项目建设。

3. 资金保障。

4. 考核评价与实施机制。

5. 转变观念和提高认识。

坚定转型创新发展意识，增强发展产业链的主动性自觉性，打破传统生产加工型思维和行业习惯，破除"小富即安、得过且过、抱残守缺、闭门自吹"的行为惯性，增强危机感、紧迫感和历史责任感。坚持

以新产品新技术开发为引领,依托企业现有特色优势产品,进一步提高纵向跨领域的新产品新技术开发和深度生产经营能力,不断提升甘肃工业的链式生存和发展能力,为实现高质量发展奠定坚实的产业经济基础。

（本文发表于《甘肃参事》2023年第1期）

甘肃应对新时期东西部关系的选择

跨入 21 世纪,以中央作出"西部大开发"的战略部署为标志,我国东西部关系正在发生新的变化。同时,我国经济发展进入了全面建设小康社会的新时期。面对新时期东西部关系的新变化,甘肃应当如何应对? 开放互补求双赢是恰当的选择。

一、西部大开发——东西部关系变化的新阶段

东部、西部关系问题,是我国区域经济关系中的一个基本问题。新中国成立以来的不同时期,对区域关系的划分与研究有不同提法。如 20 世纪 50 年代的沿海与内地,60 年代的一线、二线、三线,80 年代以来的东部、中部、西部。按照东、中、西三大区域划分,50 多年来我国东西部的关系变化,大致可以分为三个阶段:

第一阶段为 1950—1978 年, 是计划经济背景下的均衡发展阶段。到 1978 年,西部地区社会总产值达 1312 亿元(未含西藏数字),占全国的 19.2%, 比 1950 年增加 1200 亿元, 比重提高 2.87 个百分点;西部地区的工业总产值达 668 亿元,占全国的 15.77%, 比 1950年增加 646 亿元,比重提高 4.27 个百分点。据测算,1952—1981 年间的省区工农业总值年均增长速度,排在前 6 位的宁夏、内蒙古、青海、甘肃、陕西、贵州,都在 12.5%以上。因此,中央当时考虑"沿海与内地的关系"是均衡发展,事实上以加快内地建设为措施,缩小了内地与沿海的原有差距,从起点不均衡走向阶段性节点的"均衡"。在东部省

区的感觉,也是向内地倾斜和全国支援"三线建设"。

第二阶段为 1979—1999 年,是改革开放背景下的非均衡发展阶段。到 1999 年,仅广东、江苏、山东、浙江、河北、辽宁、上海和福建等 8 省市的 GDP 就占全国的 57%,上升 14 个百分点。1999 年,西部各省区 GDP 占全国的比重和排序不断下降,其中甘肃由 23 位降到 26 位、贵州由 25 位降到 27 位。人均 GDP 的变化更明显,从 1980 年到 1999 年,最高的上海由 2738 元上升到 30805 元,最低的贵州由 219 元上升到 2473 元,差距绝对额由 2529 元扩大到 28332 元,扩大 10 倍。同期甘肃人均 GDP 由 388 元上升到 3668 元,从 1980 年相当于上海的 14.2%、广东的 82%,变为 1999 年相当于上海的 11.9%、广东的 31%,差距绝对额也扩大 10 倍以上。因此非均衡发展,在东部地区是得改革开放政策之先机,成为中国经济现代化的领头羊和发动机;在西部地区自比有很大发展,却感到差距扩大带来的落后和巨大压力。

第三阶段从 2000 年开始,实施西部大开发战略,表明东西部关系进入市场经济背景下的协调发展阶段。西部大开发,唤起了西部地区的极大热情,将为东部经济发展开拓新的市场空间,促进我国东西部经济的协调发展。西部再一次走向中国经济发展的前台。

二、开放的市场经济——东西部协调发展的新特点

我国东西部关系从均衡发展走向非均衡发展,再走向协调发展,是中央分析国内外形势,审时度势,作出的重大战略决策。在西部大开发这个东西部协调发展的新阶段上,又有许多新特点,要求我们深刻理解、正确把握。

第一,遵循市场经济规律和建立社会主义市场经济体制的要求,采取市场经济办法。20 世纪 50 年代开始的东西部均衡发展阶段,国

家采取计划经济方式,全国一盘棋,颇有"一平二调"味道。中央号召加全国支援,有志青年满怀激情奔赴内地,投身大西南、大西北建设,各种生产要素按国家计划向西部调配组合。在70年代末开始的非均衡发展阶段,国家采取改革开放和市场经济探索的方式,政策导向、经济规律和物质利益共同起作用,转轨期的探索性质和自发色彩明显。东部潜在的生产力被激活,西部"一江春水向东流",各种要素在沿海地区重新聚合,形成巨大的"窗口"示范、吸引和带动作用。东西部关系的竞争性方面凸现出来。新世纪开始的东西部协调发展阶段,讲西部大开发这个大局和中央帮助,将不再是计划经济和行政指令,而是依据市场经济规律的国家宏观调控,是市场经济平台上的中央与地方、东部与西部关系(包括各省市区之间关系)的重新整合。立足市场经济,重视市场需求和价值规律,讲究自主协商、等价交换和依法办事,追求效率和效益,将是东西部协调发展中的基本规则。

第二,在开放中促进东西部经济的要素流动和互补,实现东西部的双赢式协调发展。以往的东西部关系,东西部之间通过中央这个纵向指令中心进行调度,缺少开放式的自主横向联系。70年代末我国开始实行对外开放,成效卓著。某种程度上,对外开放又好于对内开放。一个时期内,价格双轨制、边境走私等引发地方利益膨胀、诸侯经济和地方保护,东西部之间的要素流动多是单程车,客观上存在着省区经济自我奋斗和利益封闭的倾向。随着我国市场经济体制的逐步建立,特别是我国加入WTO后,把"请进来"与"走出去"结合起来,争取更多地"走出去"。同时,国内经济参与国际经济分工与协作,国内经济循环与国际经济循环相交叉相结合,正在引起国内生产力布局的新变化。这个背景下的东西部合作、协调发展,其利益选择、要素流动走向、经济互补方式、双赢关系的实现,也会出现较大变化。要求我们适应新的对外开放形势,用更开放的思维方式和工作方式来协调新阶段上的东西部关系,寻求东西部的互补和双赢。

第三,国家调控东西部关系和对西部地区的帮助,将依据开放的市场经济作出动态选择。从中央已经作出的部署来看:(1)工作指导方式是市场经济基础上的宏观调控。(2)支持重点,在生态环境方面如水资源(长江和黄河两大水源地、水患威胁、南水北调)、退耕还林还草、资源保护开发等;基础设施方面如铁路、公路、航空、电力、通信、广播电视等;科技教育方面如提高人口素质、普及义务教育、科研院所和高新技术产业等。(3)政策扶持上,如加大转移支付力度(主要是公共财政部分)、鼓励在西部投资办厂的税收政策、技术改造项目在同等条件下优先安排等。不再搞过去的计划指令、企业搬迁、人财物全面调配那一套"包下来"的做法,特别是不搞一般竞争性项目的国家投资。在一定意义上,中央只是帮助西部"造环境",开发建设要靠西部自己去艰苦奋斗,加上争取东部地区及外资通过市场经济方式提供的支持。

第四,东西部将在市场竞争和利益原则基础上加强互补式合作,进一步优化我国的资源配置和生产力布局。在计划经济和前些年价格双轨制的背景下,中央与东西部之间存在着一种"三角关系":国家在西部投资建厂,东部出人(有时也出物),西部的原材料产品低价供给东部;东部在原材料加工增值中获利,部分加工制成品返销西部,大部分税收上交国家;国家再将部分税收以财政补贴形式支持西部,如此三角循环。东西部对这种循环都有意见,西部说原材料产品低价调出、工业制成品高价进来,"利益双重流失";东部说税赋贡献大,国家补贴西部是东部利益转移。现在看,三角循环是传统体制和一定发展阶段上畸形的东西部关系,是成本偏大的"体制—结构病"。西部大开发和市场经济下的东西部合作,是新形势下协调东西关系的探索。东西部及各省区有各自的正当利益,相互间有竞争有合作、有分工有互补。各省区都有发挥比较优势、发展特色经济的问题,就是要找到"人无我有、人有我强、人强我优"的不同特点,找到合作双方的共同利益所在,进而在竞争中提高效率和效益,在合作中实现互补和双赢。双方合作的民间渠道将逐步上升为主渠道,主要由企业间合作拉动区域合作,进而从企业微观的合作调整走向区域性资源配置和生产力布局的优化调整。

三、甘肃的选择:开放促开发、互补求双赢

在西部大开发的东西部关系新阶段上,甘肃怎样应对,涉及一系列的观念、思路和措施问题。这也是从甘肃实际出发,对东西部协调发展关系的再认识,对开放开发背景下甘肃经济发展的再认识。

第一,认清形势,转变观念,以大开放促大开发。

新的形势下,西部大开发将带来东西部关系的调整,是甘肃加快改革开放和发展难得的历史机遇。我们的思想必须跟上大开放大开发的新形势,转变与此不相适应的旧观念,形成新的思想动力。一是转变封闭起来看自身发展的观念,强化开放的借力发展观念。要积极主动、自觉地对外开放,从一切可能的方面来借力发展。二是转变留恋国家和东部地区无偿援助的计划经济观念,强化价值规律、等价交换的市场经济观念。三是转变只注重向国家要支持要帮助的狭隘观念,强化争取国家支持、开拓多方合作渠道的观念。四是转变只考虑自己利益的独赢观念,强化与合作方双赢的观念。五是转变热心纵向比成绩、忽视横向找差距的观念,强化向东部发达地区学习的观念,以东部之长补甘肃之短。总之,大开发实质是大开放,开放就是进步,封闭就是落后;要以大开放促大开发,形成相应的社会舆论氛围。

第二,立足自己,主动合作,以互补求双赢。

东西部协调发展的新阶段上,双方是一种互动关系、互动过程。

而在甘肃自己一方,应表现为主动的行为。特别在世界经济波动、外循环不畅的情况下,内循环对东部经济持续稳定发展非常重要。因此,"到西部来"也是东部发展的一个愿望和行动。从西部看,以甘肃为例,大开发大发展的需求几乎是全方位的。农业产业化和现代化,农产品深加工和小城镇建设;老工业基地的技术改造和原材料深加工,轻工业发展;科技成果的转化和高新技术产业发展;基础设施和生态环境建设;金融业、现代商业、物流产业、旅游业等。凡是东部愿意来西部投入的,资金、技术、人才、项目等都会受到欢迎。东西部各自需求和利益所在即是动力,双方需求的满足则是互相选择的互利行为。在互相选择中,取有补无,取长补短,取优补劣,东西部经济将进一步得到融合、提高和协调发展。互相选择也是一种竞争,捷足者先登。甘肃应立足自己的信心、特色和努力,站得更高,看得更远,以更有利的条件主动招揽天下客商,共创甘肃发展大业。

第三,营造环境,创新求变,以优良服务来招商引资。

甘肃大开发大发展要靠开放、借外力,必须营造足以吸引外力愿意来的好环境。硬环境的改善,交通、通信、电力、环保、城市基础服务设施等,都应努力向国内外先进水平看齐。可选择若干区域重点,设立开放开发小区,先行打造硬环境。硬环境建设也应开辟多种投资渠道,国家、地方、企业、外商等多种力量一起上。更重要的是改善软环境。软环境建设涉及体制、法治(治安)、政策、办事效率等方面,一切不利于开放开发和发展的东西都应改掉。必须改革创新,大胆突破,关键是政府行政管理体制和经济社会各部门办事方式的改革。既总体筹划实施,又从一点一滴、一事一项做起,实实在在地把改善环境的工作抓在手上、落到实处、见到效果。使来甘投资的人士,敢于来,愿意来,队伍不断扩大,成为开发建设甘肃的一支重要力量。

第四,统筹规划,合理分工,发挥政府和民间两个积极性。

从我国加入 WTO、西部大开发、东西部协调发展的多重背景来看甘肃开发发展,涉及四方面的力量:甘肃自己是内力,东部及中西部其他省份、外资、中央政府是外力,哪一个都不能少。不同历史时期,四方面力量作用的形式、大小、多少不一样。今天,对哪种力量都不能忽视。从甘肃看东西部协调发展,主要涉及甘肃和东部省区的关系,也要放到四种力量相互作用的更大背景中来考虑。这就要综合研究,统筹规划,合理分工,相互协调。首先,甘肃自己的力量(内力)是个常数,甘肃的事情要自己做工作。然后是东部及中西部其他省份、外资、中央政府对甘肃经济的关注点,都分别是什么,能够帮助甘肃做什么。深入研究要做进一步的外力细分,如东部省区与甘肃的互补性、中西部尤其西北五省区与甘肃的互补性;外资中,甘肃与往来国家(地区)之间的互补性,与其他国家(地区)潜在的互补性。外力支持中,资金、技术、资源、项目、市场等不同的可能性和可行性,如此等等。在外力基本判断和细分的基础上,有规划、有重点、有针对性地去做工作,尽可能争取到更多的外力支持。我们省内也应相对分工,省、市、县分别做工作。实行招商引资和对外合作,十分重要的是划分政府与企业的不同职责。政府主要是定规划、拿政策、搞监督,开展政府间的合作。凡属市场经济的招商引资合作行为,应当以企业为主体,放手让企业走上开放开发、东西合作的第一线,按经济规律去自主决策。社会公益类、基础设施类项目,也应逐步放开让中介组织甚至有关企业去招商引资。充分发挥企业和民间力量在甘肃对外开放、招商引资、东西合作中的作用,是我们的努力方向。

(本文发表于《开发研究》2003 年第 1 期)

西北经济区的地缘文化影响及其走向

在中国版图中,西北地区具有十分特殊的重要战略地位。西北地区周边,一部分为与国外相邻的国家地缘,一部分为与中部(中原)、西南相接的国内地缘,存在着两个方向的不同地缘关系。这两部分环接组成的西北地区地缘,对该地区的经济、政治、文化和社会各方面有着深刻影响。认识西北经济区的地缘特征,正是要分析这两部分地缘的影响,探讨这些影响的走向以及我们应对的思路。

一、西北经济区地缘的历史与现实

我国的西北地区,包括陕、甘、宁、青、新五省区。在国内经济区划中,它被作为一个跨省区的经济区域即西北经济区,试图突出其区域整体的经济意义。西北经济区的地缘,如同一般的地缘关系,既是现实地理边界双方的相互影响,又是一部地缘影响的历史凝结。不同之处在于,它有着自己的特定具体内容和地位作用。西北地区是历史形成的地域概念。从秦汉到隋唐,今天的陕西都是中央政权的国都所在地,算不上西北地区的成员。宋元起,中央政权和国都东迁南迁北迁,陕西以远的西北地区,成为远离国都和中央政权的动荡的西北边疆。早期的西北地区,是部落形态的多个原初民族聚集区,是由许多绿洲城廓点缀的散居部族区。依中央政权而论,秦时的西北边关在今甘肃中部的近黄河上游地区;汉唐时到达今新疆的天山南北,更远的巴尔喀什湖、费尔干纳盆地和帕米尔高原,直至咸海(只几年);元代的今新疆及以远的部分地区,被元中央帝国分封给几个汗国;明代的西北边关就是嘉峪关;清初重新将巴尔喀什湖以东以南地区纳入版图,晚清又被俄罗斯强行割占。民国以来,中国之西北地域虽常常有事,但再无大的边界变化。西北地区疆域的历史变化,唱主角的是多民族多文化的交流、冲突和融汇。在当地,这是不同部落、民族的当事人直接交往。在更广大的地理范围,这是古代的中国儒道文化,南亚佛教文化,中东阿拉伯和伊斯兰文化的交汇区,是各文化中心区所辐射的文化边缘渗透区和多文化重叠区。伴随着精神文化交往,不同国家或者政权的政治、军事冲突,武装强力表现的是生存、生活和发展的深层次经济利益。近代以来,依国力、边界条约和国际规则确定的国界,也是西北地区的国家地缘关系的中线。今天,国界两边仍然存在着一些共同的民族和文化,不同文化的相互影响和进一步交流,仍然存在于地缘双方及国内更远的区域。西北地区成为当地多民族多文化关系的表现舞台,中央政权及其他地区与之关系的表现舞台,中国与西北边邻各国关系的表现舞台。

二、西北的国内地缘——中央政权及其他地区的支撑

西北地区在国内一侧,与内蒙古、山西、河南、湖北、四川、西藏相接,即国内地缘。其国内地缘方向的相互影响,重要的不在于是否周边省区,而在于中央政权和广大的内地及全国。中央政权及其他地区是西北地区最有力的支撑,也是西北地区对中央政权及其他地区的依托和依赖。从中央政权及其他地区看西北地区:在国家独立、安全的意义上是西北边疆,具有固边、强边、安边,屏障内地和中央的作用;在跨国交流交往的意义上是西北通道,具有陆路交通和广义文化传播传递、消化整理、吸收融和的作用;在近代抵御其他方向外来侵略的意义上是西北腹地,具有实力储备、后方纵深基地的作用;在振

兴经济、增强综合国力的意义上是西北资源原材料基地和市场,具有支持东部中部工业、增强国内市场的作用;在经济社会发展水平和共同富裕的意义上,是西北贫困落后地区,事关全面小康、民富国强和现代化的实现;在大江大河、荒漠戈壁整治的意义上,是西北生态源头区,事关全国的生态保护恢复和可持续发展。纵观数千年中国历史,西北地区的这些意义和作用,不同时期有不同的凸现。

从西北经济区看国内地缘,周边其他省区对西北经济区的影响,一般辐射并局限于邻近的中小城市和农村地区,到达不了中心城市。在单一制国家和中央集权的背景下, 即使从今天市场经济和信息经济的观念看,对西北经济区的国内地缘最有意义的,还是中央政权及包括西北在内的全国利益。秦汉以来的历史表明,中原治、中央强则西北康顺,中原乱、中央弱则西北贫散,西北地区历来与中央和中原共兴衰、共荣辱。中央政权及全国其他地区的认可和需求,是西北地区的价值趋向。以中原乃至全国为后盾的、强有力的中央关注和支持,一向是西北地区稳定发展的力量源。因而,西北地区一向以中央政权的意志为行为导向,以中央和全国为最大利益的来源。

诚然,西北地区有自身的经济社会成长和发展进程。但多民族的甘、宁、青、新诸省区,由于诸多原因而经济自积累、自发展能力较弱,社会进步较慢,一直落后于中原和东部地区。如听任西北地区自然发展,就有事关全国不平衡、边疆稳定和国家强盛的问题。由古至今,从汉武帝时霍去病进军河西、设置四郡、军事屯田,到唐、元、清的强西举措,到抗日战争时开发西北,再到新中国成立后的“一五”建设和“三线建设”,乃至今天的西部大开发,两千多年来开发、巩固和援助大西北之所以绵延不断,这是重要原因。这种由中央政权启动、全国支持的西北开发, 对西北地区的经济社会结构和持续发展有着极其深刻而且深远的影响。

三、西北的国家地缘——重振古丝绸之路的梦想

西北地区国界线外侧,与蒙古、俄罗斯、哈萨克斯坦、吉尔吉斯斯坦、塔吉克斯坦、阿富汗、巴基斯坦等接壤。由于地理、交通、经济、民族、宗教及历史等原因,国界两边有着较多文化联系和交往,这种互相影响即西北地区的国家地缘。对西北地区来讲,源远流长、潜移默化的影响是,甘、宁、青、新与对方存在着一些共同的民族(甚至是血缘关系)、宗教和文化。这些省区内,多民族、多宗教、多元文化并存,对当地经济社会发展有着重大影响。当然,当地各族人民的国内交往多于跨国交往。当地各族人民交往的状况和意义不限于当地,而是事关全国利益和国家地缘关系。

通过西北地区的国家地缘,中国发展与中亚、西亚、欧洲的联系和交往,历史上最辉煌的代表就是古丝绸之路。古丝绸之路,最早在公元5世纪前后出现,汉代以后进一步开拓,隋唐时最为繁荣。这条路东起长(西)安,经甘肃,出新疆,进中亚,远至西亚和欧洲。沿这条路,中国的丝绸、茶叶、瓷器、漆器等物产和某些技术远去西方;西方的马匹、苜蓿、葡萄和乐器等东来中原。更重要的是文化传播,从这条路,西方知道了古中国的文明,大受裨益;给中国带来了佛教和伊斯兰教,尤其是佛教对中国传统文化产生了深远影响。随着近代航海技术的完善和海路交通兴起,加上中亚的动荡、近代中国的衰落,古丝绸之路成了历史。

在古丝绸之路为代表的西北的国家地缘关系中,西北地区成为全国和中央政权通往西方的通道,并形成具有通道特色的经济和文化。在古代沟通了中国和西方,带动了西北地区的道路交通、商业贸易、养殖种植和城市建设,促进了西北地区的经济社会发展。

20世纪80年代以来,在开发大西北的讨论中,人们提出重振古

丝绸之路、建设欧亚大陆桥的设想。从我国江苏的连云港自东向西，经中原，穿西北的陕、甘、新，过中亚，最后抵达欧洲荷兰的鹿特丹港，这是一个光辉的梦想。今天做到这一点，工程建设能力上没问题，关键在于周边国家的政治条件和经济成本可行性，需要有一个创造条件、分阶段逐步实现的过程。据有关资料，我国西北外侧的中亚五国（哈、吉、塔、乌、土），有较丰富的矿藏和一定基础的重工业，畜牧业较强，轻工业和电子工业不很发达，苏联解体后部分科技人员外流。这与西北地区经济某种程度上同构，但也可以互补。如何整合西北经济区的力量，借助中原乃至全国力量，"联合走西口"，急需探索。设想中的欧亚大陆桥我国西北段，也需要加快发展，在沿线有条件的地方，进一步形成若干有特色有实力的大、中、小城市，以支撑大陆桥运行。贯通欧亚陆路的民族、风光、风俗、探险等特色文化旅游，还有待沿线各国各地区共同开发。长远来看，"走西口"的国家地缘一定会繁荣起来，欧亚大陆桥的畅通和兴盛是完全可能的，我国西北地区乃至中亚地区一定会从中受益并得到发展。

四、西北地缘关系在市场经济下的走向及选择

西北地区的地缘关系，涉及经济、教育、科技、宗教、民族、政治等不同层面。在种种地缘关系中，宗教、政治等非经济因素层面有着重大影响，但作为基础并长远起作用的是经济关系，包括当作经济增长因素的教育和科技。经济利益和经济发展，提高人民生活水平、区域经济实力和综合国力，对任何国家、地区和民族来说，都是更根本的东西，也是地缘分析中更加关注的东西。今天来讲，就是地缘双方在市场经济的竞争与合作中实现发展的关系。

人类社会的发展没有止境，但发展有发达和不发达、先进和落后之分。当地缘双方不同国家或者地区发展的历史凝结为现实的时候，

表现出来的是现存的经济社会差别和差距。地缘交往双方的经济、技术和社会发展的阶段性差别显而易见。

在我国今天的区域经济比较中，西北经济区处于不发达的落后状态。这不能说与其特定的地理位置和地缘状态没有关系。珠江三角洲、长江三角洲、环渤海经济圈等的崛起，借助了很大的地缘优势，打破了原有的区域概念，原有的经济区划概念已经显得"古老"。根本性的变化是闭关自封转为改革开放、计划经济走向市场经济，促进了区域经济和地缘关系的新发展。当年马克思讲过商品的重炮摧毁一切万里长城，今天市场经济按价值规律运行、跨地域发展，很大程度上突破了区域划界。因此，能否有效地开发利用现实的地缘关系，不完全在于地理距离的相邻或远近，而在于观念、体制、环境、结构的创新，在于技术、经济和信息的实力，在于市场经济走向的力度和成熟程度。

我们西北地区的人们，要正视西北经济区的国内地缘和国家地缘的现状，首先必须立足自身的改革创新，通过创造市场经济的体制环境和优势，进行技术创新和结构调整，用新的思路和措施来推动两类地缘关系的有效利用和相互促进。在东向国内地缘关系、西向国家地缘关系的开拓上，在区域内经济的跨地域重新整合上，努力创造出新的局面，有效地利用地缘关系来促进西北经济区的更快发展。在我们的不懈努力中，西北经济区的地缘关系将合规律地走向市场化、现代化。

（本文系作者在兰州大学经管院研究生进修期间完成的论文，原载《甘肃体改内参》2003 年第 8 期（有删节）；全文载《改革时代在甘肃》甘肃人民出版社，2003 年）

新区域经济的意义和特点

——经济全球化与传统区域经济的改革创新

区域经济,是我国社会经济发展的重要组织形式和实现形式,对全国和地方(尤其是省区)经济发展都有重大影响。改革开放20多年来,特别是实行社会主义市场经济体制改革以来,我国的传统区域经济逐步发生变化,符合市场经济规则的新区域经济正在形成并越来越发挥出更大作用。我国加入WTO,迎接经济全球化的挑战,进一步提升了新区域经济的地位,推动着新区域经济与世界经济的接轨融合,赋予其新的时代意义。

新区域经济,是在市场经济改革和经济全球化进程中出现的,以珠江三角洲、长江三角洲、环渤海经济带等为代表。事实上,新区域经济是对传统区域经济的改造突破,由传统区域经济转变发展而来。新区域经济与传统区域经济的主要区别是:市场经济与计划经济的区别,开放与封闭的区别,经济依据划界与行政依据划界的区别,经济组织为主体与行政组织为主体的区别,经济联系纽带与行政联系纽带的区别,法律法规下的自主协商决策与行政指令及政策指导下等级决策的区别。说到底,新区域经济是经济的和市场经济的,传统区域经济是行政的和计划经济的。新区域经济的意义在于:它是对传统区域经济的改造更新,是市场经济体制的生长点,是实现经济社会发展的推动力量,是参与经济全球化的重要支点和实现形式,代表着我国区域经济的未来发展方向。

进入 21 世纪,我国经济社会处在经济转型、结构转换、体制转轨的关键时刻, 处在加快发展的战略机遇期。为迎接经济全球化的挑战,继续全面推进市场化改革并完善市场经济体制,保障新的发展目标的实现,我们必须重新审视区域经济,加深认识新区域经济和传统区域经济的区别,努力推进传统区域经济向新区域经济的转变,推进新区域经济的成长。现在看,新区域经济的特征,以及对传统区域经济转变的启示,主要有以下几点。

(一)新区域经济从过去的行政划界、行政联接和行政指令为基础,转变为经济关联纽带、市场经济运作和自主协商决策为主导,要求逐步突破既有的行政界限,对传统区域经济进行根本改造

我国的传统区域经济,是在计划经济的生产力布局和国民经济分工思想指导下,从 20 世纪 50 年代开始形成的,直到 20 世纪 80 年代仍然在惯性运行。传统区域经济的实质,是行政区内的经济,是行政划界、行政主体、行政指令、行政联接和行政运作的经济。两千多年的郡县、州府行政制度,是其历史渊源。20 世纪 90 年代,我国改革开放进入了建立社会主义市场经济体制的新阶段,事实上实行的是区域倾斜发展战略,使市场经济力量在东部沿海地区集聚成长,那里的传统区域经济逐步被改造被突破,珠江三角洲、长江三角洲、环渤海经济带等新区域经济先后涌现。

新区域经济是改革开放的产物,是由市场经济力量创建并形成的区域经济。它要求对现行的区域行政体制进行相应改革,要求以经济联系为纽带,采取市场经济方式运作,在法律法规下自主协商决策,从市场导向的新区域经济进一步发展为明确规范的新经济区。

(二)新区域经济的发展空间从原行政区拓展为跨行政区的更大经济区域,区域经济也从全国经济区划和生产力布局的实现形式,转变为参与经济全球化和世界经济发展的重要实现形式,进一步走向世界

以现代高科技为先导,以市场经济生产方式和经济资源全球配置为运行机制,以 WTO 规则被更多国家和地区接受为契机,以实施全球战略的跨国公司、世界经济组织和新区域经济为代表,经济全球化的趋势得到加强并起伏延续。世界著名学者大前研一认为,经济全球化突破了国界,给经济发展和经济运行方式带来重大影响,政府调控的方式将转变、效用会转弱,区域经济的作用将提升并突出出来。多年来在前台盛行的主张政府干预的凯恩斯主义,以及被挤到后台的亚当·斯密自由主义传统受到挑战,要求我们调整以往关于经济发展、经济运行、经济调节、经济规则和经济秩序的观念。

在这个背景下,全球经济和区域经济正在互相影响并得以表现:区域性的当地经济即便不出门,也受到世界经济的冲击和同化;国内外两个市场互相联动,出现边界逐步模糊并融为一体的倾向;区域经济遇到如何增强自我发展、博弈应对和自我调节能力的压力,各级政府面对着改进区域经济调控方式的要求;实行"请进来"和"走出去"相结合的战略,成为我们主动参与经济全球化的重大措施。

从全球经济看区域,从区域经济看全球,经济全球化构成区域经济新的视野,改变着以往区域经济的概念。"区域的就是全球的",区域经济正在成为经济全球化的实现力量和表现舞台。这提升了区域经济的地位和作用,要求我们探索区域经济发展的新战略和新对策。

(三)新区域经济的主体,从原来中央和地方政府两个角色为主,转变为当地企业、外来资本、地方政府和中央政府四个角色担纲

传统区域经济受计划经济体制和行政管理体制的约束,主要是由政府的指令及其具体组织实施的。新区域经济淡化了行政色彩和

政府指令,强化了市场经济规则和民间经济的作用。遵循市场经济规则的自我发展和自主调节,越来越具有重要的地位和作用。

新区域经济的发展,要求政府转换抓经济的思路,学习从市场经济和企业自主的眼光看问题,改变以往"行政指挥一切"的做法。对于当地政府,最重要的是"政企分开"和职能转变,改进政府管理经济特别是管理区域经济的方式。要把提供公共服务和营造发展环境作为首要任务,放权于企业、民间和社会;研究确定新的区域发展战略、经济调节方式和引导扶持政策;探索打破经济跨区域发展的行政障碍,沟通经济联系,建立新的服务型行政关系等。从国家调控来看,怎样从体制上理顺"经济区"与"行政区"的关系,怎样从体制上解决旧有的"集权经济"和可能出现的"诸侯经济"问题,怎样建立新的区域经济协调组织和运行机制,怎样建立适应市场经济的中央对新区域经济的调控机制,怎样协调各经济区域的大体均衡发展等,这涉及行政区划体制、行政管理体制和经济管理体制深化改革的一系列问题。

(四)新区域经济面对着经济全球化中资源短缺的影响和约束,是区域经济发展与决策必须解决的一个前提性问题

经济全球化进程中,跨国公司和少数强国在世界各地加紧经济扩张,新兴工业国家积极崛起,全球资源消耗急剧膨胀。受现有资源存量和资源利用方式的制约,新资源的发现和利用又跟不上需求的发展,资源性产品价格不断上涨,出现了全球性的资源短缺。短缺是经济发展的一个噩梦,也是一个机遇。我们经历过的传统短缺经济,是消费品和制成品的商品短缺,它为工业发展提供了需求动力并留下巨大的成长空间。资源短缺这种新的短缺经济,是水、石油、煤炭、电力、黑色有色金属和稀有资源等资源与能源原材料的短缺,极大地限制着工业和整个经济的发展。

任何区域经济的发展,特别是后起的、正在酝酿形成的新区域经

济,首先必须面对资源短缺这个时代性、全球性的问题。在资源短缺约束的条件下,采取资源节约、资源转换、资源替代、资源创新等措施,解决好自己的资源问题,才能进一步选定区域经济的发展战略和发展路径。积极开发新资源,推进资源利用方式的创新,将进一步显示出新区域经济的生命力。

(五)新区域经济的未来发展优势,是坚持改革创新,不断创造适应经济全球化需要的核心竞争力和综合环境优势

改革开放和经济全球化,是新区域经济发展的两个重要背景,共同点是改革创新。关键要创造适应经济全球化的核心竞争力和综合环境优势。新区域经济的核心竞争力,主要是生产力方面的,以拥有高新技术、各类人才并高效运作的企业(集群),以及特色优势地方经济为代表。区域经济的综合环境优势,主要是生产关系方面的,在较好的基础设施"硬件"基础上,以政府公共服务和社会自我服务的高效率、低成本运作为代表,"软件"良好,经济环境综合成本比较低。创造区域经济的核心竞争力和综合环境优势,必然涉及经济结构、经济体制和运行机制等问题,必须坚持不懈地推进各方面的改革创新。

我国目前的区域经济和经济区域,从改革开放并建立完善市场经济新体制新机制、参与经济全球化的实现程度来分析,可能区分为传统经济区、转轨型经济区、大体上的新经济区(尚未明确形成制度化的运作规范)。推进区域经济的改革创新,还是一项艰巨任务。总体上看,传统区域经济的改造更新,新区域经济的形成发展,都需要一个过程。由于市场经济也是一个不断发展完善的过程,经济全球化同样是一个不断探索深化和曲折发展的过程,新区域经济和经济区域必须在这种过程中不断地改革创新。唯如此,新区域经济才具有不衰的活力和创造力。

（本文发表于《发展》2004 年第 7 期）

不发达地区发展研究的前提、比较方法和文本成果

不发达地区发展研究，是区域经济研究范围的特殊题目。在中国，不发达地区一般指与东部沿海发达地区相区别的广大中西部地区，也包括发达地区中的某些不发达区域。不发达地区发展研究的基本方式是实证研究，即选定不发达地区(或它的某个方面)作为研究对象，采取经济学等多学科多方法进行分析，找出阻碍发展、造成落后的原因，提出克服阻碍因素、加快发展的路径、方针和政策措施。

一、不发达地区发展研究的逻辑前提

不发达地区发展研究，逻辑上隐含着三个重要的经济学前提：第一，经济发展的非均衡性，即经济发展中存在着区域性、阶段性差别。不同区域相比较，存在着发达和不发达、先发达和后发达的区别。第二，经济增长的趋同性，即由于要素的边际报酬递减，长期看发达国家(或地区)终将被相对落后的国家(或地区)赶上。不同国家或地区之间经济增长的趋同性假说，认为同质稳态经济系统会走向结果趋同，异质非稳态经济系统必须经过努力达到条件趋同，才能逐步实现结果趋同。第三，经济发展中的政府干预，实施经济政策和宏观调节。西方经济界长期存在着自由主义和干预主义的分歧。在区域经济问题上，干预主义认为，区域微观主体存在着有限理性、利益非均衡、试错等局限性，需要采取鼓励和禁止等区域经济政策进行干预。这三个前提非常重要。没有非均衡发展，没有区域发达和不发达的区别，谈

不上不发达地区发展研究；不能实现发展趋同，不发达地区永远落后，就没有不发达地区发展研究的特殊意义（区域经济研究已经够了）；放弃政府干预，微观主体各行其是，放任区域经济自流发展，也不会实现不发达地区发展研究的社会价值。

在上述三个内涵前提下，不发达地区发展研究有着自己的任务：回答为什么不发达的问题，回答并解决怎样才能加快发展、实现发达的问题。回答和解决这两个基本问题，是不发达地区发展研究存在的理由。为实现自己的特殊任务，不发达地区发展研究必须面对区域现实，实事求是，以区域分析作为其研究的前提和基础，即运用区域分析方法来调查研究，搞清楚区情条件、发展现状，甚至建立区域经济系统模型等，或者把区域分析的已有成果作为深入研究不发达问题的程序性前提。这一步研究至关重要，是构成不发达地区发展研究的大厦基石。在信息失真、数据不全、资料陈旧，尤其是缺少求实精神的条件下，这步研究的实际难度很大。为此，特别需要强调它的前提和基础作用。

二、不发达地区发展研究中常见的三种比较方法

发达与不发达是比较而言，不发达地区发展研究的基本方法也是比较研究。就是拿不发达地区的区情（历史、现状和趋势），同经济社会发展的一般规律、发达国家或地区的成功经验做比较研究，从中找出落后的原因和加快发展的措施，勾画未来发展的前景。这类比较研究大致有三种方法，即规律比较、模式比较、要素比较。

1. 规律比较

社会人文科学以及自然科学揭示的自然、经济和社会的发展规律，对经济社会发展理想状态的描述，给不发达地区发展研究提供了基本的比较参照系。马克思主义政治经济学，经济学中的市场经济理

论、自由主义(古典的亚当·斯密传统)、干预主义(近代的凯恩斯传统),乃至更多的经济学派别,从不同层次、角度解释了经济社会发展,阐述了其一般规律、部分规律或者某些普遍现象。这些理论、思想、观点,不论是定性的陈述,还是定量的表述(公式、图表或模型),它们以被认识了的规律或现象的形式出现,成为我们已知的知识、观念和方法。在不发达地区发展研究中,不论是否说出或者直接引用它们,它们都作为我们已有的认知和方法,用于不发达地区区情的比较分析,从比较分析中找出差别,找出不发达的原因和加快发展的措施。由于这种比较是拿不发达地区区情与反映某些规律或现象的理论相比较,它们可以被看作理论性比较,有关研究中常见的规律陈述、方法应用和引经据典即是这种情况。由于用来比较的理论总是包含对未来发展状态的理想预测,有关研究中据此对不发达地区发展提出目标设想及措施建议,也可以说是它们的理想比较。

2. 模式比较

现实中发达国家(或地区)的成功之路和经验,对不发达地区发展具有十分重要的借鉴和导向意义。它们被作为现成模式,用作与不发达地区相比较,从中找到不发达的表面差距和背后原因,用来说明不发达的成因和加快发展的措施。在人类社会发展的历史进程中,发达国家(或地区)此起彼伏、此消彼长地登场,从古代的四大文明古国到近代的大英帝国和西方列强,当代的美国、苏联、日本、亚洲"四小龙"等,各有各的时代背景、发达原因和基本经验与教训。这些国家或地区及其经验,往往被冠以不同的模式,如美国模式、苏联模式、日本模式、韩国模式、新加坡模式等。我国20多年来改革开放和现代化建设的经验,也被视为发展中国家的中国模式。在国内,广东模式、上海模式、深圳模式、温州模式,以及近年快速发展的江浙地区、山东等省市的经验,都成为这种比较分析选用的模式。人们在不发达地区与其相比较的研究中,找到不足和改进措施。由于不同发达国家或地区的出现,往往有着自己的特殊路径和战略,如教育立国、科技兴国、工业强国、改革开放、体制和环境创新,进口替代、出口导向、加工增值、技术跳跃等,沿着恰当的路径走向整个国家或地区的发达。因此,模式比较很大程度上又是路径(道路)比较。

3. 要素比较

一般认为,经济发展的第一要素是资本。但是,资本的本性是追逐利润。不发达地区的投资环境普遍较差,投资回报率低于发达地区,引资能力和机会也低于发达地区。没有投资或更多投资这个"第一要素",不发达地区能否摆脱落后、实现发展? 新的研究表明,要素有替代和转换的可能,如"资本—技术—人才—环境"等要素之间的替代和转换。如同一些学者所指出的:问题在于不发达地区的多种要素条件往往都比较差,坠入多要素恶性循环的"贫困陷阱"。许多不发达地区存在着 "经济环境较恶劣—生产能力低下—收入分配水平低—高生育率的人口膨胀(生活质量差)—购买能力低—市场销售低迷—生产能力低下—经济环境更趋恶化"的恶性循环。那么,能否打破恶性循环怪圈,走向良性发展之路? 从经济社会系统的构成看,自然资源、资本、劳动力、项目、科技、教育、制度、社会环境等要素,从哪里突破能够带动整个系统的协同嬗变? 不发达地区发展研究中的要素比较过程,从不发达地区与发达地区之间的要素比较,进一步走向不发达地区经济社会系统内部的要素比较,作出落后原因和加快发展、走向发达的要素判定与选择。

要素比较也是不发达地区系统变化中的主动性要素选择问题。不同要素的选择各有道理,关键要放到区域系统整体中来看,看其带动区域系统整体变化的能力和效果。因而,要素选择也是基于选定要素的现状,对其推动区域系统今后发展的作用进行预测和比较,即作出选定要素的功能预期。选定要素的功能发挥又需要相应的系统环境条件,必须对不发达地区的环境条件进行调整改造,以促成系统协同变化。比如,投资与投资环境、人力资本与教育发展、人才与干事创业环境等。从开放的多层次系统关系看,要素投入与区域系统环境条件的关系、本区域系统内生变化与外力推动的关系、本级区域系统与上一级系统的关系等,都对不发达地区发展的要素选择有着重大影响。

以上三种比较,对于我们认识不发达地区发展问题有着重要的方法意义,可以帮助我们借助已知的认知成果去探寻未知的事物。规律比较是借助已有的理论知识,模式比较是借助已知的实际经验,要素比较是借助对要素现状与功能的已有认识。从多种角度去研究不发达地区发展问题的目的在于获得新的认识,这是比较方法及其应用的真正价值。

我们借助比较方法,从已知到未知,深化对不发达地区发展问题的认识,并得出新的结果。这种认识过程,表现出理论(经验)与实际、已知与未知、认识方法与认识结果的关系,遵循并符合认识论的一般规律。对不发达地区发展中未知事物的新认识和新措施,既反映并遵循已知的经济发展的普遍规律,又是它的特殊表现,表现出不发达地区发展与众不同、与以往不同的特殊之处,具有重要的认识和实践意义。诚然,研究不发达地区发展问题有多种方法,不同角度有不同的划分,如经济学方法、地理学方法、系统科学方法、定性方法与定量方法等。某类或某种方法的应用会导致某种认识结果(有一定的局限),多种类不同方法的应用,将帮助我们获得更多的、综合的、准确的认识结果。因此,多种方法是互相补充的,我们的研究需要多种方法综合运用。比较方法,也需要不同比较的综合运用,以及进一步应用其他方法。不论应用怎样的方法,它们都是研究的工具和途径,不能代替对不发达地区及其发展问题本身的认识，不能代替经过深入的系统研究分析后才得到的新的认识结果。

三、不发达地区发展研究的文本成果及社会效用

不发达地区发展研究的成果，一般表现为课题报告式的文本。这种文本成果的形成，凝聚着艰辛的思想劳动。在形式结构上，它如同区域经济发展研究中常见的内容，如区情及要素分析、历史过程及阶段特点、经济总量及经济结构、产业分布及细分、区内经济布局及空间结构，发展目标、路径方针、政策措施等。其实质和特点在于，以不发达的差距和原因分析、改变不发达现状和加快发展的政策（对策）意见为内在线索，处处可见相关的比较研究意见，显示出对引导走出不发达困境、走向发达之路的特殊价值。这种文本成果，只要紧扣不发达地区现实，在揭示不发达成因、走向发达的路径和政策上，言之有理、立之有据，有所创新，具有解释力、说服力、引导力乃至可操作性，就是非常可贵的。

不发达地区发展研究的文本成果，更大的价值在于其社会效用，即它对不发达地区经济社会发展变化的积极影响和促进作用。这主要表现在：

一是对人们获得并形成新的认识有重要作用。它以新的理论认识，促使人们在不发达地区发展上解放思想，打破僵化意识形态禁锢；转变观念，摆脱传统陈旧观念束缚；开阔眼界和思路，走出狭隘胸襟和思维定式；正视区域劣势和弊端，认清区域优势和特长；传播舆论，形成社会共识氛围。

二是对不发达地区发展的社会实践有着引导作用。文本成果向社会实践的转化，主要通过影响不发达地区经济社会实践的决策人和行为人，转化为相应的决策、战略规划、政策措施，以及相应的实践

行动。这种转化如同"科学技术转化为现实生产力",一方面是文本成果持有人的努力,更重要的是另一方面,即有关"决策人和行为人"接受、采纳和付诸实施的努力。如果没有社会实践方面的努力,往往出现"说归说、做归做"各行其道的双轨现象。由于现实政府行政和决策体制方面存在的问题,地区性决策许多是"对上负责""表面形式负责"和"短暂的在任负责",影响到这种转化的努力程度和连续效果,也容易造成转化过程的断裂或者夭折。而在实现良性转化的地区,我们看到的是有理有力的决策和坚持不懈的实践。

　　三是不发达地区加快发展、走向发达的实践成就,包含着文本成果的思想劳动的贡献。这是不发达地区发展研究的理想实现,是科学的文本成果精神价值的现实物质体现。

参考文献:

　　[1]郝寿义:安虎林.区域经济学[M].北京:经济科学出版社,1999.

　　[2]高新才:区域经济与区域发展——对甘肃区域经济的实证研究[M].北京:人民出版社,2002.

　　[3]蔡昉等:制度、趋同与人文发展——区域发展和西部开发战略思考[M].北京:中国人民大学出版社,2002.

　　[4]张可云:区域经济政策——理论基础与欧盟国家实践[M].北京:中国轻工业出版社,2001.

　　（本文发表于《甘肃省经济管理干部学院学报》2004年第4期）

新的区域经济竞争发展及其对甘肃的启示

——高地、洼地、极地与园区经济

进入 21 世纪,我国区域经济竞争发展势头强劲。跨省区的珠三角、长三角等新区域经济,东部、中部和西部三大地区,东北、西北、西南和省区等传统经济区,不同意义的区域经济都突出了竞争发展和优势再造的新特点。这带来两类课题:一是在国家宏观调控的层面上,怎样按市场经济规律和科学发展观来综合研究各类区域经济的发展战略,重新整合不同经济区的关系乃至设置,加强对各区域经济发展的指导协调,既保护区域经济发展的积极性,又努力解决区域间发展差距过大和大体均衡协调发展的问题,普遍提高全国人民生活水平和增强综合国力。二是在各类区域经济的层面上,尤其是与行政区完全重合并相对独立运作的省区经济,怎样适应新形势,创造本区域经济加快发展的新优势。这里主要讨论后一个问题,认为创建经济"高地""洼地""极地"与"园区经济",是区域经济竞争发展需要积极探索的途径和形式,对甘肃经济发展有着重要启示。

一、区域经济地位提升与新的竞争发展

改革开放以来,特别是进入新世纪,区域经济的地位明显提升,作用大大增强。一方面我国市场取向的改革,逐步打破高度集中的计划经济和行政管理体制,实行开放政策和沿海重点发展战略,采取调动地方、企业和民间积极性的一系列措施,启动了区域经济新发展,

促成了区域经济竞争发展的新格局。另一方面是经济全球化的趋势，经济要素在全球范围内流动和配置，突破了原有的行政划界乃至国界，使政府干预的调控方式及其效用遇到挑战，进一步提升了区域经济在全球经济中的地位和作用，赋予区域经济竞争发展以新的意义。经济全球化，使区域经济在一个新的平台上被重新规定，要求我们对区域经济竞争发展作出新的认识和抉择。

区域经济地位的提升，对省区及其他区域经济都是机遇和挑战。在抓住机遇、迎接挑战、改革创新、加快发展的探索中，区域经济的存在形式被改造，发展路径被创新，最具代表性的就是珠三角、长三角等的崛起和扩张。珠三角、长三角等新区域经济的出现，既表明我国区域经济发展进入新阶段，正在融入世界经济，又表明新一轮区域经济竞争与合作发展的到来，给行政色彩浓厚的传统区域经济带来新的压力，尤其对省区为单位的区域经济压力最大。在这一背景下，重新认识省区和跨省区的区域经济发展问题，必须学习借鉴珠三角、长三角等新区域经济的经验，前瞻经济全球化中的区域经济发展新动向，探索区域经济竞争发展与优势再造的新途径新形式。

二、区域经济竞争发展的新形式：高地、洼地、极地与园区经济

新的区域经济竞争发展，依据现有实践，可以从四个方面理解：区域的人才和高新技术"高地"竞争；区域的经济环境综合比较成本"洼地"竞争；区域的特色优势经济"极地"竞争；区域优势经济要素的地域集中"园区经济"竞争。这四个方面，也是区域经济竞争发展的四种途径和形式，或者综合运用为多种形式。其中，"高地"是核心，"洼地"是条件，"极地"是特色，三者是对区域经济竞争发展的总体性要求，是区域经济竞争力的体现。"园区经济"则是区域优势经济要素在特定地域的组合，是集中培育并表现区域经济竞争力的基地摇篮和

窗口舞台。

1. 高地现象与效应。经济发展中的高地现象，是指人才和技术的领先性，表现为包含高新技术的装备和产品等"硬件"，包含高新知识的企业与科技的新体制新机制等"软件"，拥有研发创新能力和自主知识产权，均处于领先地位。自20世纪40年代世界第三次技术革命以来，后由信息技术引发的信息时代和知识经济的浪潮，极大地改变了社会生产方式，加快了经济发展速度，更新了社会的交往方式和思想理念。"科学技术是第一生产力"深入人心，尊重知识、尊重人才成为时代风尚。在经济领域，企业竞争是抢占高地的竞争，是包括制度创新的核心竞争力的竞争。拥有人才和高新技术，适应发展需要不断进行制度、管理和技术创新的企业，吸引着其他经济资源与要素的集聚，形成强大的创新能力和竞争发展优势，引导着市场消费和社会扩大再生产。创新型企业从人才和技术"高地"，到占据"经济高地"，具有强大的位能、势能和动能，获得领先的垄断性"差额和高额利润"，拥有再创造的良性循环发展优势，成为社会经济发展的发动机和领跑人。不断更新重组中的跨国公司，后来居上的科技创新型企业，是其代表。

从区域经济看，攀登"高地"首先和主要的表现在企业。抢占经济发展的"高地"，是以创新型企业为主体的行为。区域经济中，不论内生的还是外引的，创新型企业是区域经济发展的关键所在。创新型企业，以及由其领军的专业化分工的企业集群和结构合理的产业集群，是优势区域经济或经济区域的实力体现，是撑起区域经济体系的支柱和骨干，预示着区域经济的未来前景。一个经济区域，要想占据发展的"高地"，必须有一大批创新型企业。

2. 洼地现象与效应。区域经济中，原有企业转型成长为创新型企业，外部的创新型企业进来并得到发展，很大程度上取决于区域经济环境。创新型企业以及企业集群,它们按市场经济规律选择生长和发展,由此形成优势经济资源与要素相对集中的落脚地。这普遍是一个低成本、高效率的有吸引力的经济区域,即"经济洼地"。"经济洼地"的意义和要求是由硬环境和软环境所决定的,区域经济环境综合成本比较低甚至最低,办事效率高,服务优良,具有对各种经济要素的集聚效应。这也是区域经济的环境竞争力。

区域经济环境,分硬环境和软环境。区域经济环境综合比较成本,也可从这两个方面来分析。硬环境成本,可按生产力方面的经济要素来分析,如人工成本、土地成本、运输成本、原材料成本、水成本、电成本、气(汽)成本、技术成本、环保成本、信息成本等。软环境成本,可以从生产关系方面的制度成本(旧体制与新体制)、改革成本(转轨代价与历史包袱)、管理成本、狭义交易(办事)成本,以及法制和治安成本等来分析。软环境成本往往难以精确计算,但也能够大体计算和评价。企业一年的总支出中,扣除清晰的"硬"成本支出,剩下的大体是应对软环境的成本支出,即广义交易成本意义上的"软"成本。这些不同的经济成本,可计算可比较,可进行单项的、分类的、综合的多种比较。各类企业的成本综合统计起来,也可进行产业或行业成本的粗略比较分析,如农业成本、工业成本、商业成本、旅游业成本等。

通过区域经济环境综合比较成本分析,能够发现区域经济的问题所在,找到降低区域经济成本、提高竞争力、加快发展的对策措施;能够帮助企业找出问题和解决办法,选择更有利于自己发展的措施和落脚地;能够促使政府和企业共同营造好的区域经济发展环境,有着多方面的实践意义。创建区域经济环境综合成本比较低的"经济洼地",主要是政府的职责和行为。

3. 极地现象与效应。南极和北极,是地球上极有特色的地方。借用在区域经济中,一些区域难以形成高新技术领先优势的"高地",甚至难以创造经济环境综合成本更低的"洼地",可以凭借特色经济,创建独到的"经济极地"。经济极地的关键是,依托区域的特色地理、人文、资源和地产等,用市场经济思路加以开发发展,成为与现代经济有强烈反差或补充效应的特色优势经济。"经济极地"的独特性质,是其市场经济的"卖点"和开发价值所在,往往直接成为全国乃至全球经济的组成部分。如森林草原、雪域冰川、汪洋孤岛、大漠戈壁、火山温泉、名山大川、田园牧歌等自然特色;古代文明、历史典故、名胜古迹、民族民俗、传统民居等人文景观;北京烤鸭、天津包子、云南两叶(茶叶和烟叶)、东北三宝(人参、貂皮和鹿茸角)、甘肃三药(当归、党参和红黄芪)等特产;某种大储量矿藏的开发;市场经济下发展起来的洋芋经济、花卉经济、纽扣经济、打火机经济、会展经济、总部经济等,都可能发展为特色优势经济,并带动区域经济进一步发展,走向全国和世界。

应当强调的是,特色的地理、人文、资源和地产等,必须用市场经济思路和现代生产方式去开发,并且有一定的技术"高地"和环境"洼地"支撑,才能发展形成有优势的区域特色经济。

4. 园区现象与效应。"园区经济"是区域经济优势要素相对集中和加快发展的一个平台,是带动区域经济发展的增长极。它是在一个确定的有限地域空间范围内,先行打造良好的小环境,促使优势经济要素相对集中配置,以项目聚集、企业和产业集群的方式实现快速领先发展的特定地方。区域经济中的园区经济,可以是"高地""洼地"或"极地"在特定地域空间范围内的体现;也可以是"高地""洼地"和"极地"的不同组合;还可以是有限的要素、项目和企业的相对集中,以获得局部经济综合的相对优势和放大效应。园区经济通过探索新体制新机制,创造新环境,采取集群生产和集约经营方式,具有明显的体制优势、规模效益和示范带动效应,能够为区域经济整体的更快发展奠定基础、积累经验并培训力量。

区域经济发展选择"园区经济"形式，主要因为区域经济力量的有限性、空间发展的非均衡性、发展过程的阶段性，难以做到区域内发展的同时平面推开和整体全面进行。对于条件较好的经济区域，"园区经济"是一种锦上添花的选择，"高地""洼地"和"极地"的叠加效应会更快更有效地拉动区域经济发展。

东部沿海地区改革开放和快速发展的进程：1979年广东、福建两省开放，1980年建立深圳、珠海、汕头、厦门四个特区，1984年开放大连、天津、上海等十四个港口城市并兴办经济技术开发区，1985年在长三角、珠三角等地开辟沿海经济开放区，1988年进一步扩大沿海经济开放区，1990年上海浦东开发，1992年长江沿岸中心城市和内陆省会城市开放。在这个非常清晰的线索中，从开发区经济到城市经济以至省区经济，再到珠三角、长三角，以及讨论中的"泛珠三角"涉及香港、澳门等跨省区的新区域经济的出现。"园区经济"的"点"上突破，正在扩散为跨省区的大面积连片的新区域经济，城乡差别和工农差别开始随之淡化。这种实践，在国内是发达地区的成功经验，在世界上则是发展中国家摆脱落后、走向现代化的有效途径。

兴办"园区经济"，对于整体发展条件差、难以全面创造"高地"和"洼地"的经济区域，既是发挥后发优势和实行追赶战略的客观要求，也是点上突破、示范拉动、打开局面、跃上台阶的必然抉择。实行倾斜式协调发展战略，集中有限力量于几个点上，创建优势相对集中的"园区经济"，形成集中、集群、集成、集约的经济效应，以获得放大了的系统经济效益。"星星之火，可以燎原"，将对整个区域经济产生示范、带动、扩散和进一步放大的效应，促使本区域的经济发展逐步地跨上新台阶。如同任何经济现象都有其负面问题一样，多年来开发区热中出现的"散、滥、乱、假"等，不代表园区经济的主流和积极意义，需要另外讨论和解决。

三、借鉴新经验,探索甘肃区域经济发展的新途径

当前,各省区加快经济调整发展,新的区域经济方兴未艾,各类区域经济再造优势、竞相争锋。甘肃发展面临着差距拉大的压力和挑战,要进一步认识省情、理顺思路、选择路径。现阶段的甘肃经济发展,受省情条件和经济实力限制,难以实行整体同步发展,必须借鉴国内外成功经验,有选择地实行倾斜式重点协调发展战略。从本省实际出发,科学地选择产业重点、企业重点、地域重点,先集中主要力量加快"点"上的突破和发展,逐步积聚力量实现"线"上的带状发展,以至一个时期后实现"面"上整体均衡发展。实施途径和措施是努力攀登"高地",营造"洼地",建设"极地",重点办好"园区经济"。

1. 适应市场经济发展和经济全球化的新形势,紧密结合甘肃实际,努力攀登"高地"和营造"洼地"。

(1)努力攀登高新技术发展的"经济高地"。一是以大型优势企业、科技型企业和科技单位为重点,深入进行企业体制和科技体制以及分配制度的配套改革。采取大企业设立技术研发中心、科技单位兴办或整体转为企业、开发应用型科技单位交给企业、专利技术持有人与企业合资合作等方式,以及分配向有效益的技术要素和科技人员倾斜等措施,实现科技力量与资本力量的整合重组,培育和发展科技先导型创新企业。二是积极引进和采用国内外的先进技术、工艺与装备,高起点大规模地推进企业技术改造。三是加快开发和推广现代节水生态农业技术,发展"公司+农民合作组织+农户"等新的生产经营组织方式,实现传统农业的市场化、产业化、工业化和现代化,促进甘肃农业与工业的融合成长。四是大力发展九年义务教育和职业技术教育,加快发展适应工业强省和科技创新需要的大学专业并更新课

程,进一步以市场经济方式推进"产、学、研"结合,培养各类各层次的技术创新人才。五是加强高新技术发展和建立创新体系的研究与总体规划,整合全省的科技创新资源,明确目标与产业重点、项目重点,配套实行体制机制改革和政策资金扶持的措施。

(2)全力营造集聚经济要素的"经济洼地"。一是抓住中央支持西部大开发的政策机遇,进一步推进交通、通信、水利、电力、生态等基础设施建设,配套改革"投资、建设、管理、经营、收益"的体制机制,努力改善经济发展的硬环境,不断降低硬环境的比较成本。二是积极推进政府行政管理体制改革,创造依法行政的公共服务型政府,努力降低行政成本。继续深化行政审批制度改革,实行适应市场经济和社会公共服务需要的新制度新方式,提高行政效率;继续改革政府机构,理顺部门职能和责权关系,适时向社会和基层下放权力,健全省级工作协调机制,提高集中力量办大事和公共服务的能力;继续改革公务员制度和干部制度,强化责任和业绩激励,完善晋升和淘汰机制。三是大力推进法制建设,加强社会服务、市场中介组织和社会诚信体系建设,整顿并完善市场经济环境,努力降低社会服务成本。四是开展甘肃经济环境综合成本的比较研究,找出主要问题和原因,有针对性地提出解决办法,努力降低区域经济环境综合成本。

2. 积极创造甘肃比较优势,用市场经济方式发展特色经济,加快建设在国内外有影响的甘肃"经济极地"。

甘肃经济的比较优势,既是省区间的现状静态横向比较,更是一个市场经济过程中变化发展着的选择,需要不断地探索和思考。甘肃经济的现实优势,同时受制于相应的劣势。甘肃有土地、阳光、三个流域和九个水系,但是严重缺水;有地域广大的农业可再生资源和品种繁多的特产资源,但是缺乏市场化和产业化开发;有历史、地理、民族和民俗等人文自然景观,但是交通不便、旅游经济发展不快;黑色有色冶金、石油化工、煤炭和电力仍然担纲区域经济的主角,但是深加工及后续资源不足。劣势,存在着经过努力转化为优势的可能。如干旱可以作为发展节水生态农业和节水型社会的动力,农业资源开发和工业深加工不足可能带来更多的项目和投资。未来的甘肃经济,依托农副土特产和中(藏)药的加工业、依托少量原材料的精深加工业和制造业、依托某些高新技术的新材料新行业、依托本省特色的旅游经济等,可能会成为新的优势经济。要以市场经济和现代社会的观点,重新认识甘肃经济的比较优势问题,作出科学评价和抉择。

按科学发展观和市场经济规律来指导发展甘肃的特色经济,要坚持富民兴省的人本原则,进一步加强区域经济的发展战略研究、中长期规划、政策引导和公共服务;要从甘肃实际出发,具体确定发展特色经济的着重点,选择优势重点行业、重点企业、重点项目和重点产品进行突破。现阶段,应高度重视解决深加工问题。通过改革创新和战略调整,具体解决原材料工业和优势经济延伸拓展的问题,解决长期存在的农副土特产品产业化和深加工问题,解决新材料、中(藏)药加工业、旅游业等未来可能的优势经济的集聚发展问题。

3. 认真总结甘肃经济发展走过的道路和规律,学习借鉴后起国家和地区走向现代化的新经验,把"园区经济"作为项目建设和创新型企业发展的主要落脚点,带动全省经济发展上新台阶。

甘肃区域是历史形成的,地缘意义上的突出地位和作用是"通道",历史上的丝绸之路为典型代表。今天的甘肃,主要经济指标约占全国的1%,经济位次靠后,但其他方面十分重要,仍然是中央政府和广大内陆地区联结远西地区(新疆、西藏、青海、宁夏)乃至中亚以远的多重"通道"。基于"通道"作用并以行政需要为基础形成的甘肃区域,行政联接、外力推动、"点"上起步,是其发展过程的重要特点。

一是行政联系大于经济联系。甘肃区域内分五个类型区,即兰州、白银和定西的中心区,河西五市的西部走廊区,东南部的天水、陇南区,东北部的庆阳、平凉区,南部的甘南、临夏民族地区。五个类型区的差别很大,缺乏内在经济联系和经济同质性,统筹全省经济发展战略与中长期规划存在一定的困难,主要靠行政纽带强化省区经济的整体性。

二是经济社会发展需要较强的外力推动。由于多种原因,甘肃经济自发展能力较弱,发展进程较慢。但从国家整体需要考虑,中央政府周期性地加大支持力度,成为甘肃经济发展的重要推动力。近代以来,这种现象尤为明显。

三是区域经济发展仍然处于"点"状阶段。截至目前,甘肃经济发展尚未形成强有力的"带"和均衡态的"面",不论中央支持、本省发展还是两者合力,"点"上效果较明显。基本形成自发展能力的是兰州、嘉峪关、金昌、白银、天水等工业城市,但辐射带动力不大。"点"上的城市工业经济与"面"上的乡村农业经济,形成二元结构的断层和反差。全省经济由"点"状发展形成扩散和带动力,逐步走向"线"的带状发展,以至逐渐形成"面"的整体发展,还需要一个渐次实现的过程。

从经济落后状态向现代化起步,实行倾斜式发展战略和"园区经济"带动,是我国改革开放和现代化建设20多年来的一条重要经验。目前,国家指导区域经济发展转向大体均衡的协调战略,但是对于人多、面广、差距大、任务重的落后地区来说,"点"的起步和集聚还是十分必要的,是一个必经的发展阶段。从区域经济观点看,项目是要素的集合,企业是项目的主体,园区是项目和企业的主要落脚地。借鉴已有的成功经验,尤其是总结吸取甘肃自己兴办各类开发区的经验教训,要积极探索倾斜式协调发展战略,以项目、企业和"园区经济"的三位一体,拉动甘肃区域经济的工业化和现代化。

要加强科学指导:一是加强省上对园区经济的统一规划、政策指导、法律规范和具体扶持。必须制定统一的园区设立和管理办法,明确一个指导部门。现有的各类开发区必须调整、规范和提高。二是省上必须专门规定园区用地管理办法,不能乱占土地。选择交通便利的地方设立园区,严格划定园区地界,先期规划,逐步划地,滚动开发。三是园区经济必须以优势企业、实力科研单位为主体,以有竞争优势的项目为代表,突出经济特色。园区经济要符合全省中长期发展战略,对区域经济发展有导向和带动作用。四是园区必须有一个人员少、效率高、成本低的管理服务机构,按新体制新机制设立和运作,必须有一个基础设施和公用设施良好的"硬环境"。同时,统筹省内不同区域的发展,加快全省经济发展步伐。

在我国现代化和经济全球化的进程中,我们看到经济"高地"与"洼地"之间存在着巨大的利润空间和相互引力。"高地"与"洼地"互相吸引与结合,正在聚合成新的创造力,推动着新的区域经济和经济区域的形成与发展。创建"极地"是特殊条件下的主动选择,具有特定的吸引力和创造力。"园区经济"则应当是落后者的奋起,是有限条件下的起步选择,是对"高地""洼地"和"极地"集合效应的局部追求。今天,新的区域经济和经济区域的出现及竞争发展,以及由此带来新的区域分工和利益配置,是必然的。在这样的时刻,加快甘肃区域经济发展,必须加强对负载项目和企业的"园区经济"的创新突破,努力创建经济"高地""洼地"和"极地"。积极创造条件和努力进取,抢占先机,可能会赢得较有特点较为有利的位置。努力突破与客观条件限制的矛盾和弦,将创造新的区域经济发展史。

(本文发表于《兰州大学学报》2005年第4期;中国人民大学报刊复印资料中心2005年)

深入实施西部大开发战略
积极推进甘肃经济社会发展

今年(2010 年),是西部大开发战略实施十周年,也是承前启后、深入推进西部大开发的开局之年。在这个背景下,举行西部大开发十周年回顾与展望甘肃经贸论坛,回顾总结 10 年来取得的成就和经验,探讨深入实施西部大开发和甘肃发展问题,非常有意义。

一、西部大开发十年:甘肃发展最快最好的时期

10 年来,在国家西部大开发战略的支持下,甘肃抢抓机遇,以科学发展观统揽经济社会发展全局,深入实施工业强省战略,全省经济社会发展较快,正在进入加快发展的重要阶段。

——综合经济实力逐步增强。2000 年到 2009 年,甘肃地区生产总值由 1053 亿元增加到 3382 亿元,年均增长 10.9%,五年期平均增速由 9%到 10%、有望再到 11%及以上。全社会固定资产投资由 441 亿元增加到 2480 亿元,年均增长 21%。地方财政一般预算收入从 61 亿元增长到 287 亿元,年均增长 18.7%;城镇居民人均可支配收入由 4916 元提高到 11930 元,年均增长 10.4%;农村居民人均纯收入由 1429 元提高到 2980 元,年均增长 8.5%。全省农村贫困面由 74.8%下降到 20%左右。

——基础设施和生态建设进展明显。全省综合交通网络初步形成,公路通车里程由 2000 年的 3.93 万公里增加到 2009 年的 11.4 万公里,其中高速公路由 13 公里增加到 1645 公里;铁路营运里程由

1962 公里增加到 3093 公里;民航开通 5 个机场和国内外 40 多条航线。开工建设了全省人民盼望半个世纪的引洮工程等一大批水利基础设施,累计解决了 496 万人饮水困难。先后实施退耕还林、退牧还草、巩固退耕还林成果、黑河与石羊河流域综合治理、甘南黄河重要水源补给生态功能区等一批重要的生态工程,累计退耕还林 2685 万亩,退牧还草 6820 万亩,实现 6000 多万亩国有天然林全面禁伐和封山禁牧;连续九年完成黑河调水任务,下游居延海复现水面达 40.5 平方公里。

——农业发展和新农村建设不断加快。2009 年,全省粮食总产历史性地突破 900 万吨;特色优势作物种植面积达 2540 万亩,占农作物播种面积的近 50%;劳务输转 477.5 万人次,创收 365 亿元。初步形成粮油、草畜、瓜菜、果品等 4 个主导产业和马铃薯、中药材、啤酒原料制种等 12 个区域优势产业,马铃薯、中药材、苜蓿草、玉米制种、啤酒大麦等 5 个产业产品产量居全国第一,瓜菜、花卉、制种、啤酒花、食用百合、肉羔羊、酿酒葡萄等 10 个产业产品居全国前五位。实施了人畜饮水改造、沼气太阳能、乡村道路、农村中小学校舍、小康住宅等一大批基础设施项目建设,农村生产生活条件进一步改善。

——特色优势产业发展取得突破。河西新能源基地建设起步良好,全省并网风电装机由 2000 年的 1.2 万千瓦增加到 2009 年的 100 万千瓦,国内最大的敦煌 10 兆瓦光伏并网特许权项目启动建设。全省电力装机总容量、煤炭产量和原油产量分别达到 1883 万千瓦、3976 万吨、360 万吨,比 2000 年分别增加 1281 万千瓦、2343 万吨和 110 万吨。铜铝铅锌镍五种有色金属产量 172.6 万吨,为 2000 年的 2.65 倍。新材料、生物制药、装备制造、农畜产品加工业等战略性新兴产业和特色优势产业发展加快,物流、旅游、文化等现代服务业发展出现新亮点。

——社会发展水平明显提高。教育优先发展,全省"两基"人口覆盖率达到98%,高中阶段教育和职业教育加强,高等教育规模进一步扩大,青壮年文盲率下降至6.23%。公共卫生体系建设积极推进,城乡医疗保障体系逐步完善,新农合参合率95.54%。2009年底参加城镇基本养老、基本医疗、失业和工伤保险参保人数分别达到230.9万人、285.2万人、164.1万人和119.7万人。城市低保标准逐年提高,农村低保制度启动实施,已有83.46万城镇居民、293.2万农村居民受益。全省广播、电视人口综合覆盖率分别达到92.63%和92.91%。

——改革开放取得新进展。国有工业企业改制重组和产权多元化改革基本完成,粮食、农垦、流通和公路交通等领域国有非工业企业改革加快推进;农村综合配套改革不断深入,土地流转、集体林权制度、水利工程管理体制等涉农改革取得重要进展。一批知名大企业进入甘肃,利用外资规模及与东部地区的合作不断扩大,周边省区间的经济合作加强,进出口商品结构逐步优化,金川公司、酒钢等以资源利用为重点的境外投资初见成效。2000年至2009年,我省完成外贸进出口总值由5.7亿美元增加到38.2亿美元,年均增长23.5%。

西部大开发10年,是甘肃省经济社会发展最好最快、人民群众得到实惠最多的时期,各方面巨大变化前所未有。不实施西部大开发战略,要取得这样显著的成就是不可想象的。

二、甘肃发展差距拉大:深入实施西部大开发任务艰巨

西部大开发以来,甘肃经济社会发展取得了重大进展和显著成绩,但由于受自然环境、基础设施、产业结构、区位条件、思想观念和体制机制等多方面因素的影响,甘肃发展依然总体上处于全国后位,全省各族人民加快发展、进一步提高生活水平的愿望,与处于全国发展后位之间的矛盾更加突出;甘肃发展比西部其他省区遇到的困难和问题也更加突出。

甘肃与全国发展、与西部发展的平均水平，仍然存在很大差距。2009年，甘肃人均GDP为12872元，为全国、西部平均水平的51.2%和67.12%；城镇居民人均可支配收入11930元，为全国、西部平均水平的69.5%和85.8%；农民人均纯收入2980元，为全国、西部平均水平的57.83%和78.32%。相对差距和绝对值差距都有扩大的趋势。

同时，甘肃省自然条件严酷，生态环境脆弱；基础设施薄弱，瓶颈制约仍然严重；现代农业发展慢，工业创新能力弱，资源约束增强；省内城乡间和地区间发展差距扩大，社会事业相对落后，贫困问题突出；非公有制经济发展慢，体制机制不活，开放程度较低。这些突出矛盾和问题，是甘肃发展中的问题，也是需要在西部大开发中解决的问题，更是全国实现全面、协调、可持续发展必须解决的问题。下一个10年深入实施西部大开发战略，应当更加重视和着力解决好甘肃加快发展和跨越式发展的问题。对于甘肃来讲，纵向比较，发展在加快，成效明显；横向比较，差距在拉大，任务艰巨。深入实施西部大开发战略，努力缩小发展差距，实现又好又快发展，面临着严峻挑战，今后的任务非常艰巨。

三、贯彻实施《若干意见》：力争甘肃发展再上新台阶

当前，党中央、国务院《关于深入实施西部大开发战略的若干意见》即将出台，将掀起新一轮西部大开发的热潮。刚刚出台的《国务院办公厅关于进一步支持甘肃经济社会发展的若干意见》（简称《若干意见》），也是国家深入实施西部大开发战略的重要组成部分，为甘肃加快发展提供了新的推动力。同时，国家批准实施《甘肃省循环经济总体规划》，出台支持新疆、西藏和其他藏区跨越式发展的意见，都表明甘肃加快发展的有利条件在增多，机遇在扩大。我们要进一步增强

紧迫感、使命感和忧患意识,切实抓住各种机遇,继续发扬自力更生、艰苦奋斗的精神,把增强自我发展能力与争取国家支持、扩大对外开放紧密结合起来,努力使甘肃发展再上一个新台阶。

当前和今后一个时期,要全面贯彻落实《关于深入实施西部大开发战略的若干意见》和支持甘肃发展的《若干意见》,进一步解放思想、实事求是,坚持科学发展,转变发展方式,以富民强省为出发点和落脚点;实施好"五大重点发展战略",发挥比较优势,增强发展活力,努力实现又好又快发展和某些方面的跨越式发展。要进一步"强化基础、调整结构、转变方式、重点突破、加快发展",着重抓好并完成好继续加强综合交通等基础设施建设;加快兰白核心经济区建设和组团发展;打造河西和陇东两大能源基地;培育发展战略性新兴产业和改造提升传统产业;大力发展物流、旅游和文化等现代服务业;统筹城乡发展和建设社会主义新农村;实施集中连片扶贫攻坚和脱贫致富;加强生态建设和资源环境保护;强化人力资源开发和科技进步;改善民生和发展社会事业等重大任务。

（本文发表于《甘肃经贸》2010 年第 3 期）

认真学习贯彻《若干意见》
推动甘肃经济社会又好又快发展
——全省县(市、区)委书记培训班专题讲座

今年(2010年)5月2日,经国务院同意,国务院办公厅以国办发[2010]29号文下发《关于进一步支持甘肃经济社会发展的若干意见》(简称《若干意见》)。《若干意见》内容十分丰富,充分体现了党中央、国务院对甘肃发展的高度重视和关怀,体现了国家各部委对甘肃发展的特别关注和支持,体现了省委、省政府和全省人民对加快发展的迫切愿望与期盼,是指导我省经济社会发展的纲领性文件。

一、关于《若干意见》出台的背景(略)

二、关于指导思想、基本原则和发展目标

《若干意见》共十章、47条,包括引言、总体要求、九方面重大任务以及结语部分的实施要求,阐明了进一步扶持甘肃经济社会发展的重要意义、指导思想、基本原则、战略定位和重点发展战略、发展目标、重大任务及政策措施。

(一)《若干意见》在指导思想的表述上,其中明确提出"努力建设工业强省、文化大省和生态文明省,以新思路、新举措走出一条符合自身实际、具有甘肃特色的跨越式发展道路,推动经济社会又好又快发展"的导向要求(略)

(二)《若干意见》提出的"五个坚持"的基本原则(略)

(三)《若干意见》提出的发展目标(略)

三、关于五大重点发展战略

《若干意见》按照科学发展观,在全国发展格局中,从全国宏观层面审视甘肃发展的全局和中长期战略问题,集中各方面的智慧和真知灼见,明确指出甘肃发展的五大战略定位,进一步总结提炼出五大重点发展战略。

对甘肃发展的五大战略定位是:连接欧亚大陆桥的战略通道和沟通西南、西北的交通枢纽,西北乃至全国的重要生态安全屏障,全国重要的新能源基地、有色冶金新材料基地和特色农产品生产与加工基地,中华民族重要的文化资源宝库,促进各民族共同团结奋斗、共同繁荣发展的示范区。

五大重点发展战略,即实施"中心带动、两翼齐飞、组团发展、整体推进"的区域发展战略;以加强薄弱环节为重点的基础设施建设战略;以节水和治沙为重点的生态安全战略;以改善民生为重点的社会发展战略;以优势资源开发转化为重点的产业发展战略。这为甘肃今后一个时期的发展理清了思路,指明了发展战略取向和工作着力点,也是对多年来甘肃省情认识的进一步深化和提升,是省情认识在发展战略层面的创新和具体体现。

(一)深入理解五大重点发展战略

一是《若干意见》中对甘肃发展的战略定位,是理解五大重点发展战略的入门途径。通过在全国发展大格局中比较甘肃发展与全国发展的相互关系,明确甘肃发展的战略定位,为谋划五大重点发展战略提供了重要前提。

二是统观甘肃经济社会各方面构成的发展全局及中长期发展趋势,抓住重要领域和关键环节,作出符合未来发展趋向和目标要求的发展战略比较选择,成为确定五大重点发展战略的内在依据。

三是充分认识甘肃省情多样性及重大问题多样性,从多样省情到提出五大重点发展战略,形成多元复合战略(不是单一战略)。五大重点发展战略更符合省情多样性的实际,有利于多方面重大问题的综合解决,也有利于解决当前突出矛盾并促进长远发展。

四是积极发挥甘肃省比较优势与克服劣势及不足并举。五大重点发展战略中的区域发展战略和产业发展战略主要是如何发挥好比较优势,生态安全战略和社会发展战略主要是怎样克服劣势及不足,基础设施建设战略则是怎样变劣势及不足为优势,进而在战略总体上推进又好又快发展。

五是全面把握五大重点发展战略(也可以看作五大领域)的相互关系,要摆布好协调好各项战略,使其相互促进,形成整体战略,达到总体最优。《若干意见》中对五大重点发展战略的排序,以及相关重大任务的排序,逻辑上是一致的,也应加以注意和了解。从全国看甘肃和从甘肃看甘肃,应多视角多方位地动态观察、思考和把握甘肃发展及其发展战略。还应注意五大重点发展战略与其他战略的关系,多年来我省先后提出和实施了工业强省战略、科教兴省战略、人才强省战略、开放带动战略等,各项发展战略在不同条件下和不同角度上都有其特定意义,有的也互相交叉或包含。实施好五大重点发展战略,同时有针对性地坚持实施好其他战略。

(二)全面实施五大重点发展战略

在实施区域发展战略上,要推进兰(州)白(银)核心经济区率先发展,充分发挥省会中心城市和兰(州)白(银)核心经济区的辐射带动作用;打造陇东、河西两大能源基地,研究加强能源综合利用和外送电网建设,推动平(凉)庆(阳)、酒(泉)嘉(峪关)经济区加快发展;支持其他各具特色的区域功能组团和天水等区域中心城市发展,实现各区域协调发展。

在实施基础设施建设战略上,要争取"十二五"期间省域高速公路网基础网络初步形成,县县通二级以上公路,农村公路网基本建成,各市州实现铁路通达,规划建设兰州国际航空港和其他支线机场,合理发展水路交通和管道运输;继续抓好引洮供水一期二期、盐环定扬黄、引哈济党、引洮济合、靖远双永供水等水利工程和重要城市水源工程建设工作,解决农村饮水安全问题;进一步加快城镇基础设施建设。

在实施生态安全战略上,要建立健全水资源管理体制,全面推进节水型社会建设;加快推进甘南黄河重要水源补给区生态保护,祁连山冰川与水源涵养生态环境保护和综合治理,"两江一水"(白龙江、白水江、西汉水)流域生态建设与生物多样性保护;继续抓好石羊河流域综合治理,敦煌水资源合理利用与生态环境保护,黄土高原综合治理,三北防护林防沙治沙工程建设,构建甘肃省的"三屏四区"生态安全屏障(注:甘肃主体功能区规划研究中提出"三屏四区"生态安全屏障。"三大屏障"即以甘南黄河重要水源补给生态功能区为重点,构建黄河上游生态屏障;以祁连山冰川与水源涵养生态保护区为重点,构建河西内陆河流域生态屏障;以白龙江流域水土保持与生物多样性保护区为重点,构建长江上游生态屏障。"四大区域"即以敦煌生态环境和文化遗产保护区、石羊河下游生态保护治理区、黄土高原丘陵沟壑水土流失防治区、肃北北山荒漠化生态保护区为重点,加大生态建设和环境保护)。

在实施社会发展战略上,要统筹城乡发展和统筹经济社会发展,加大甘南、临夏和定西、陇南"两州两市"集中扶贫攻坚力度,创新扶贫方式;加快发展教育、医疗卫生、文化体育、就业和社会保障等各项社会事业,努力提高基本公共服务能力和水平。

在实施产业发展战略上，要紧紧抓住国家发展战略性新兴产业的机遇，结合我省资源和产业特点，积极培育发展新能源、新材料、生物医药等战略性新兴产业；继续坚持用高新技术和先进技术改造石化、冶金、有色等传统产业，加快发展壮大装备制造业、农产品加工业；积极发展金融业、物流业、旅游业、文化产业等现代服务业和传统服务业；建设产业基地，培育产业集群，发展循环经济，延伸产业链条，加强技术创新，办好开发园区，构建具有甘肃特点的现代产业体系。

四、关于加快经济社会发展的主要任务（略）

五、关于改革开放和有关支持政策

针对甘肃"体制机制不活、开放程度较低"的问题以及加快发展的需要，《若干意见》在第十章指出了深化体制改革和提高开放水平的任务。一是加快体制机制创新，大力推进国有企业改革，积极鼓励、支持和引导非公有制经济发展，加大对中小企业发展支持力度，积极推进投资体制改革，深化行政管理体制改革；二是深化水资源管理体制改革；三是完善土地和矿产资源政策；四是加大人才开发力度；五是积极扩大对内对外开放。特别是在改革开放意义上讲土地矿产资源和人才开发问题，值得高度重视和深思，要在这些重点领域和关键环节的改革开放上取得突破。

在支持政策方面，概括起来：（1）财税政策。中央财政要加大对甘肃省均衡性转移支付和专项转移支付力度。对符合条件的企业，按照税收规定享受税收优惠政策。加快实施生态补偿，加大对生态功能区转移支付力度。支持解决政策性关闭破产国有企业历史遗留的社会保障问题。（2）投资政策。加大中央预算内投资以及其他中央专项资金对甘肃的投入力度，统筹考虑甘肃交通等重大基础设施建设项目的中央投资补助。将部分符合条件的公益性项目国债转贷资金逐步转为拨款。中央安排的公益性建设项目,免除县(市)级和甘南、临夏州级配套资金。(3)金融政策。对农村金融机构执行较低的存款准备金率;对符合条件的金融机构,适当加大支农再贷款支持力度。(4)扶贫政策。加大中央扶贫资金投入力度,扩大扶贫小额信贷规模,稳步推进易地扶贫搬迁和生态移民。进一步加大定点扶贫、东西协作扶贫力度。在兰州设立农村劳动力转移就业培训基地。扶持保安、撒拉等人口较少民族及特困民族发展。(5)节水政策。建立水权分配体系和配水、用水定额管理制度,支持建立水权转换制度,规范水权交易办法,不断完善水价形成机制。(6)土地矿产政策。推进土地整治,鼓励对荒滩、戈壁等未利用土地开发利用。加快土地利用总体规划修编工作,合理确定兰州新区建设用地规模和布局。加大中央地质勘查基金、国土资源大调查资金对甘肃的投入力度。(7)人才政策。鼓励发达省(市)为甘肃培养培训各类专业技术人才。(8)开放政策。支持兰州高新技术开发区、经济技术开发区增容扩区,研究推进天水、金昌、酒嘉、张掖、白银等有条件的经济技术开发区和高新技术产业开发区升级为国家级开发区。支持兰州等城市作为加工贸易梯度转移重点承接地区,支持在甘肃符合条件的地区设立海关特殊监管区域等。

六、关于《若干意见》的贯彻实施(略)

（本文节选自《全省县(市、区)委书记培训班专题讲座及发言材料汇编》,2010 年 8 月）

黄河流域战略与甘肃的战略发展
——在第十五届全国技术预见学术研讨会上的发言

一、国家战略:黄河流域生态保护和高质量发展

(一)黄河流域生态保护和高质量发展是国家重大战略

2019 年 8 月,习近平总书记在甘肃考察并就黄河生态保护和甘肃工作发表重要讲话,9 月在郑州主持召开黄河流域生态保护和高质量发展座谈会时指出,黄河流域生态保护和高质量发展是重大国家战略。2020 年 1 月,习近平总书记在中央财经委第六次会议上指出,黄河流域必须下大力气进行大保护、大治理,走生态保护和高质量发展的路子。8 月,中共中央政治局会议审议《黄河流域生态保护和高质量发展规划纲要》。这是党的十八大以来,中央坚持以人民为中心的发展思想,坚持新发展理念,确立一系列重大战略部署的重要体现。

黄河流域生态保护和高质量发展,具有重大战略意义。生态保护必然要求高质量发展,高质量发展必须实行生态保护,两者内在一致性、相互贯穿和支撑。在国家《黄河流域生态保护和高质量发展规划纲要》即将出台之际,要从黄河流域国家战略和全国大局的高度,对甘肃的战略发展进行再研究再谋划。

(二)发挥甘肃在国家多重战略布局中的作用(略)

二、生态保护:甘肃要建设国家生态安全屏障

黄河现状(略)。

甘肃处于黄河流域上游地区,黄河干流甘肃段 900 多公里,约占全流域长度的 1/6、约占流域上游长度的 1/4,具有十分重要的生态安全屏障地位。习近平总书记 2019 年 8 月在甘肃考察时明确要求:"甘肃要负起责任,抓好黄河上游水土保持和污染防治工作,突出黄河上游水源涵养区和陇中陇东黄土高原水土治理两大重点,坚决防止生态恶化,为黄河生态治理保护做出应有贡献。"这为甘肃的黄河生态保护工作指明了方向和重点,也表明甘肃在黄河生态保护上的多样复杂任务和艰巨性。

(一)甘肃境内黄河流域的多样生态地位和作用

目前,甘肃全省纳入黄河流域规划范围。甘肃地域是我国三大高原(青藏高原、黄土高原和内蒙古高原)、三大流域(黄河、长江和内陆河流域)、三大气候带(亚热带季风气候、温带季风和大陆性干旱气候、高寒高原山地气候)等的衔接过渡区域。黄河在甘肃境内流过两大台阶,黄河干流在甘肃境内两进两出,还有湟水、大夏河、大通河、洮河、渭河、泾河等众多支流。

1. 黄河干流上游甘肃段是重要的水源涵养和补给区。一般认为,兰州以上河段涵养并补给贡献了黄河 60% 多的水量, 其中甘肃段甘南、临夏、兰州、白银四州市,年均自产地表水 100 多亿方,约占黄河水量的 30%;甘南水源涵养区年均补水 60 多亿方,有玛曲(藏语即黄河)天下黄河第一湾的湿地和草原,还有湟水、洮河、大夏河等重要支流,是黄河上游重要的水源涵养和补给区,主要源于降水即"黄河之水天上来"。

2. 洮河、渭河、泾河等黄河重要支流的源头和流经区。包括属于西北黄土高原的定西、平凉、庆阳及西秦岭地区的天水等四市，主要是黄河支流水源涵养、丘陵沟壑区的水土保持和水土流失防治。

3. 祁连山北麓与内陆河流域。发源于祁连山的石羊河、黑河、疏勒河及哈尔腾河主要是自南向北向西流动，滋润着号称"千里河西走廊"（多民族历史文化长廊）的绿洲、湿地和戈壁，包括甘肃河西的武威、金昌、张掖、酒泉、嘉峪关等五市（国土总面积约 27 万平方公里、人口约 500 万），延伸至内蒙古西部和新疆东部地区的生态系统，消失于腾格里、巴丹吉林及库木塔格三大沙漠。源自河西祁连山的大通河、金强河—庄浪河等自西向东，在兰州河口地区汇入黄河，又是黄河上游的重要支流。

4. 长江流域上游地区的陇南市及甘南州部分县。处于西汉水、白龙江、白水江、嘉陵江流域的部分县区，既是长江支流上游水源涵养和补给区，也是秦巴生物多样性生态功能区，还是地震和地质灾害多发区，有着特殊的生态地位和意义。定西岷县境内有黄河支流与长江支流的上游水系，属于黄河与长江上游的交叉性区域，表现出流域生态地区的关联性和复杂性。

5. 祁连山的张掖市界内中农发山丹马场。一直是国家军马场，区划自为一体。2001 年移交中国牧工商（集团）总公司，现为中农发总公司管理（总面积 329.54 万亩，约 2200 平方公里，其中草原 185 万亩、林地 40.3 万亩、耕地和其他用地 64.5 万亩）。应当纳入国家和甘肃省"黄河流域生态保护和高质量发展"的统一规划。

综合地看，甘肃是我国西部重要的生态安全屏障，显著特点是多流域和多样自然环境及其生态功能的综合安全屏障（除海洋外）。这形成了多样的自然景观，养育了多样的人文历史，拥有今天关注的文化旅游价值，也带来了多样复杂的生态问题，要求采取多样生态保护措施与综合治理。

(二)甘肃生态保护的多样任务与综合措施

主要任务有五项:(1)水安全是根本任务;(2)水源涵养;(3)流域范围的土壤和地质灾害防治;(4)流域范围内的气象灾害预防;(5)解决人为的环境污染和生态破坏等问题,搞好环境保护。(略)

1. 甘肃的重点生态功能区;(略)

2. 实施生态保护的生态工程支撑;(略)

3. 生态保护与发展结合的继续探索。(略)

(三)建立健全生态保护的体制机制

健全生态保护制度,需要深化相关改革,形成完善的体制机制。生态保护、修复和补偿的机制,纵向、横向补偿和市场化补偿等。生态相关的水利、节水用水、林业、自然资源管理等方面的体制机制、法律法规和政策措施等。

抓住国家实施黄河流域规划的机遇,甘肃要进一步从战略高度上全面推进生态文明建设,总体规划、分步推进、配套实施,以绿色生态的理念和标准,引领产业转型创新提升和经济社会协调发展,继续解决好生态与环境问题,切实建设好国家生态安全屏障。

三、高质量发展:甘肃要建设国家战略安全屏障

黄河流域的生态保护与高质量发展, 是国家统一战略部署的两个基本方面。按照国家部署,经济发展由高增长转向高质量,要突出发展思路、发展指标、发展模式、发展动力的转换,包括数量速度型增长转向质量效益效率型发展, 外延式规模扩张增长转向内涵型结构升级发展, 出口导向型增长转向扩大内需为主和内循环为主的双循环发展,投资等要素拉动转向科技创新驱动发展,消费需求进档升级实现多样发展等一系列重大转变。这是高质量发展的基本要求。

高质量发展,涉及更大的发展背景、发展框架和发展战略思考,需要全面长远的谋划。依据国家应对当前世界变局和对未来发展的多方面决策部署,在高质量发展的总体导向和统筹实施中,应当纳入"安全发展"和"双循环发展",在更高层面和更大范围推进实现高质量发展。

(一)高质量发展与国家安全发展

我国"十四五"规划纲要提出,统筹发展和安全,建设更高水平的平安中国。针对国际形势变化,高质量发展必须考虑国家发展的战略安全问题。我国作为一个大陆型国家,甘肃深处祖国内陆,其区位特点、区域资源要素禀赋、地位作用和发展潜力以及历史经验表明:甘肃是国家的战略安全屏障。

全面长远地认识甘肃作为"国家战略安全屏障"的多重地位作用,在新时代新阶段,首先是以水资源保护为重点的生态安全屏障,必须坚持"生态优先、绿色发展",将生态与环境建设纳入全省发展的总体部署和积极实践。在国家战略安全屏障上,甘肃还有多重安全屏障意义,包括国土安全、粮食安全、能源和重要矿产资源安全、基础产业安全和统一大市场建设、"一带一路"和西向开放战略通道安全等(略)。

建设好国家的战略安全屏障,是对甘肃高质量发展的特殊要求,也是甘肃高质量发展的现实机遇。

(二)高质量发展与内循环为主的"双循环"发展

世界大变局背景下,中央提出"构建内循环为主的双循环相互促进的新发展格局"。我们要把"双循环"与"高质量发展"结合起来,作为建设甘肃国家战略安全屏障的重要举措统一谋划。推进以生态安全屏障为前导,资源和产业互补为主要内容的东西南北大循环、大合作、大发展,进行新的探索。

（1）在南水北调、北煤南运、西（油）气东输、西电东送等基础上，积极探索"东人（才）西用""东技（术）西用""东智（慧）西用"，合办职业教育、高等院校、研发机构、远程技术服务等，深入实施"东数西算"的构想等。

（2）充分发挥甘肃及西北的国土空间、资源和产业等优势，扬长补短，与其他地区探索合作建立种养基地，扩大"西菜（蔬菜、药材、果品、牛羊肉）东卖"，发展仓储物流和冷链物流业。利用东部地区的经济优势及产业调整机遇，加大承接产业转移力度，共办开发区和产业转移示范区，设立加工、组装和中转工厂（车间），合办甘肃特色资源加工企业（药业、农副产品种养加）等。

（3）加强以兰州—西宁—银川城市群为主的黄河上游区域合作发展，带动和推进甘宁青为主体的西北地区高质量合作和共同发展。

四、创新举措：强化"战略安全屏障"的科技与文化支撑

《黄河流域生态保护和高质量发展规划纲要》，包含许多新内容新举措，加强科技与文化的支撑力是新亮点。结合甘肃实际，在高质量发展的新阶段，建设国家生态安全屏障和国家战略安全屏障，要提升科技创新支撑能力，保护传承和弘扬发展黄河文化。

（一）加强科技创新的支撑力

黄河流域生态保护，解决水源涵养、水土流失、环境污染及水患水害等根本性问题，解决当地的生产生活、适宜产业和高质量发展问题，都需要科技创新的支持。长期以来，黄河流域甘肃段也面临着生态和产业方面的很多难点问题。（1）生态方面：如草原鼠害和沙化；草场禁牧后的多因素退化；草种和草场改良；草场资源及养殖的信息化；黄河灌区的盐渍化等。（2）产业方面：如当地农业"牛羊菜果薯药"六大特色产业，养殖种植、中药材加工到萃取提纯和制剂制药，如何走向产业化现代化；马铃薯育种的品系发展，加工薯的高端化发展和广泛应用等。传统农业牧业生产方式转变提升的途径和方式，农业牧业现代化的标志性工程项目建设。(3)黄河(分段)通航问题的继续探索。

这些问题以及更大范围的甘肃工业的信息化智能化、壮大生产性服务业、发展数字经济等，都需要用科技办法和科技创新来解决。必须以开放的态度、新机制的思路和办法，探索解决生态保护和高质量发展的科技支撑问题。要充分发挥甘肃科技力量的作用，积极利用好全国甚至是世界的科技力量。这是甘肃高质量发展和建设国家战略安全屏障中的重要任务。

(二)弘扬传承和创新发展黄河文化

甘肃是中华文明的重要发源地和传承发展之地。(略)

不同历史时期在甘肃大地形成的敦煌文化、五凉文化、河湟—藏羌文化、陇右文化、关陇文化、地方多民族文化，工农红军长征、西路军和陕甘边革命根据地红色文化等，都是黄河文化的不同时代表现。

中华人民共和国成立以来的共和国文化，是黄河文化的重要部分和优秀代表。"一五"至"三线"建设时期形成的工业基地和国防基地的工业文化，如我国石油工业先驱的玉门石油和铁人精神、我国石化工业摇篮"两兰"、核工业基地摇篮的企业、镍都金川、铜城白银、西北钢城酒钢公司等的企业精神，我国第一个航天基地酒泉基地的航天精神，一批"农垦企业""三线企业"的创业精神等；甘肃引洮工程和中国梯田第一县的庄浪精神，新时期治沙英雄石述柱、八步沙林场六老汉精神，以及"人一之、我十之"的甘肃精神等，都属于现代和当代的广义"黄河文化"。武威"铜奔马"是现代中国旅游的标志，酒嘉地区魏晋墓砖中的邮差形象是中国邮政的"形象大使"。黄河母亲、大地之子等雕塑，可作为"黄河文化"的文化形象新标识。

甘肃黄河文化是中华文化和中华文明的重要组成部分，是厚重的特色底蕴和长久的软实力。其传承弘扬和创新发展，也是新阶段高质量发展的一项重要任务和重要支撑。

（三）推进黄河文化与旅游业的大融合大发展

黄河流域的特色景观资源和多种文化历史资源非常丰富，如具有黄河之魂的农业文化、工业文化、健康文化、民俗文化以及当代人的信息文化等，需要深入谋划开展黄河文化的各类专题研究宣传和开发利用。要以文化之魂及其元素符号注入旅游资源，讲好黄河故事和甘肃故事。树立大文化观，以现代信息技术开发构造黄河文化旅游资源，加强黄河文化与当代旅游的开放合作，推进现代大旅游业高质量发展。

总之，甘肃在全国处于重要的战略区位地位，有着可持续开发的深厚发展潜力，也具有不断创新发展的光明前景。在新时代新阶段，要坚持高质量发展，努力建设好国家的生态安全屏障和战略安全屏障，为实现中国式现代化作出甘肃贡献。

（本文节选自第十五届全国技术预见学术研讨会的发言，2020年9月18日）

迈入新阶段　贯彻新理念
推进甘肃西部大开发形成新格局

西部大开发是我国的国家区域发展战略。立足新时代，迈入新阶段，贯彻新理念，甘肃要深入推进西部大开发形成新格局。

一、西部大开发 20 年的背景、过程与重点

实施西部大开发战略，是在我国改革开放和现代化建设大背景下的一场伟大的经济社会发展实践，是基于实践探索不断深化和提高认识的过程。结合国家陆续出台的一系列文件，我们来学习讨论。

（一）第一个十年（2000—2010 年）：实施西部大开发战略

【时代背景】（略）

【西部大开发战略决策】1999 年党的十五届四中全会提出：国家要实施西部大开发战略；2000 年，党的十五届五中全会通过《中共中央关于制定国民经济和社会发展第十个五年计划的建议》提出：把实施西部大开发、促进地区协调发展作为一项长远的战略部署。党的十六大（2002 年）、十七大（2007 年）和十八大（2012 年）进一步作出明确论述。国家进一步提出东北振兴（2003 年）、中部崛起（2005 年）等区域发展战略，继续实行"沿海率先发展"，共同构成我国的主要区域发展战略。

【重点任务】2000 年《国务院关于实施西部大开发若干政策的通知》，明确当前和今后一段时期的重点任务：加快基础设施建设；加强生态环境保护和建设；巩固农业基础地位，调整工业结构，发展特

色旅游业;发展科技教育和文化卫生事业。力争用 5 到 10 年时间,使西部地区基础设施和生态环境建设取得突破性进展,西部开发有一个良好开局。

要依托亚欧大陆桥、长江水道、西南出海通道等交通干线,发挥中心城市作用,以线串点,以点带面,逐步形成我国西部有特色的西陇海兰新线、长江上游、南(宁)贵(阳)昆(明)等跨行政区域的经济带,带动其他地区发展,有步骤、有重点地推进西部大开发。

2004 年《国务院关于进一步推进西部大开发的若干意见》,提出九方面的重点任务。(略)

(二)第二个十年(2011—2020 年):深入实施西部大开发战略

【前进基础】(略)

【新的意义】2010 年《若干意见》强调西部大开发具有优先地位、基础地位、特殊地位。深入实施西部大开发战略,是应对国际金融危机冲击,保持我国经济平稳较快发展的重要举措;是有效扩大国内需求,拓展我国发展空间的客观需要;是构建国家生态安全屏障,实现可持续发展的重大任务;是不断改善民生,增进民族团结和维护社会稳定的重要保障;是缩小地区发展差距,实现全面建设小康社会奋斗目标的必然要求。事关各族群众福祉,事关我国改革开放和社会主义现代化建设全局,事关国家长治久安,事关中华民族伟大复兴,不仅具有重大的现实意义,而且具有深远的历史意义。

【重点任务】2010 年,中共中央《关于深入实施西部大开发的指导意见》提出:进一步解放思想、开拓创新,进一步加大投入、强化支持,以增强自我发展能力为主线,以改善民生为核心,以科技进步和人才开发为支撑,突出基础设施建设、生态建设和环境保护、结构调整和自主创新、社会事业发展、优化区域布局、体制机制创新等"六个更加注重"。

第二个十年继续安排九方面重点任务,比上个十年有所调整充

实。（略）

（三）20年西部大开发的主要政策和举措

2000年《国务院关于实施西部大开发若干政策措施的通知》中，提出增加资金投入、改善投资环境、扩大对外对内开放、吸引人才和发展科技教育的四方面政策，成立国务院西部开发领导小组并设立办公室。2004年《国务院关于进一步推进西部大开发的若干意见》提出，加强西部大开发的法制建设和组织领导。

2010年，中共中央《关于深入实施西部大开发的指导意见》强调：完善政策措施，进一步加大政策支持力度和组织实施保障措施，配套实施财政、税收、投资、金融、产业、土地、价格、生态补偿、人才、帮扶等政策措施。

二、新阶段：2021年以来推进西部大开发形成新格局

（一）新阶段的新理念和新特点

党的十八大以来，中央提出并坚持创新、协调、绿色、开放、共享的新发展理念。西部地区经济社会发展取得重大历史性成就，为决胜全面建成小康社会奠定了比较坚实的基础，也扩展了国家发展的战略回旋空间。近年来，新一轮技术革命和产业变革步伐加快，新冠疫情大流行及其对全球经济的冲击、世界经济不确定性增加等，共同成为新阶段西部大开发的重要背景。

2020年中共中央《关于新时代推进西部大开发形成新格局的指导意见》、2021年3月我国"十四五"发展和2035年远景目标《纲要》，明确部署深入实施区域协调发展战略，包括西部大开发、东北振兴、中部崛起、东部加快现代化以及革命老区等特色类型地区发展。

（二）新阶段的重点任务

2020年，中共中央《关于新时代推进西部大开发形成新格局的指导意见》提出总体要求：第一层次是全国统一部署和要求，包括思想指导、"五位一体"总体布局、"四个全面"战略布局，总体国家安全观、工作总基调、新发展理念、高质量发展、以供给侧结构性改革为主线等；第二层次是对西部地区提出要求，主要有强化举措抓重点、补短板、强弱项，形成大保护、大开放、高质量发展的新格局，推动经济发展质量变革、效率变革、动力变革，促进西部地区经济发展与人口、资源、环境相协调，实现更高质量、更有效率、更加公平、更可持续发展。

关于今后 5 年到 15 年的重点任务，有五方面 28 条。

（1）贯彻新发展理念，推动高质量发展。打好精准脱贫、污染防治、风险防控三大攻坚战；不断提升创新发展能力；推动形成现代化产业体系；优化能源供需结构；大力促进城乡融合发展；强化基础设施规划建设；切实维护国家安全和社会稳定。

（2）以共建"一带一路"为引领，加大西部开放力度。

（3）加大美丽西部建设力度，筑牢国家生态安全屏障。

（4）深化重点领域改革，坚定不移推动重大改革举措落实。在西部地区主要有：深化要素市场化配置改革；积极推进科技体制改革。

（5）坚持以人民为中心，把增强人民群众获得感、幸福感、安全感放到突出位置。

新阶段的任务安排与前 20 年比较，有着新特点。国家"十四五"《规划纲要》，对推进西部大开发，进一步强调六点：（1）强化举措，提高政策精准性和有效性；（2）实施一批重大生态工程；（3）融入"一带一路"建设；（4）加大基础设施投入、支持发展特色优势产业、巩固脱贫攻坚成果、补齐民生短板；（5）推进成渝双城经济圈和提升关中平原城市群建设；支持新疆、西藏建设重要通道；（6）促进 400 毫米降水线（大兴安岭西坡—张家口—兰州—拉萨—喜马拉雅山脉东部，半湿润区与半干旱区、森林植被与草原植被、种植业与畜牧业的分界线）西侧区域保护发展。我们甘肃要依据这样的重点摆布，进一步考虑新阶段上西部大开发的甘肃重点工作。

（三）新阶段的政策支持和组织保障

中共中央《关于新时代推进西部大开发形成新格局的指导意见》提出的主要政策措施：(1)分类考核。参照高质量发展综合评价指标和分领域评价指标，根据西部地区不同地域特点，设置各有侧重、各具特色的考核内容和指标，实施差异化考核。(2)财税支持。(3)金融支持。(4)产业政策。(5)用地政策。(6)人才政策。(7)帮扶政策。(8)组织保障。加强党对西部大开发工作的领导，强化各级党组织在推进西部大开发形成新格局进程中的领导作用。

三、甘肃西部大开发的重要进展和举措

（一）甘肃实施西部大开发的进程与成效

【进程与举措】2000 年 10 月，中共甘肃省委提出《甘肃省实施西部大开发的基本思路》，省计委编制《西部大开发甘肃省发展规划》。

2002 年，省委、省政府提出甘肃省西部大开发思路：走出"一条路子"即发挥比较优势、发展特色经济；突出"一个重点"即以西陇海兰新线甘肃段为主轴的生产力布局，以线串点、以点带面，逐步推进全省经济开发与发展；实施"三个战略"即科教兴省、开放带动、可持续发展；强化"六个意识"即机遇意识、市场意识、开放意识、改革意识、科学意识和人才意识。2003 年，印发《甘肃省实施西部大开发若干政策措施》。甘肃省委、省政府 2012 年发出《贯彻落实中共中央国务院关于深入实施西部大开发战略若干意见的意见》，2020 年发出《贯彻落实中央关于新时代推进西部大开发形成新格局决策部署的

实施意见》(包括七部分30条)。至2020年的20年间,依据国家和全省"十五"到"十三五"的四个五年《规划纲要》及西部大开发《意见》,甘肃省先后制订实施各五年规划期的西部大开发规划(或指导意见)。

2013年2月,党的十八大后习近平总书记第一次到西部考察,在甘肃就甘肃发展作出重要指示,要求:尽快建设经济发展、山川秀美、民族团结、社会和谐的幸福美好新甘肃,努力到2020年同全国一道全面建成小康社会,并提出"八个着力"的具体要求,即着力转变经济发展方式、着力推动科技进步和创新、着力发展现代农业、着力推进扶贫开发、着力加强生态环境保护、着力保障和改善民生、着力加强社会管理、着力改进干部作风。这成为甘肃省委、省政府推进新阶段甘肃发展的大思路和总要求。

【主要成效】甘肃省以实施西部大开发统领全省经济社会发展大局和工作全局。20年来,全省突出基础设施和生态建设,加快推进特色优势产业和重点区域(兰白、酒嘉、金武经济区和国家规划的关中—天水经济区、陕甘宁革命老区等)发展,建设了兰渝铁路、引洮工程、退耕还林、石羊河与黑河综合治理等为代表的一批重大工程项目;成功应对2008年汶川地震和2010年舟曲泥石流等重大自然灾害并完成灾后重建任务;按中央部署决战决胜并完成脱贫攻坚战任务。在国家支持下,实施了国务院批复的我国首座甘肃(酒泉)千万千瓦级风电基地建设(2009)、第一个地区性的《甘肃省循环经济总体规划》(2009)、出台支持甘肃发展意见 (2010)、批复兰州新区建设(2012);国家发改委批准《甘肃兰白承接产业转移示范区实施方案》(2013)、《甘肃省加快转型发展 建设国家生态安全屏障综合试验区总体方案》(2014),文化部等批准《甘肃省建设华夏文明传承创新区总体方案》(2014),科技部批准兰白科技创新改革试验区(2014);党中央、国务院批准《丝绸之路(敦煌)国际文化博览会总体方案》(2016),国务院批准甘肃建设兰白国家自主创新示范区(2018),甘肃省实施国家《西部陆海新通道总体规划》的意见(2020)等重要举措。

【西部大开发20年甘肃省经济社会主要指标情况】

地区生产总值:2000年1052.88亿元,2005年1933.98亿元(2001—2005年年均增长10.74%);2010年4120.75亿元(2006—2010年年均增长11.2%);2015年6790亿元(2011—2015年年均增长10.5%);2020年9016.7亿元(2016—2020年年均增长5.5%)。

人均生产总值:2000年4129元,2005年7477元,2010年16113元;2015年26165元;2020年3.58万元。

全社会固定资产投资:2000年441.35亿元,2005年874.53亿元(2001—2005年年均增长14.66%);,2010年3378.1亿元(2006—2010年年均增长31.03%);2015年8626亿元(2011—2015年年均增长23.7%);2020年预计比上年增长7.8%。

社会消费品零售总额:2000年379.61亿元,2005年638.08亿元(2001—2005年年均增长10.95%);2010年1394.5亿元(2006—2010年年均增长16.93%);2015年2907亿元(2011—2015年年均增长15.2%);2020年3632.4亿元。

进出口贸易总额(亿美元):2000年5.7亿元,2005年26.12亿元(2001—205年年均增长35.81%);2010年73.7亿美元(2006—2010年年均增长22.87%),2015年81亿美元(2011—2015年年均增长2%);2020年372.8亿元。

城镇化率(%):2000年24.01%,2005年30.02%;2010年36.1%,2015年43.19%;2020年常住人口城镇化率为50%。

城镇居民人均可支配收入:2000年4926.25元,2005年8086.82元

（五年年均增长 19.47%）；2010 年 13188.55 元（五年年均增长 10.28%）；2015 年 23767 元（五年年均增长 11.5%）；2020 年 33821.8 元。

农村居民人均纯收入：2000 年 1428.7 元，2005 年 1980 元（五年年均增长 6.74%）；2010 年 3424.7 元（五年年均增长 11.58%）；2015 年 6936 元（五年年均增长 13.1%）；2020 年 10344.3 元。

粮食产量：2000 年 713.48 万吨，2005 年 836.89 万吨（五年年均增长 3.24%）；2010 年 958.3 万吨（五年年均增长 2.75%）；2015 年 1171 万吨（五年年均增长 0.86%）；2020 年 1202.2 万吨。

耕地保有量：2000 年 5150 万亩，2005 年 5132 万亩，2010 年 6989 万亩，2015 年 6979 万亩，2020 年不少于 7477 万亩。

2020 年甘肃经济恢复性增长，比上年增长 3.9%，增幅全国第四位。全省 75 个贫困县全部摘帽。7262 个贫困村全部退出，现行标准下农村贫困人口全部脱贫。（以上数据根据有关资料整理，供参考）

（二）继续推进西部大开发的甘肃新探索

中共甘肃省委关于"十四五"《建议》和全省《规划纲要》，进一步作出部署安排。《建议》指出：我省新阶段面临的主要任务是补短板、锻长板、固底板，夯基础、育产业、扩增量，进一步提升发展质量效益和综合实力；坚持产业兴省、工业强省，围绕强龙头、补链条、聚集群，推动质量变革、效率变革、动力变革，打好产业基础高级化、产业链现代化攻坚战，提高经济质量效益和综合竞争力。

总的看，"十四五"和今后一个时期，国内外形势和时局变化大，各方面任务头绪多且要求高，在甘肃"一个都不能少"。必须学习运用统筹兼顾的系统方法，总体把握、突出重点、脚踏实地、苦干实干、务求实效，努力谱写建设社会主义现代化国家的甘肃新篇章。

（三）推进形成新格局的几点认识

1. 西部大开发的战略性长期性与"甘肃精神"。甘肃具有重要战略地位,省情的多样性、复杂性和发展的过程性,必须树立长期奋斗、锲而不舍的观念。"人一之、我十之,人十之、我百之"的"甘肃精神",也是甘肃发展的一条重要规律。应加深理解,自觉实践。

2. 甘肃的战略地位、战略谋划与重点选择。西部大开发20年,探索突破,各有特点。甘肃应立足多重战略定位和长远多战略判断(多元复合战略),加强总体谋划。抢抓机遇,对接国家战略和局势变化,突出重点战略选择应对,加大实施力度。"天时地利人和",应集中精力、重点突破、协同推进、坚持不懈。

3. 甘肃的重点区域和城市群发展与全省发展。国家《规划纲要》提出:深入实施区域重大战略、区域协调发展战略、主体功能区战略,健全区域协调发展体制机制。在甘肃,重点经济区(包括重点开发区)和城市群作为区域增长极,首先要加快成长,又要不断增强对全省的带动力,把省内差别化发展与协调发展结合好。

4. 新阶段西部大开发与省区特色优势创新发展。国家对新阶段全国发展和西部大开发提出新要求,全国两会《政府工作报告》提出"碳达峰、碳中和"(2021—2030年前)等新任务。这些大事,给甘肃发展带来机遇和挑战,要结合省情特点和特色优势,一项一项地深入研究实施。全面统筹谋划,突出重点,创新突破,带动全局,力求取得实效。甘肃工作的复杂性,也增加了某种难度,却必须争取做好和有所创新。

5. 甘肃发展的多要素制约与配套解决完善。甘肃发展的关键在人,支撑在产业,保障在体制机制和环境,见成效在持之以恒实干,应有重点针对地配套协调解决好。要重视"人"和"实干",有干事愿望和实干精神,支持省内企业及更多建设项目加快发展,促进创业者、外来投资者和企业家队伍成长壮大,鼓励支持各类企业和研发队伍在甘肃落地生根并发展壮大。

新阶段西部大开发中的甘肃,任重道远。这是党委和政府的事,也是老百姓千家万户的事,更是所有企业和企业家的事,都要动员和组织起来,以新阶段西部大开发的创新探索促进全省经济社会的新发展。

(本文节选自省发展改革委系统专题培训班讲座,2021 年 4 月 13 日)

关于地方发展规划编制的一些认识
——以"十四五"规划为例

一、地方五年发展规划的界定与探索

地方五年发展规划,这里专指国民经济与社会发展规划,通常简称"规划"。"规划"一般分作总体规划(规划纲要)与专项规划两类。

实际工作中还有其他类型规划,如国土空间规划、城乡建设规划、区域发展规划、重大工程规划,以及企业等经济社会主体自己编制的发展规划等,按各自规定编制并引导特定领域的建设和发展。

(一)现状规划体制

1978年改革开放以前,我国传统计划经济下的规划体制,高度集中统一,自上而下,行政手段,全面覆盖,并且通过细密的年度计划来体现和实施。那时的规划,总体上是以计划经济为基础的指令性计划,年度计划中的指令性指标占90%以上。

1979年改革开放后,我国探索改革计划经济体制。1992年提出建立社会主义市场经济体制,2002年宣布社会主义市场经济体制基本框架初步建立,提出到2020年建成完善的社会主义市场经济体制的目标。2013年中共十八届三中全会提出,完善和发展中国特色社会主义制度,推进国家治理体系和治理能力现代化,是全面深化改革的总目标。

经过40年经济体制改革,我国的计划和规划体制发生了深刻变

化:从政府行政主导转向市场经济为基础,从指令性计划转向指导性和预测性计划,从行政直接指挥转向宏观间接调控为主,从行政手段转向经济手段、法律手段等多种手段并用,更加突出规划的宏观性、战略性、预见性和引导性。五年规划及年度计划工作,从规划和计划的内容到形式,以及规划体系、指标设置、编制方式、实施机制和工作过程等,都有了重大改变。更加强调尊重自然规律、经济规律和市场规律,取消指令性计划指标,减少指标设置,依据市场运行情况作出经济预测;编制工作采取面向社会的方式,实行"开门搞规划",主动听取民众意见建议,设立专家组并经过专家咨询论证等。

以改革开放进程为背景,我国的规划工作主管部门计划委员会,改为发展计划委员会,现为发展和改革委员会。随着规划编制工作的实践探索,规划的内容和形式、重点和措施、工作方式等,仍然在不断调整完善。从2006年"十一五"开始,将以往五年计划纲要改称"规划纲要",明确采取一些新措施。(1)"项目进规划",谋划重大工程,配套形成重大项目库。(2)"发展任务落地并与空间布局结合",突出生态、城镇、产业和经济等空间(重点)布局。(3)"调整指标结构",补充生态环境、科技创新及民生指标等。(4)规划文本的表现方式更加生动明了,"篇、章、节"结构更为灵活,文字与专栏、图、表并用等。

目前,我国实行的是社会主义市场经济的国民经济规划体制和规划体系。它是社会主义市场经济体制中宏观调控体系的重要组成部分,也是国家治理体系的重要组成部分。一些专家认为,编制并实施五年发展规划,政府及规划指导下的区域竞争发展等,是中国经济几十年来保持持续发展的一个有效做法。

(二)规划主体与规划体系

1. 规划主体。各级政府作为行政主体,从国家(国务院)、省(区)、市到县(区)政府,以及各级政府的相关行政部门,发展改革委是同级政府的规划工作职能部门。各级人民代表大会作为立法主体,负责本级规划纲要的审议通过。由此形成国家级、省(区)级、市州级和县(区)级的四个规划层级。各级人民代表大会审议规划纲要,体现着人民权利,同时鼓励提倡人民群众参与规划编制过程,采取多种方式听取民众意见建议,反映民众追求和意愿。

2. 规划体系。由规划纲要、重点专项规划和部门专项规划构成。规划纲要由发展改革部门牵头编制,经同级政府审议同意,提交同级人大审议通过;重点专项规划,一般由政府职能部门起草,经同级政府批准实施;部门专项规划,一般由本部门或相关部门编制并联合发布实施。对改革、开放、西部开发以及工作弹性较大的专项规划,也尝试采取五年指导意见的形式,性质上仍属于五年重点专项规划。

《规划纲要》的全称:《××省国民经济和社会发展第十四个五年规划纲要》。它是体现党的领导和政府意图、反映经济社会发展趋势和民众意愿的社会公共产品,是指导和引领规定时间内全省经济社会发展的纲领性文件,也是制订各类专项规划的依据。专项规划指国民经济和社会的主要领域以及专业部门的发展规划,习惯用法是《××省"十四五"××发展规划》或者《××省××"十四五"发展规划》。政府在安排编制工作时确定专项规划范围,纳入政府审议的规划名单,习惯称为"重点专项规划",省级一般在30个左右,视情况增减。其他专项规划,由主管部门牵头编制,报政府和规划主管部门备案。

(三)规划期的确定

我国中长期发展规划,规划期一般为五年。特殊形势下,也有三年期的,有时根据需要提出十年或更长时间的发展愿景或者展望。在规划文本中作出明确规定

(四)规划的行政效力

规划是其规划范围内工作的重要依据,如重点项目、空间布局和

重大任务等。时间上，在先的规划服从在后的规划，规划内容在规划期内有效，未完成的内容可按程序纳入下一个规划期继续实施。规划层级上，下级规划服从上级规划。规划的内容有调整需要时，按审议批准程序，经呈报审议批准作出必要调整。规划类别上，专项规划服从总体规划即《规划纲要》。

（五）地方五年规划的特点

各级地方制订的都是地方性规划。地方规划的特点，主要表现在国家指引与本地实际的紧密结合，符合本地发展的实际需要。

一是国家方向指引。贯彻国家发展的战略部署（以及上级要求），是地方编制规划确定的背景、依据和遵循。

二是当地发展需求。立足当地实际，反映发展需要和民众意愿，有效引导和促进当地经济发展和社会进步。

三是实际问题导向。抓住难点，突破重点，体现解决当地发展中突出问题和群众关注点、补上制约短板的安排和努力，力求五年时间内有新的进展。

国家层面确定的事情，是地方规划的指引和前提，必须在思想上明了，结合当地实际贯彻实施和落实，解决好"当地化"问题，不能简单"照搬照抄"了之。地方规划必须有自己的内容、特点和个性，就是从当地实际出发，反映当地发展需求和问题导向，明确 5 年内做什么、怎么做、做到什么程度、达到什么效果，同时符合国家（及上级党委和政府）指引的发展方向。

二、地方规划的编制过程与主要工作

地方规划的编制，要贯彻中国共产党"为人民服务"的根本宗旨和"实事求是"的思想路线。按照国家统一部署和要求，地方五年规划的编制一般从上个五年规划实施的后期（1~2 年）开始，作出具体安排。编制过程中,加强向党委、政府的请示汇报,做好编制部门与相关部门的沟通衔接,认真搞好各阶段各环节的工作。

（一）规划编制的工作过程及阶段

（1）前期研究阶段。主要通过设立总体思路、指标体系和若干重点专题研究,通过各方面协同的调查研究（包括主要产业及重点企业的调研座谈）,总结评估上个五年规划实施情况,提出新的五年规划期的形势分析、发展思路、预测指标、主要任务和措施、重大工程和预估投资。其阶段性文本形式为"基本思路"及若干专题研究报告。

（2）规划起草阶段。主要是吸收前期研究成果,深入调查研究,听取社会各方面意见,由规划编制小组讨论起草规划纲要大纲（框架）,经政府审议后初步形成规划纲要（初稿）。规划纲要的基本思路、大纲框架和纲要初稿,一般要组织专家组进行1~2次讨论和论证,形成专家论证意见,并及时呈送党委、政府。

（3）规划形成阶段。主要是正式征求相关方面的意见,按照地方党委的《建议》,进一步修改完善并形成规划纲要（草案）。

（4）规划审议阶段。主要是将规划纲要（草案）提交地方人民代表大会审议,经修订完善最后正式通过,由地方政府发布实施。

（二）规划编制过程的主要工作与文本成果

（1）《工作安排》。作出规划编制（确定规划纲要、重点专项规划、一般专项规划的名单）及前期工作安排。

（2）《评估报告》。认真总结上个五年规划的实施情况,形成评估报告。包括规划的实施、主要数据和基本评价,主要成效和存在问题、有效做法和有益经验等。

（3）《基本思路》。在前期研究课题《总体思路》和若干专题报告基础上,深入分析形势背景和省情市情县情,由规划编制小组谋划提出本地新的五年发展基本思路。

（4）《规划纲要》的框架与初稿。规划编制小组研究起草新的五年即"十四五"规划纲要大纲，分阶段形成"框架""初稿"。

（5）《发展建议》。地方党委提出"十四五"发展建议。

（6）《规划纲要（草案）》。由地方政府将《规划纲要（草案）》提交地方人大讨论完善，经审议通过后，成为具有法律地位并向社会发布的《×××国民经济和社会发展第十四个五年规划纲要》。

以上编制过程形成的不同文本，都要按程序规定报地方政府讨论审议和审定，《规划纲要（初稿）》和（草案）应呈报地方党委。

规划编制过程非常重要，它是总结分析省情及发展现状、综合判断形势、研究形成新的五年发展思路和重大举措、凝聚社会新的共识的过程，也是新的规划文本产生和完善的过程。必须珍惜这个时机，高度重视这个工作过程，认真做好每个阶段每一环节的工作。

三、甘肃"十四五"发展及规划编制的形势背景

（一）全球经济发展的态势（略）

（二）我国经济发展的阶段与国家宏观导向

面对世界经济变局和当前形势，我国发出面向世界和未来的中国主张、中国建议和中国声音，积极应对。我国始终强调的立足基础和关键是：把中国自己的事情办好。

（1）我国经济社会发展总体进入工业化后期阶段。2020 年全面建成小康社会，2019 年人均生产总值超过 1 万美元，城镇化率超过60％，但发展"不平衡不充分"、不协调不可持续问题依然突出。基本国情是仍然处于社会主义社会初级阶段，是世界上最大的发展中国家。经济发展转向高质量发展阶段，需求结构走向升级调整，社会发展走向依法治国、民主和谐、公平正义。

（2）确立 2035 年基本实现社会主义现代化的阶段目标。全面开

启社会主义现代化建设新征程,到本世纪中叶全面建成富强民主、和谐美丽的社会主义现代化强国,实现中华民族伟大复兴的中国梦。

(3)高质量发展阶段的发展方式和动力转变。高增长阶段转向高质量发展阶段,速度数量型增长转向质量效益型发展,外延扩张式规模增长转向内涵品质式升级发展,出口导向型增长转向扩大内需为主的双循环发展,投资等要素拉动转向科技创新驱动发展,消费需求的进档升级多样发展。

(4)当前我国经济运行的指导方针。针对目前国内外形势,中央提出做好"六稳"工作和落实"六保"任务:稳就业、稳金融、稳外贸、稳外资、稳投资、稳预期;保居民就业、保基本民生、保市场主体、保粮食能源安全、保产业链供应链稳定、保基层运转。近年的持续要求:做好稳增长、促改革、调结构、惠民生、防风险、保稳定各项工作。

(5)当前我国的宏观调控政策。多年实行的积极(进取)的财政政策,稳健(灵活)的金融政策。当前实施的政策:补短板和新基建的投资政策,科技创新、产业补链、两个循环格局等政策。

(三)全国经济发展的空间格局及走向

(1)东部沿海率先发展、中部崛起、西部开发、东北振兴的四大区域长期发展格局;

(2)粤港澳大湾区、长三角和长江经济带、京津冀地区和雄安新区、黄河流域生态保护和高质量发展、长江经济带高质量发展、海南(全岛)自由贸易港等重点区域发展布局;

(3)特大和大城市群带动、新城镇建设和乡村振兴结合、各类开放开发区"点"上突破的区域重点发展战略,呈现重点鲜明、点线面互动、多层次区域竞争与区域协调发展并存的局面;

(4)深入实施主体功能区规划,形成生态功能区、农产品主产区、重点开发区和优化开发区协调配套的国土空间开发的总体格局。

（四）甘肃发展的基础、阶段、区位特点及优劣势

甘肃的经济发展，近些年受内外部多种因素影响，从"十二五"后期 2014 年的 8.9% 逐渐下行，2017 年跌至谷底 3.6%，2018 年和 2019 年恢复性增长到 6.3%、6.2%。今年（2020 年）受疫情影响，经济增速与全国一体下降。2019 年全省经济总量 8718 亿元，产业结构为 12.05∶32.83∶55.12，人均 GDP 为 32995 元（为全国的 46.5%），常住人口城镇化率 48.49%（全国为 60.6%），进出口总额 379.9 亿元，一般财政收入 850.2 亿元，一般公共预算支出 3956.7 亿元（占全国的 1.65%）。城镇居民人均可支配收入 32323.4 元（为全国的 76%），农村居民人均可支配收入 9628 元（为全国的 60%）。目前总量指标为全国的 0.88%，人均指标约为全国的 46.5%，近年有所下降。

发展阶段。全国大体处于向工业化后期过渡的阶段，甘肃与全国平均进程比较相差 7 至 10 年，2020 年将总体完成脱贫攻坚任务并实现全面建成小康社会。

空间区位。甘肃在我国居于十分重要的生态区位，是国家重要的生态安全屏障、国家重要的综合交通通道和区域枢纽、我国西部地区重要的特色产业基地和综合能源基地、我国国土安全的战略纵深和重要支撑、华夏文明传承创新区和民族团结共同发展的重要区域。

主要优势。甘肃的土地等多种自然资源和综合能源较丰富，有生态、人文和历史等综合性特色资源，有较好的产业基础，空间战略纵深及通道地位重要。主要劣势：干旱少雨和水利设施不足；深居内陆与交通制约，要素配置成本高，营商环境欠佳；开放水平不高，人才外流；科技和产业转型创新发展相对落后等。

（五）甘肃发展面临的机遇

从国家重大决策部署看，新出台和正在实施的重大方针政策都是甘肃要争取的发展机遇。（1）扩大内需和补短板、新基建。（2）黄河

流域生态保护和高质量发展、南水北调西线工程等一批重大生态和水利工程及相关产业发展。(3)新阶段西部大开发及甘宁青合作。(4)"一带一路"和国际陆海新通道。(5)国际经济到"两个循环","链式经济"与"块状经济"发展。(6)5G代表的信息和智能技术、北斗技术等新技术和数字经济发展。(7)城市群发展,改善城市公用设施、实施新型智慧城市、城市更新等。(8)乡村振兴方面。(9)革命老区、民族地区和后进地区等专项规划和政策。(10)全面深化改革举措,如中央通过的"新一代信息技术与制造业融合发展""农村宅基地改革试点"。(11)沿海发达地区产业转型升级带来的承接产业转移的机遇等。

机遇也是挑战。抓住各种机遇,就能够加快转型发展;不能抓住机遇,发展方式和发展路径僵化,产业和经济转型与动力转换滞后,就会继续拉大发展差距。甘肃发展的最大挑战,可能是创新动力和支撑不足,直接表现是产业转型和新兴产业发展慢,创新型的企业主体和人才少。必须进一步解放思想、转变观念、多干实事,坚持实事求是和一切从实际出发,认真学习一切好的经验和做法,加大全面深化改革和扩大对外开放的力度,以改革创新和科技创新推进产业转型创新发展,促进全省经济社会的更好发展和人民生活水平与质量的不断提高。

四、地方发展规划纲要的一般框架

1. 序。简明交代本规划的目的、依据和作用。

2. 今后五年发展的形势背景和本地发展的现状基础。(1)全球、我国、全省的经济形势。(2)我国发展的阶段特征与目标指向。(3)本地发展的现状基础。"十三五"成效,当地所处区位、发展阶段特点、新的发展需求、优势劣势,面临的机遇与挑战等。

3. 今后五年发展的总体要求。

贯彻国家决策部署,高度概括提出覆盖全局、总体指导当地"十四五"发展的总体要求,具有当地个性和特点。

(1)指导思想和遵循的基本原则。依据中央大政方针,结合本地实际,明确本地发展的基本思路,含指导思想和发展路径。基本原则是对指导思想的延伸、展开和支撑。

(2)指标设置。以统计部门的数据为依托,上下衔接,研究提出反映经济社会总体、特定领域和某些方面发展的指标,包括指导性、预测性、约束性的指标等。适量的指标体系,定性定量结合。指标分类与结构(总量增长、结构效益、科技创新、生态环境、民生社会、改革开放等),可补充新指标和个性化指标(注意统计基础)。

(3)战略定位。从资源禀赋、空间区位、产业优势和经济文化特色等角度进行横向比较研究,提出发挥本地特色优势,今后发展要努力实现的若干定性的目标状态。

(4)发展导向。确定本地发展的战略意图,明确发展战略和若干相关的重点发展导向。

(5)空间布局(重点)。生态、城镇、产业等的重点布局。点轴发展理论的实际应用,增长极、高地和基地,以线串点、以点连线、点线互动、总体协调等。

(6)重大工程。依托重大项目库,根据发展需要和机遇条件,考虑资金支持和要素匹配的项目可行性,从中谋划和提炼五年内实施的若干类重大工程。

4. 今后五年发展的重大任务与工作重点。

全面谋划本地经济社会各领域发展,关注新形势下的新要求、新内容和新措施,争取实现新进展。确定的任务、项目和措施应切合当地实际,有地方的和五年期的特点。

(1)生态保护修复和环境建设。黄河、长江等流域和祁连山保护等重大生态工程,重点灾害防治,生态功能区建设,污染环境治理等。

(2)基础设施建设和新基建。综合交通、综合能源、水利工程、信息设施等,补短板,新基建,项目的谋划争取与实施。

(3)创新驱动和科技创新。采用高新技术,瞄准本地经济社会发展需要确定一批科技攻关项目;立足本地的科技基础和特色优势,充分发挥现有科技人员、工匠带头人的积极性和创造力,实现科研院所和重点实验室等点上的突破发展,推进新阶段上科技创新,形成融入经济社会发展的新机制;推进企业成为科技创新的市场主体,深化市场导向的"产学研结合",加快科技成果转化为市场产品;如何形成引进和利用外部科技力量的新机制,不断增强本地科技创新能力;推进"互联网+"的深入发展,探索发展数字经济,带动新产业、新经济、新业态、新模式和新职业的发展。

(4)产业转型提升和企业发展。结合国家和省委、省政府决策,推进当地特色优势产业的创新,重点企业的技术和产品创新以及企业模式转换,探索优势产业的补链发展和形成"块状经济"。工业和服务业、新兴产业、开发区及物流园区等新发展,文化旅游产业发展可单独作为一项任务,加强文化历史元素与旅游业融合。

(5)乡村振兴和新农村建设。农村产业及其三次产业融合发展,特色种植养殖业、农牧产品的生态化品牌化和高质量发展,农村电商平台建设、现代农业技术及其服务,农民合作组织、巩固脱贫成果等;农村基础设施和村容村貌。农村交通、能源和饮水、农村卫生、农村文化、乡村面貌等;生态文明小康村、文化旅游示范村等新农村试点示范,田园综合体、生态和现代农业示范区等。

(6)城镇发展和区域协调。加强当地的城区、重点镇和特色小镇建设,突出不同区域的功能特色和协调发展。实施好国家和省级的区域发展措施,黄河流域与长江经济带的生态保护和高质量发展,兰州新区创新发展、兰州—西宁城市群、关中—天水经济区和城市群,兰白、酒嘉、金武等城市群和经济区,陕甘宁革命老区振兴发展,民族地区发展等。

(7)民生和社会事业。首先是就业。其次教育,甘肃发展以教育为本,现阶段需要加大发展职业教育和职业培训力度,重视当地高校的发展和作用。再是卫生和体育,健康中国,疾控建设和冠状肺炎防治。养老和社会保障等基本公共服务体系。

(8)文化和精神文明建设。文化事业、社会科学、社会风尚等。非遗项目开发。"道路自信、理论自信、制度自信、文化自信"的精神文化建设。

(9)全面深化改革和扩大开放。改革方面的重点:供给侧结构性改革;基本经济制度和产权制度;企业体制;农村改革(宅基地);要素市场体系(如自然资源资产交易平台、电力现货市场、碳排放权交易市场、股权交易中心、人力资源市场);政府职能转变及完善宏观调控方式;营商环境建设。扩大开放方面的重点:"一带一路"及陆海新通道;对外开放及周边省区合作,如甘青宁三省区、酒嘉地区与新疆土哈地区、天水陇南地区与成渝地区等的合作发展;陆港、保税区建设,省内高新区、开发区与上海、成渝等地开发区的合作,探索有色金属项目下的自由贸易等。

(10)社会治理。基层民主、协商民主、共治共享,村民居民自治、社团组织。安全发展,社会安全、风险防控等。

5. 规划的实施机制与保障措施。

加强党的领导,可以专设一条。

健全规划实施机制,明确各项任务谁来做,规划实施的各责任部门及其责权利,实施中的组织协调配合,完善规划实施的评价和激励约束机制等。规划实施的保障措施,可考虑资金、人才等保障,创新资金和人才机制等,健全完成规划任务的配套保障措施。

以上所说的框架建议,应根据实际情况调整和增减。规划文本的各章节题目及小标题应有针对性,做到具体化、个性化与鲜明化。

五、规划编制中应当关注的几个问题

(一)紧盯国家导向

(二)做好规划衔接

做好自己的规划,衔接好相关的规划,争取进入上级的规划。纵向上,从本地层面到国家层面的各类规划;横向上,本地规划纲要与国土空间规划、城镇建设规划、土地利用规划、生态环境规划、产业发展规划等,要衔接好;周边的,当地规划纲要应当与周边接壤的省区、市州、县区的规划进行衔接,如生态、交通、旅游以及产业布局等,开放合作、共同发展措施等。

(三)加强项目谋划

"项目进规划"。紧盯各种政策和机遇谋划项目,加强重大项目前期工作,形成动态的重大项目库。创新项目工作方式,项目进自己的规划,争取进上级规划的项目盘子。

"要素跟着项目走",资金、土地等要素安排与项目配套,相互支撑。

(四)完善资金机制

在投融资体制改革和资金市场化的背景下,政府部门的投资主要是引导资金、种子资金和奖励性投入。重视市场化和社会化的多种渠道,立足当地实际搞好资金整合和存量资产盘活。完善调整地方投融资平台,提高效率效益,防范债务和金融风险。

(五)优化空间布局

按照人口与资源环境承载力、经济社会发展相协调的思路,优化行政区内的生态布局、城镇布局和人口分布、交通和产业布局、文化

旅游业布局等,防止资源浪费、低水平盲目竞争。根据发展需要和群众意愿,依法依规按程序适当调整。

(六)坚持市场机制

规划是政府发挥指导作用,也是以市场经济为基础的。要尊重自然规律、经济规律和市场规律,重视市场经济主体,充分发挥企业、企业家、科技人员、创业发展者、群众致富带头人和广大劳动者的积极性创造性。企业和企业家太少,仍然是许多地方发展滞后的一个重要原因。发展市场经济,要有改革创新的视野、胸怀、谋略、勇气和措施,善于用改革的办法解决发展中遇到的突出问题。

(七)扩大对外开放

坚持走以开放促改革、促发展的路子。"一带一路"(中亚、西亚、南亚、欧洲)与陆海新通道,国际合作,外商外资外贸外经工作,创新招商引资机制。与发达省区市的合作,黄河流域与长江经济带生态保护和高质量发展的合作,南向通道及周边省区的合作。随着沿海地区产业转型升级和"腾笼换鸟",应当加大承接产业转移力度,加强开发区建设。争取国家支持在甘肃形成和发展壮大一些新的产业基地。

(八)突出特色优势

各市县规划的个性化、本地化和"接地气"。尤其是当地资源、产业、区位、人文历史等方面的特色优势,要突显、有交代。切忌"上下一般粗""彼此雷同化"。

(九)发展改革部门的工作

"编规划"和"谋项目"是发展改革部门的重要职能工作。规划引领项目,项目支撑规划。在地方党委和政府领导下,发改部门要主动进取、积极谋划、精细操作,与相关部门密切协调配合,不断提高规划和项目工作的科学化水平。要协调处理好发改委与其他部门、与委托社会科研力量的关系,依靠而不依赖,尽职尽责发挥本部门的主导作用。实干兴邦,空谈误国。毛主席当年题字"不尚空谈",朱镕基同志当年题字"不做假账"。做好规划编制工作,一定要有务实的、科学的、认真的、负责的精神和态度,善于听取并采纳各方面的有益意见。要从实际出发,在规划中谋实事、促进干实事,争取在 5 年内干成一些实事。"一张蓝图干到底,一届接着一届干""功成不必在我",锲而不舍,终有成就。

(本文节选自省发展改革委规划编制培训讲座 2020 年 7 月 21 日)

附录

孙晓文主要研究成果目录

（按时间排序，2023 年 12 月整理汇总）

一、1979—1988 年

《民主和社会主义联系在一起才有意义》，署名沈林，《甘肃社会科学》（试刊）1979 年第 2 期。

《试述我国社会主义的发展阶段》，载《甘肃社会科学》（试刊），署名肖闻（孙晓文、马凌霄）1979 年第 3 期。

《怎样理解极端民主化》《国内哲学动态》1979 年第 10 期。

《关于实践标准的辨析》《甘肃社会科学》1980 年第 4 期。

《感性认识中的理性认识问题》，1980 年甘肃省哲学年会论文。

《十二大报告是唯物辩证法的光辉体现》，署名晓闻，《甘肃社会科学》1982 年第 4 期（增刊）。

《培根的物质结构观和经验科学方法》，1982 年甘肃省自然辩证法学会年会论文。

《霍布斯的"偶性说"》，1982 年武汉大学哲学系西方哲学史专业进修结业论文。

《关于毛泽东工作方法论的几个问题》，署名晓闻，《学习毛泽东哲学思想文选》甘肃省哲学学会编，甘肃人民出版社（1983 年）。

《"中国特色"的内在差别、必然发展及其认识方法》《社会主义社会辩证法研究》，广东人民出版社（1985 年）。

《学习毛泽东同志的调查研究理论和方法》，署名晓闻，《坚持和发展毛泽东思想——纪念毛泽东同志诞辰九十周年文集》，甘肃人民出版社（1984年）。

《新技术革命和我国社会主义现代化建设》，为《世界新技术革命与我国大西北开发》第七章，主编马名驹、穆纪光、尚乐林，甘肃人民出版社（1984年）。

《美国的科学技术与工业政策》（译文），［美］G.A.Keymorth，署名肖闻译自美国《科学》杂志1983年220卷，马名驹校，《哲学与社会》1984年第1期。

《决策省区经济优势的层次系统方法——立足甘肃地方的考虑》，署名晓闻，《哲学与社会》1984年第2期。

《科学技术是促进农业发展的动力——平凉地区17户专业户的调查》，署名晓闻，《甘肃社会科学》1984年第6期。

《简论现代思维空间的拓广》，署名晓闻，《现代哲学》1985年第1期（创刊号）；《新华文摘》1986年1月号。

《"芝麻"战略刍议——甘肃省小资源开发初探》，署名闻实，李颖，《开发研究》（试刊号）1985年第1期；《甘肃日报》1985年7月19日。

《国外经济开发综述》，孙晓文、蒋克强，载《国外边远地区开发资料选辑——中国西部地区开发资料丛书第2辑》甘肃人民出版社（1985年）。

《甘肃的发展战略与对策》《社联通讯》1985年第2期。

《社会基本矛盾观和系统观的方法论统一与改革》，载《哲学与现实》，甘肃人民出版社（1988年）。

《信息系统与信息控制》，晓闻，《哲学与社会》1985年第2期。

《信息本性的本体论解释》《哲学与社会》1986年第3期。

《李翱》，署名晓闻，载《甘肃历代著名哲学家》甘肃人民出版社

（1986 年 4 月）。

《创造观念：中国西部开发的精神动力源》《开发研究》1986 年第
5 期。

《马克思主义哲学的发展及现代科学方法论》，欧阳康、孙晓文，
《社会科学》1986 年第 6 期；《青年哲学论坛》1986 年第 3 期。

《决策科学化的现实意义》等六讲撰稿，甘肃人民广播电台决策
科学广播讲座，获中央人民广播电台 1986 年全国理论广播节目一等
奖；《现代决策入门》甘肃社会科学院哲学所课题组编著，中国广播
电视出版社（1987 年）。

《关于哲学形态学的思考》，孙晓文、欧阳康，《江海学刊（文史哲
版）》1987 年第 1 期。

《哲学发展的自身背景和知识背景》，署名晓闻，《哲学与社会》
1987 年第 1、2 期合刊（总第 8 期）。

《我国社会主义改革的主体性与对象性》《现代哲学》1987 年第
1 期；载《哲学与现实》甘肃人民出版社（1988 年）。

《甘肃省咨询业的现状及发展建议》《甘肃日报》1987 年 5 月
21 日。

《对强化理论研究和实际相结合的社会机制的建议》，《社联通
讯》1987 年第 3 期。

《甘肃省 2000 年第三产业科技发展战略及对策研究报告》（1987
年 11 月），"甘肃省"七五"到 2000 年发展战略研究"总课题的子课
题，执笔李西林、孙晓文；《甘肃省咨询业科技发展战略与对策研究》，
执笔孙晓文。

《幸福就在于创造新的生活——创新观念》，载《改革与观念创新》
主编马名驹　副主编牛颖　邓兆明　甘肃人民出版社（1988 年）。

《趣味哲理故事集锦》，王步贵、穆纪光、孙晓文，甘肃少年儿童出

版社(1988年)。

《方法在人的活动中的规定与界说——论科学的方法概念》《甘肃社会科学》1988年第2期。

二、1989—2003年

《人体、精神与科学》[英]T.奥哈根著、马名驹、孙晓文、李琦译西安交通大学出版社(1989年)

《简议企业承包制的多种类型》《开发研究》1989年增刊(2)。

《关于我省对外开放体制问题的探讨》《我省企业集团存在的问题与建议》《对苏贸易中的"兰通方式"》,执笔孙晓文、张奋卫,载《发展》1989年第4期,《经济动态与决策》1989年第32期、第40期。

《一个法国哲学家对"理"的理解——试析马勒伯朗士关于中国哲学的基本观点》,署名晓闻,《甘肃社会科学》1990年第4期。

《思想政治工作的科学认识方法》,为《思想政治工作与哲学》(编写组编著)的部分内容,兰州大学出版社(1990年)。

《在社会生产总体中把握所有制——学习马克思恩格斯〈德意志意识形态〉笔记》,《社科纵横》1991年第6期。

《企业积累下降问题的分析与对策》,冯亦兵、刘萍、孙晓文,《调查与研究》1991年第12期。

《计划经济与市场调节结合下的企业机制转换》,执笔孙晓文,载《中国经济改革与发展的理论思考》兰州大学出版社(1992年)。

《关于我省"八五"期间经济改革的设想》(1991年),执笔孙晓文、张以湘,《改革时代在甘肃》甘肃文化出版社(2003年)。

《科学地认识社会是一门学问——欧阳康〈社会认识论导论〉评介》,《甘肃社会科学》1992年第2期。

《中国现行县制与县级政治体制》《县级政治体制的地位及建设

中的问题》,为甘肃人民出版社《中国县级政治体制改革研究》中第二、三章(全国哲学社会科学七五规划重点课题,1993年出版)。

《共同营造市场——甘肃省改革新阶段的重大任务》《开发研究》1993年第1期。

《关于日本、新加坡的企业形态及政府调控情况》等考察报告,省体改委考察组(执笔孙晓文),《甘肃体改内参》1993年第6期、7期。

《围绕职能转变搞改革　提高政府的宏观调控能力》,孙晓文、张以湘,载《社会主义市场经济研究》甘肃民族出版社(1994年)。

《关于现代企业制度的10个认识问题》《开发研究》1994年第4期。

《突出重点　综合配套地推进企业改革》,载《社科纵横》1995年第1期(入选红旗出版社等组织的"中国'八五'科学技术成果选")。

《关于临夏州改革开放试验的思路和措施》,孙晓文、刘洪斌,《甘肃民族研究》1995年第4期。

《甘肃经济技术开发区体制研究》,主编冯亦兵,副主编孙晓文,甘肃省经济体制改革委员会编印(1995年)。

《用改革办法解决发展中的突出问题——从甘肃的发展差距谈起》,孙晓文、王素军,载《开发研究》1996年第1期。

《如何看待国有企业中的亏损问题》,《甘肃政报》1996年第7期。

《经济体制改革与法制建设》,1996年9月全省流通企业改革培训班讲座,载《改革时代在甘肃》甘肃文化出版社(2003年)。

《关于地方进行国有资产管理、运营和简单的探讨》,执笔孙晓文、王素军,载《甘肃体改研究会年会文集(1996)》。

《关于我省"九五"期间经济改革的设想》(1996年),执笔孙晓文、李鼎平、王素军,载《改革时代在甘肃》甘肃文化出版社(2003年)。

《国有经济的行业选择及其管理》,《发展》1996年第11期。

《上海、江苏、山东企业改革的考察报告》，省体改委考察组，执笔孙晓文，《甘肃体改内参》1997年第7期。

《酒泉地区企业改革的调查》，执笔孙晓文、薛陇平、王素军，载《改革时代在甘肃》甘肃文化出版社（2003年）。

《全国民族地区改革开放试点工作及部分城市改革情况》《甘肃体改内参》1997年第10期。

《当前产权制度改革中一些问题的探讨》，孙晓文、王素军，《甘肃体改研究会年会文集（1998）》。

《兰州、定西部分企业改革的调查》，孙晓文执笔，《甘肃体改内参》1998年第5期。

《我省经济体制改革二十年回顾与展望》，执笔孙晓文、李鼎平、王素军，《甘肃体改内参》1998年第11期。

《首要因素将是管理者的个人特质——重读〈有效的经理〉札记》，署名益中，《化工管理》1999年第1期。

《现实生活呼唤着产权制度》，《发展》1999年第3期。

《营造改革开放宽松环境　以发展非公有制为突破口振兴县域经济——对永登、岷县两县的调查报告》，执笔孙晓文、王福生、王素军，《甘肃体改内参》1999年第10期。

《学习贯彻十五大改革思想　进一步深化我省改革》，载《改革时代在甘肃》甘肃文化出版社（2003年）。

《加大外部改革力度　创造市场经济环境　整体推进建立现代企业制度——考察上海等四省市国企改革的几点体会》《甘肃体改内参》1999年第6期。

《美国小城镇发展与管理体制见闻》《开发研究》2001年第2期；《中国经济技术发展优秀文集》国家经贸委研究中心（2003年）。

《关于广东、深圳、四川、湖北、湖南、重庆六省市行政审批制度改革的考察报告》,孙晓文 邹冰,《甘肃体改内参》2001 年第 10 期。

《抓住国家政策机遇 加快靖煤公司改革、调整和发展——关于靖远煤业有限公司的调研报告》,孙晓文、高春源,《甘肃体改内参》2002 年第 6 期。

《甘肃重型产业结构的历史使命及合理调整》,其中第四部分以《甘肃重型产业结构如何调整》为题,载《发展》2002 年第 10 期;全文载《改革时代在甘肃》甘肃文化出版社(2003 年)。

《新制度经济学的制度观及其对发展的意义》,其第二、三部分载《甘肃体改内参》2002 年第 9 期。

《建立省级国有资产管理营运监督新体制的探讨》,执笔孙晓文、薛陇平、高春源,《甘肃体改内参》2002 年第 12 期。

《甘肃经济体制改革大事记(1978—2002 年)》,主编孙晓文,责任编辑张晓慧,《甘肃体改内参》2003 年编印。

《甘肃应对新时期东西部关系的选择》《开发研究》2003 年第 1 期。

《学习党的十六大、全国十届人大关于新阶段改革的思想》《甘肃体改内参》2003 年第 4 期。

《深化我省行政审批制度改革的调研报告》,执笔孙晓文、李鼎平《调查与研究》2003 年第 2 期。

《积极推进思想解放和观念转变——我省新世纪新阶段思想政治工作的重要任务》,孙晓文、王福生,《时代学刊》2003 年第 7 期。

《西北经济区的地缘文化影响及其走向》《甘肃体改内参》2003 年第 8 期;载《改革时代在甘肃》甘肃文化出版社(2003 年)。

《法国、意大利中小企业发展与扶持措施——赴法国、意大利考察报告》《甘肃社会科学》2003 年第 2 期,中国人民大学书报资料中心复印报刊资料《国民经济管理》2003 年第 6 期。

《关于深化我省行政审批制度改革的调研报告》，省政府体改办课题组，《调查与研究》2003年第2期。

《改革时代在甘肃——笔思录》，孙晓文主编，甘肃文化出版社（2003年12月）。

三、2004—2016年

《关于产权制度理解的十点认识》《甘肃体改内参》2004年第1期。

《积极推进国有资产监管的探索》《甘肃理论学刊》2004年第3期。

《新区域经济的意义和特点——经济全球化与传统区域经济的改革创新》，《发展》2004年第7期。

《甘肃省工业化进程面临的三大任务》《甘肃经济与信息》2004年第11期。

《不发达地区发展研究的前提、比较方法和文本成果》《甘肃省经济管理干部学院学报》2004年第4期。

《新的区域经济竞争发展及其对甘肃的启示——高地、洼地、极地与园区经济》《兰州大学学报（社会科学版）》2005年第4期；中国人民大学书报资料中心报刊资料复印。

《走向市场天地宽——陇西县城市资产经营的调查与思考》，孙晓文、李鼎平、王华存，《调查与研究》2005年第9期。

《进一步深化改革 扩大开放的调研报告》（2006年），载《甘肃经济改革40年研究报告汇编》，兰州大学出版社（2019年）。

《关于兰州市南北两山环境绿化工程运行情况的调研报告》，省市发改委调研组，载《甘肃经济改革40年研究报告汇编》，兰州大学出版社（2019年）。

《甘肃省国民经济和社会发展第十一个五年规划》，甘肃省发展改革委编，编委会主任邵克文，主编孙晓文，甘肃人民出版社（2006年）。

《关于甘肃经济体制改革的几点认识——纪念改革开放30年》，《甘肃经贸》2008年第9期。

《基于发展进程的改革探索——纪念改革开放30周年》，载《中国改革下一步》，迟福林、殷仲义，主编，中国经济出版社（2008年）。

《甘肃水利工程管理体制改革的调研建议》《省属国有非工业企业改革的调研建议》《甘肃集体林权制度改革的调研建议》《甘肃农村土地经营权流转的调研建议》《加快甘肃资本市场发展的调研建议》《甘肃盐业体制改革调研报告》等6篇，省发改委及有关部门联合调研组，载《甘肃经济改革40年研究报告汇编》，兰州大学出版社（2019年）。

《甘肃省主体功能区规划前期研究报告》，甘肃省发展改革委编，编委会主任赵春，主编孙晓文，兰州大学出版社（2009年12月）。

《深入实施西部大开发战略积极推进我省经济社会发展》，《甘肃经贸》2010年第3期。

《认真学习贯彻〈关于进一步支持甘肃经济社会发展的若干意见〉推动甘肃经济社会又好又快发展》，《全省县（市、区）委书记培训班专题讲座及发言材料汇编》（2010年8月）。

《甘肃省"十二五"规划重大专题研究报告》，甘肃省发展改革委编，编委会主任赵春，主编孙晓文，兰州大学出版社（2012年）。

《唯实求真　守正出新　为甘肃发展献计献策》，《甘肃经济与信息》2013年第11期。

《建设生态安全屏障　推进绿色协调发展——甘肃建设国家生态安全屏障试验区的探索》，省干部培训班讲座（2016年10月）。

四、2017 年以来

《甘肃工业成长的主要阶段及今后走向——产业形态演进及其评价的启示》,全国科技评估研讨会主题发言(2018 年 10 月 23 日)。

《深化改革　实现甘肃在新时代的新发展》,纪念改革开放 40 周年研讨会上的发言,载《甘肃日报》2018 年 11 月 16 日。

《甘肃经济改革四十年回顾与展望》,孙晓文、李士峰、张卫东、张丛,载《甘肃经济改革 40 年研究报告汇编》,兰州大学出版社(2019 年)。

《甘肃经济改革 40 年研究报告汇编》,孙晓文主编,兰州大学出版社(2019 年 11 月)。

《甘肃省志·发展改革志(1950—2010)》,甘肃省地方史志编纂委员会 甘肃省志发展改革志编纂委员会,主编孙晓文,甘肃文化出版社(2020 年)。

《关于地方发展规划编制的一些认识——以"十四五"规划为例》,省发改委系统规划专题培训班讲座(2020 年 7 月 21 日)。

《黄河流域战略与甘肃的战略发展》,第十五届全国技术预见学术研讨会专题发言(2020 年 9 月 18 日)。

《迈入新阶段　贯彻新理念　推进甘肃西部大开发形成新格局》,省发改委系统专题培训班讲座(2021 年 4 月 12 日)。

《产业链:甘肃工业发展思路的重要转变——推进甘肃工业产业链发展的几点思考》,《甘肃参事》2023 年第 1 期。

《陇上学人文存》已出版书目

第一辑

《马　　通卷》马亚萍编选　　　《支克坚卷》刘春生编选
《王沂暖卷》张广裕编选　　　　《刘文英卷》孔　敏编选
《吴文翰卷》杨文德编选　　　　《段文杰卷》杜琪　赵声良编选
《赵俪生卷》王玉祥编选　　　　《赵逵夫卷》韩高年编选
《洪毅然卷》李　骅编选　　　　《颜廷亮卷》巨　虹编选

第二辑

《史苇湘卷》马　德编选　　　　《齐陈骏卷》买小英编选
《李秉德卷》李瑾瑜编选　　　　《杨建新卷》杨文炯编选
《金宝祥卷》杨秀清编选　　　　《郑　文卷》尹占华编选
《黄伯荣卷》马小萍编选　　　　《郭晋稀卷》赵逵夫编选
《喻博文卷》颜华东编选　　　　《穆纪光卷》孔　敏编选

第三辑

《刘让言卷》王尚寿编选　　　　《刘家声卷》何　苑编选
《刘瑞明卷》马步升编选　　　　《匡　扶卷》张　堡编选
《李鼎文卷》伏俊琏编选　　　　《林径一卷》颜华东编选
《胡德海卷》张永祥编选　　　　《彭　铎卷》韩高年编选
《樊锦诗卷》赵声良编选　　　　《郝苏民卷》马东平编选

第四辑

《刘天怡卷》赵　伟编选　　《韩学本卷》孔　敏编选
《吴小美卷》魏韶华编选　　《初世宾卷》李勇锋编选
《张鸿勋卷》伏俊琏编选　　《陈　涌卷》郭国昌编选
《柯　杨卷》马步升编选　　《赵荫棠卷》周玉秀编选
《多识·洛桑图丹琼排卷》杨士宏编选
《才旦夏茸卷》杨士宏编选

第五辑

《丁汉儒卷》虎有泽编选　　《王步贵卷》孔　敏编选
《杨子明卷》史玉成编选　　《尤炳圻卷》李晓卫编选
《张文熊卷》李敬国编选　　《李　恭卷》莫　超编选
《郑汝中卷》马　德编选　　《陶景侃卷》颜华东　闫晓勇编选
《张学军卷》李朝东编选　　《刘光华卷》郝树声　侯宗辉编选

第六辑

《胡大浚卷》王志鹏编选　　《李国香卷》艾买提编选
《孙克恒卷》孙　强编选　　《范汉森卷》李君才　刘银军编选
《唐　祈卷》郭国昌编选　　《林家英卷》杨许波　庆振轩编选
《霍旭东卷》丁宏武编选　　《张孟伦卷》汪受宽　赵梅春编选
《李定仁卷》李瑾瑜编选　　《赛仓·罗桑华丹卷》丹　曲编选

·第七辑·

《常书鸿卷》杜 琪编选 　　《李焰平卷》杨光祖编选
《华 侃卷》看本加编选 　　《刘延寿卷》郝 军编选
《南国农卷》俞树煜编选 　　《王尚寿卷》杨小兰编选
《叶 萌卷》李敬国编选 　　《侯丕勋卷》黄正林 周 松编选
《周述实卷》常红军编选 　　《毕可生卷》沈冯娟 易 林编选

·第八辑·

《李正宇卷》张先堂编选 　　《武文军卷》韩晓东编选
《汪受宽卷》屈直敏编选 　　《吴福熙卷》周玉秀编选
《蹇长春卷》李天保编选 　　《张崇琛卷》王俊莲编选
《林 立卷》曹陇华编选 　　《刘 敏卷》焦若水编选
《白玉岱卷》王光辉编选 　　《李清凌卷》何玉红编选

·第九辑·

《李 蔚卷》姚兆余编选 　　《郗慧民卷》戚晓萍编选
《任先行卷》胡 凯编选 　　《何士骥卷》刘再聪编选
《王希隆卷》杨代成编选 　　《李并成卷》巨 虹编选
《范 鹏卷》成兆文编选 　　《包国宪卷》何文盛 王学军编选
《郑炳林卷》赵青山编选 　　《马 德卷》买小英编选

第十辑

《王福生卷》孔　敏编选　　《刘进军卷》孙文鹏编选
《辛安亭卷》卫春回编选　　《邵国秀卷》肖学智　岳庆艳编选
《李含琳卷》邓生菊编选　　《李仲立卷》董积生　刘治立编选
《李黑虎卷》郝希亮编选　　《郭厚安卷》田　澍编选
《高新才卷》何　苑编选　　《蔡文浩卷》王思文编选

第十一辑

《伏耀祖卷》王晓芳编选　　《宁希元卷》戚晓萍编选
《施萍婷卷》王惠民编选　　《马曼丽卷》冯　瑞编选
《祝中熹卷》刘光华编选　　《安江林卷》陈润羊编选
《刘建丽卷》强文学编选　　《孙晓文卷》张　帆　马大晋编选
《潘　锋卷》马继民编选　　《陈泽奎卷》韩惠言编选